勝ち馬がわかる

血統の教科書2.0

亀谷敬正 著

池田書店

はじめに

「血統」とは、能力の設計図である。

日本の馬産においては、日本ダービーに強い馬を出しやすい血統ほど、その価値が上がる。日本ダービー向きの血統の選別を中心に行われてきた、といっても過言ではない。

日本ダービーの舞台である東京芝2400ｍのＧＩは、いまではアメリカや欧州の生産・調教馬では勝つことが難しくなっている。しかし、日本ダービー向きの種牡馬や繁殖牝馬の血筋は、もとをたどればアメリカと欧州から輸入された馬が大半を占めているのも、また事実だ。

過去10年の日本ダービーで勝ち馬をもっとも多く出したディープインパクトの父サンデーサイレンスは、アメリカのケンタッキーダービーの勝ち馬で、同国から種牡馬として輸入された馬である。また、ディープインパクトの母ウインドインハーヘアはアイルランドの生産馬で、ドイツのＧＩを妊娠（産駒を受胎）しながら（！）優勝した馬。その祖母ハイクレアは、イギリスのエリザベス女王の生産馬である。

同じく自身もダービー馬で、かつ複数の産駒が日本ダービーを勝っているキングカメハメハの父キングマンボはアメリカの生産馬で、フランスで調教され、フランスのＧＩを勝っている。その母ミエスクも、同じくアメリカで生産されてフランスで調教された馬である。

アメリカのケンタッキーダービーと、イギリスのエプソムダービーでは要求される能力の方向性がまったく異なる。このことは血統を分析するうえでの基本事項として、知っておく必要がある。競馬で要求される能力の方向性は、一定ではない。どちらの舞台でも最強となる馬は、存在し得ないだろう。

日本ダービーに勝つ資質を持つ馬も、ケンタッキーダービーとエプソムダービーを勝てる資質は持ち合わせていない可能性のほうが極めて高い。つまり、東京芝2400ｍのＧⅠで最強の馬は、アメリカの最強馬でもなければ、イギリスの最強馬でもない可能性のほうが高いのだ。

日本の良血とは、アメリカと欧州の名血を絶妙なバランスで、日本向きに配合された馬なのである。

血統の設計は強化を目指すものだが、世界の競馬のしくみ上、どうしたって退化からはまぬがれられない。だからこそ、競馬と競走馬の生産は未来永劫続く最高の娯楽なのだ。

このような血統の概念、競馬で要求される能力の概念をまとめたのが『血統の教科書』だ。その発行から５年が経ち、種牡馬情勢も変化したので、このたび『血統の教科書2.0』を上梓した。『血統の教科書2.0』では新しい顔ぶれの種牡馬も多数追加したが、その分析方法は『血統の教科書』と同じであることも、改めて確認することができるだろう。

『血統の教科書2.0』を通じて各血統の強化と退化の流れを再確認することが、競馬予想の一助になれば幸いである。

亀谷 敬正

CONTENTS

※原則として、本書は 2022年12月末時点の情報に基づいています。
※原則として、本書の表記は下記のように行います。
・2000 年度以前の競走馬の年齢も、すべて現行のルールで表記する。
・JRA 賞等の表彰名も、現行ルールの年齢に合わせたものにする。
・レース名等はすべて、実施当時の名称で表記する。
・一部のレース名は、S（ステークス）、C（カップ／クラシック）、H（ハンデキャップ）、CS（チャンピオンシップ）、CT（チャレンジトロフィー）、SC（スプリングカップ）、AH（オータムハンデキャップ）、SD（サマーダッシュ）、WC（ワールドカップ）、G（ギニー）、BC（ブリーダーズカップ）、GC（ゴールドカップ）、GJ（グランドジャンプ）などと略称で表記する。なお、キングジョージⅥ世＆クイーンエリザベスステークスは「キングジョージ」と表記する。
・啓衆賞（1954 ～ 1971 年）、優駿賞（1972 ～ 1986 年）も、すべて JRA 賞で統一する。
・原則として、海外レースの距離もすべて m（メートル）で表記する。
・原則として、Jpn Ⅰ・Jpn Ⅱ・Jpn Ⅲも、すべてＧⅠ・ＧⅡ・ＧⅢと表記する。

第2章 血統で馬の能力を見抜く

第3章 レース条件から激走馬を予想する

第4章 予想に直結する主要種牡馬事典

第5章 血統の歴史とサラブレッドの未来

血統 KEY WORD

血統に関わる基礎的な用語をまとめました。本書を読むうえでの参考にしてください。

種牡馬（しゅぼば）

サラブレッドを生産するために種付けをする牡馬のこと。サイアーとも呼ばれる。競走成績が優れた馬、血統の優れた馬のみが選ばれる。

繁殖牝馬（はんしょくひんば）

種牡馬と交配して、サラブレッドを産む牝馬のこと。肌馬とも呼ばれる。

父系（ふけい）

競走馬の父、その父（父の父）、さらにその父（父の父の父）とさかのぼっていく血筋のこと。サイアーラインとも呼ばれる。

母系（ぼけい）

競走馬の母、その母（母の母）、さらにその母（母の母の母）とさかのぼっていく血筋のこと。ファミリーや牝系とも呼ばれる。繁殖牝馬は1年に1頭しか仔を産めないため、繁殖牝馬の特徴はファミリー全体を見て判断される。

近親（きんしん）

その馬のファミリーに含まれる馬のこと。具体的には全兄弟・全姉妹（父も母も同じ）、半兄弟・半姉妹（母が同じ）、おじ・おば（母の兄弟・姉妹）、いとこ（おばの仔）などを指す。

母の父（ははのちち）

繁殖牝馬の父のこと。競走馬は父と母から50%ずつ血を受け継ぐと考えられるため、血統予想において母の父の特徴を見ることも大切になる。ブルードメアサイアー、BMSともいう。

リーディングサイアー

1年を通じて、産駒が獲得した賞金の合計額がもっとも高い種牡馬のこと。競馬を開催する国・地域ごとで集計され、サイアー・ランキングとして発表される。種牡馬の優秀さをはかる重要な物差しとなる。

インブリード

父系・母系の5代前までに、同一の祖先を持つ配合のこと。インブリードさせた血の特徴を、強く受け継いだ産駒が出やすくなると考えられている。

アウトブリード

父系・母系の5代前までに、同一の祖先を持たない配合のこと。特定の血が濃くなりすぎるのを避け、血統を活性化させる効果があるといわれている。

人気馬が馬群に沈み、人気薄が激走——

競馬場には怒号と悲鳴がこだまし、

万馬券を握りしめたわずかな人だけが歓喜の雄叫びをあげる。

そうした勝者になるために頼るべきは、“運”だけではない。

“血統”だ。血統は能力の設計図。

血統にはレースの勝ち馬をあぶり出すためのヒントが隠されている。

さあ、血統予想で、今日のレースの激走馬を見抜こう！

序章

レース条件が変われば、激走馬は変わる

2010年から2020年代の序盤まで、日本ダービーではディープインパクト産駒と、その父であるサンデーサイレンスの血を持つ馬が圧倒的な強さを見せた。ただし、競馬で要求される能力の方向性は一定ではない。世界の競馬はもちろん、日本の競馬においてもディープインパクトの持つ能力を存分に活かした血統の馬が常に有利とは限らない。

日本ダービーとは相反する能力が要求される舞台を見極めるには、"血統の傾向"=ブラッドバイアスが大きなヒントになる。

日本ダービー勝ち馬（2013~2022年）

年	勝ち馬	父	大系統	小系統
2022	ドウデュース	ハーツクライ	日本型サンデー系	Tサンデー系
2021	シャフリヤール	ディープインパクト	日本型サンデー系	ディープ系
2020	コントレイル	ディープインパクト	日本型サンデー系	ディープ系
2019	ロジャーバローズ	ディープインパクト	日本型サンデー系	ディープ系
2018	ワグネリアン	ディープインパクト	日本型サンデー系	ディープ系
2017	レイデオロ	キングカメハメハ	欧州型ミスプロ系	キングマンボ系
2016	マカヒキ	ディープインパクト	日本型サンデー系	ディープ系
2015	ドゥラメンテ	キングカメハメハ	欧州型ミスプロ系	キングマンボ系
2014	ワンアンドオンリー	ハーツクライ	日本型サンデー系	Tサンデー系
2013	キズナ	ディープインパクト	日本型サンデー系	ディープ系

ダービー馬の父＝トップサイアーという図式

下表の2013～2022年の日本ダービー（東京芝2400m）の勝ち馬10頭を見てみると、父ディープインパクトが6頭で、2018～2021年には4連覇を果たしている。ほかはディープインパクトと同じサンデーサイレンスを父に持つハーツクライ産駒が2頭、キングカメハメハ産駒が2頭だ。**つまり、この10年でたった3頭の種牡馬の産駒からしかダービー馬が出ていない。**

また、2013～2022年のダービー馬10頭のうち9頭は、サンデーサイレンスの孫（ドゥラメンテの母の父はサンデーサイレンス）。しかも、唯一サンデーサイレンスの孫ではなかったレイデオロは、3代母がウインドインハーヘアで、ディープインパクトの母だ。

このように、明らかに日本ダービーを目指すために有利な血統の偏り＝ブラッドバイアスが発生していることがわかる。**「競馬はブラッドスポーツ」といわれるように、同じような条件の競馬に強い馬は同じような血統の種牡馬から出る確率が高い。**

だからこそ種牡馬の価値＝種付料は、その種牡馬の産駒が勝ったレースや賞金額などによって大きく異なる。これが競馬、そして血統の基本原則である。

母父	大系統	小系統
Vindication	米国型ナスルーラ系	ボールドルーラー系
Essence of Dubai	米国型ナスルーラ系	エーピーインディ系
Unbridled's Song	米国型ミスプロ系	ミスプロ系
Librettist	欧州型ノーザンダンサー系	ダンチヒ系
キングカメハメハ	欧州型ミスプロ系	キングマンボ系
シンボリクリスエス	欧州型ターントゥ系	ロベルト系
フレンチデピュティ	米国型ノーザンダンサー系	ヴァイスリージェント系
サンデーサイレンス	日本型サンデー系	サンデー系
タイキシャトル	米国型ターントゥ系	ヘイロー系
Storm Cat	米国型ノーザンダンサー系	ストームバード系

主流条件か反主流条件かで結果は変わる

日本ダービーを勝ちやすい種牡馬には、いい繁殖牝馬が集まる。また、JRAの高額賞金レースは、日本ダービーと比較的近い能力を問われるレースが多い。このような条件を**「主流条件」**と呼ぶ。一言でいうと、次のような条件だ。

軽い馬場の芝1600m、2000m、2400m

桜花賞、皐月賞、日本ダービー、オークス、天皇賞秋、ジャパンカップはこの距離で行われる。**いずれのレースも、世界的に見ても直線でトップスピードを発揮しやすい馬場で行われることが多い。**長年、日本ではこうしたレースに強い血統の選抜を行っている。

反対に1600m、2000m、2400mではない距離、あるいはダートやタフな馬場は「反主流条件」となる。

また、競走馬は血統により、成長力（叩き良化型・フレッシュ型）、前走からのペース変更（距離延長・短縮）などへの適応力にも違いがある。日本ダービーを目指すには、距離延長の適応力が高く、３歳春で体力を高い次元で強化させる必要がある。これらのレース条件別のポイントや血統傾向については、詳しくは第３章で解説する。

すべての血統は日本型、欧州型、米国型に分けられる

筆者は、すべての血統をコンピュータなどで解析（AI解析）するためにも、血統をいくつかにタイプ分けしている。筆者が提供する「スマート出馬表」でも提唱しているのが、**どの国・地域で強さを発揮するか（強さのルーツ）による、「日本型」「欧州型」「米国型」という分類だ。**

この大雑把な分類によって、そのレースで要求される能力の方向性を分析し、データ化することができる。詳しくは第２章で解説するが、それぞれの特徴は次のとおりだ。

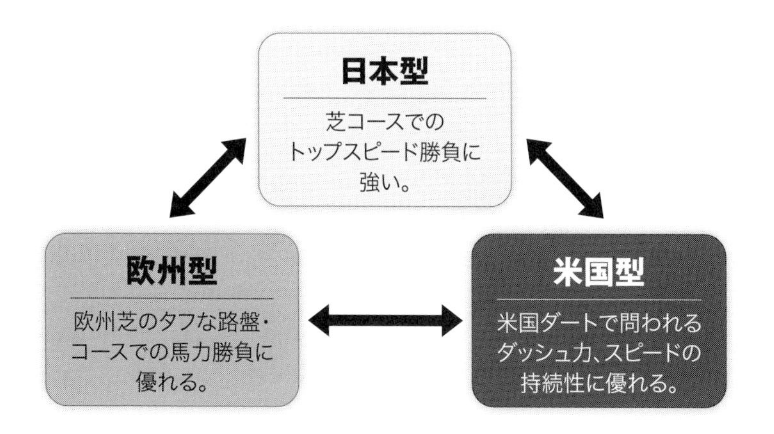

日本型はサンデーサイレンス系、米国型は米国型ミスタープロスペクター系、米国型ノーザンダンサー系、エーピーインディ系、欧州型は欧州型ノーザンダンサー系が代表格となる。**このように国・地域によって強い血統の祖先が異なるのは、それぞれの国・地域に適した能力の方向性が異なるからだ。**

そのため、JRA の芝競馬では日本型が主流血統、欧州型・米国型が反主流血統となり、次のような構図が成り立つ。

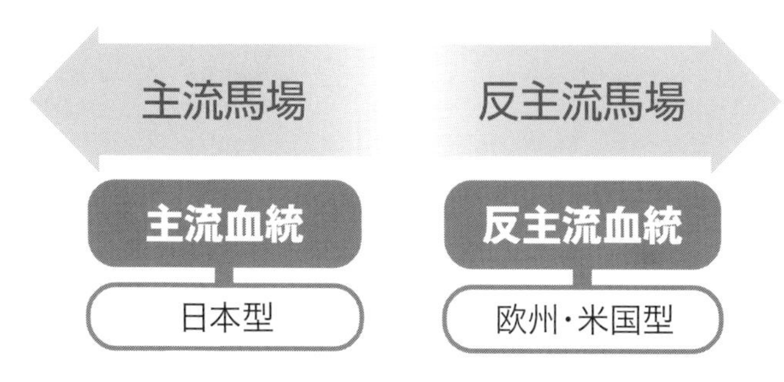

欧州型血統が濃く、日本型の血が薄い血統に有利なレース

☑ 日本の主流血統がほとんど勝てていない宝塚記念

ただし、競馬で要求される能力の方向性は一定ではない。どの条件でも、日本ダービーに強い血統が強さを発揮するとは限らない。すなわちディープインパクトやハーツクライ、その父であるサンデーサイレンス系を継ぐ馬が常に強いとは限らないのだ。

その象徴的なレースが宝塚記念（阪神芝2200m）である。日本ダービーと同じように、2013～2022年に宝塚記念を勝った馬の父馬を見てみよう（下表）。

ディープインパクトとハーツクライの産駒は、それぞれ1頭しか勝っておらず、かつどちらも牝馬である。**2013～2022年のダービー馬を8頭も出したディープインパクトとハーツクライの牡馬は、1頭も宝塚記念に勝っていないのだ。**

宝塚記念勝ち馬（2013～2022年）

年	勝ち馬	父	大系統	小系統
2022	タイトルホルダー	ドゥラメンテ	欧州型ミスプロ系	キングマンボ系
2021	クロノジェネシス	バゴ	欧州型ナスルーラ系	レッドゴッド系
2020	クロノジェネシス	バゴ	欧州型ナスルーラ系	レッドゴッド系
2019	リスグラシュー	ハーツクライ	日本型サンデー系	Tサンデー系
2018	ミッキーロケット	キングカメハメハ	欧州型ミスプロ系	キングマンボ系
2017	サトノクラウン	Marju	欧州型 ノーザンダンサー系	ノーザンダンサー系
2016	マリアライト	ディープインパクト	日本型サンデー系	ディープ系
2015	ラブリーデイ	キングカメハメハ	欧州型ミスプロ系	キングマンボ系
2014	ゴールドシップ	ステイゴールド	日本型サンデー系	Tサンデー系
2013	ゴールドシップ	ステイゴールド	日本型サンデー系	Tサンデー系

☑ 宝塚記念はダービー血統が走りにくい「反主流条件」

JRAでは、日本ダービーに強いディープインパクトやハーツクライの産駒が能力を発揮しやすい条件＝「主流条件」である。一方、宝塚記念のように日本ダービーに強い血統が走りにくい条件がある。こうした主流血統が能力を発揮しにくい条件が、「反主流条件」だ。

「反主流条件」では、主流血統であるサンデーサイレンスの血が薄い馬、父も母の父もサンデー系ではない馬がまとめて走るケースも多い。主流条件で能力を発揮していた馬がその力を出せず、逆に主流条件では力を出せない非主流血統馬がまとめて上位に走るためだ。

たとえば、2018年の宝塚記念。1番人気はサトノダイヤモンド（父ディープインパクト）、2番人気はキセキ（母の父ディープインパクト）、3番人気はヴィブロス（父ディープインパクト）だった。しかし、これらディープインパクトを持つ上位人気3頭はすべて馬券圏外（4着以下）に敗れた。一方、勝ち馬のミッキーロケット、2着のワーザー、3着のノーブルマーズは、いずれもディープインパクトも、その父サンデーサイレンスの血も持たない馬だった（次ページ表）。

母父	大系統	小系統
Motivator	欧州型ノーザンダンサー系	サドラーズウェルズ系
クロフネ	米国型ノーザンダンサー系	ヴァイスリージェント系
クロフネ	米国型ノーザンダンサー系	ヴァイスリージェント系
American Post	欧州型ネイティヴダンサー系	ネイティヴダンサー系
Pivotal	欧州型ノーザンダンサー系	ヌレイエフ系
Rossini	欧州型ミスプロ系	ミスプロ系
エルコンドルパサー	欧州型ミスプロ系	キングマンボ系
ダンスインザダーク	日本型サンデー系	Tサンデー系
メジロマックイーン	欧州型ヘロド系	マイバブー系
メジロマックイーン	欧州型ヘロド系	マイバブー系

この年の宝塚記念で、**「父も母の父も非サンデー系」「父が欧州型の馬」**は4頭のみ。結果的には、この4頭のボックス馬券を買えば馬連9200円、3連単49万2560円を的中できた。

阪神 11R G1宝塚記念
24日 15:40 芝2200 晴 稍

着順	馬番	馬名 / タイム	着差	人気	父 / 小系統	国	母父 / 小系統	国	父母父 / 小系統	国	母母父 / 小系統	国
1	4	ミッキーロケット 2:11.6		7	キングカメハメハ キングマンボ系	欧	Pivotal ヌレイエフ系	欧	Last Tyco ノーザンダンサー系	欧	Caerleon ニジンスキー系	欧
2	13	ワーザー 2:11.6	クビ	10	Tavistock サドラーズウェルズ系	欧	Zabeel ターントゥ系	欧	レッドゴッド系	欧	ダンチヒ系	欧
3	2	ノーブルマーズ 2:12.1	3	12	ジャングルポケット グレイソヴリン系	欧	Silver Ha ロベルト系	欧	Nureyev ヌレイエフ系	欧	Table Pla セントサイモン系	欧
4	10	ヴィブロス 2:12.1	クビ	3	ディープインパクト ディープ系	日	Machiavel ミスプロ系	欧	Alzao リファール系	欧	Nureyev ヌレイエフ系	欧
5	8	ダンビュライト 2:12.3	1 1/4	5	ルーラーシップ キングマンボ系	欧	サンデーサイレンス サンデー系	日	トニービン グレイソヴリン系	欧	Riverman ネヴァーベンド系	欧
6	3	サトノダイヤモンド 2:12.4	1/2	1	ディープインパクト ディープ系	日	Orpen ダンチヒ系	欧	Alzao リファール系	欧	Southern ヘイロー系	米
7	1	ステファノス 2:12.4	ハナ	11	ディープインパクト ディープ系	日	クロフネ ヴァイスリージェント系	米	Alzao リファール系	欧	Seeking t ミスプロ系	米
8	16	キセキ 2:12.5	クビ	2	ルーラーシップ キングマンボ系	欧	ディープインパクト ディープ系	日	トニービン グレイソヴリン系	欧	ドクターデヴィアス ヘロド系	欧
9	7	パフォーマプロミス 2:12.6	3/4	4	ステイゴールド Tサンデー系	日	タニノギムレット ロベルト系	欧	ディクタス ファイントップ系	欧	Northern ノーザンダンサー系	米
10	14	スマートレイアー 2:12.6	頭	13	ディープインパクト ディープ系	日	ホワイトマズル リファール系	欧	Alzao リファール系	欧	Groom Dan レッドゴッド系	欧
11	5	ストロングタイタン 2:12.8	1	8	Regal Ran フォーティナイナー系	米	Tiznow マッチェム系	米	Red Ranso ロベルト系	欧	Seeking t ミスプロ系	米
12	9	サトノクラウン 2:12.8	クビ	6	Marju ノーザンダンサー系	欧	Rossini ミスプロ系	欧	Artaius セントサイモン系	欧	Vettori ミスプロ系	欧
13	6	アルバート 2:13.4	3 1/2	15	アドマイヤドン ミスプロ系	米	ダンスインザダーク Tサンデー系	日	トニービン グレイソヴリン系	欧	ノーザンテースト ノーザンテースト系	欧
14	15	ゼーヴィント 2:14.6	7	9	ディープインパクト ディープ系	日	ブライアンズタイム ロベルト系	欧	Alzao リファール系	欧	Dayjur ダンチヒ系	欧
15	12	タツゴウゲキ 2:14.6	クビ	16	マーベラスサンデー Lサンデー系	日	Singspiel サドラーズウェルズ系	欧	ヴァイスリーガル ノーザンダンサー系	米	Diesis ネイティヴダンサー系	欧
16	11	サイモンラムセス 2:15.8	7	14	ブラックタイド Lサンデー系	日	マヤノトップガン ロベルト系	欧	Alzao リファール系	欧	リアルシヤダイ ロベルト系	欧

2018年の宝塚記念では、「父も母の父も非サンデー系」「父が欧州型の馬」に該当するのは、1着ミッキーロケット、2着ワーザー、3着ノーブルマーズを含む4頭のみだった。日本型の血が薄く、欧州型の血が濃い血統に有利なレース条件だとわかる。

米国型血統が濃く、日本型の血が薄い血統に有利なレース

☑ 高松宮記念は米国型血統の能力が求められる反主流条件

宝塚記念と同じく、日本では主流のサンデー系やディープ系が走りにくい反主流レースであっても、**米国型血統の長所であるダッシュ力やスピードの持続性が問われやすいレースがある**。

今度は、高松宮記念（中京芝1200m）の勝ち馬の血統を見てみよう（次ページ下表）。過去10年の勝ち馬に日本ダービーでもっとも多くの勝ち馬を出しているディープインパクト、ハーツクライの産駒はいない。なお、ディープインパクトは産駒の出走自体は多く、過去10年でも種牡馬全体の中で２番目の出走数だ。

☑ クラシック勝ち馬やダービー２着馬も敗北

ディープインパクト産駒の傑作牝馬で、クラシックレースの桜花賞を勝ったグランアレグリアも勝てなかった（2020年に２着、※３位入線）。2022年も日本ダービーでコントレイルの２着に走ったサリオス（父ハーツクライ）が、15着に敗れている。

一方、キングカメハメハ産駒で高松宮記念を勝ったロードカナロアは、母の父が米国型のストームキャット。日本ダービーでは必須となるサンデーサイレンスの血を持たない馬だった。

日本ダービーに強い日本型血統との相性が悪い一方、相性がよいのは米国型だ。2019～2021年の３年間で、

- **父も母の父も非サンデー系**
- **父か母の父が米国型**

以上２つの血統条件を満たす馬が３連覇している（次ページ下表）。2022年も僅差の２着は、父も母の父も非サンデー系で、母の父が米国型のロータスランドだった。

超高額配当ほど ブラッドバイアスの影響を受ける

2019年の高松宮記念は、3連単が449万馬券となった。勝ち馬のミスターメロディは父が米国型のスキャットダディで、母の父も米国型のデピュティミニスターだ。2着のセイウンコウセイは父が欧州型で芝1200mGI馬を複数出しているアドマイヤムーン、母の父は米国型のカポウティー。3着ショウナンアンセムは父が欧州型のジャングルポケット、母の父が米国型のクロフネだ。

・父も母の父も非サンデー系

・父か母の父が米国型

の条件を満たす血統馬が3着以内を独占したわけだが、出走馬の中でこの血統要件を満たす馬は5頭（4着のダノンスマッシュも要件を満たす)。さらに4枠より内の内枠で血統要件を満たす馬は、1～3着の3頭のみだった。

高松宮記念・勝ち馬（2013~2022年）

年	勝ち馬	父	大系統	小系統
2022	ナランフレグ	ゴールドアリュール	日本型サンデー系	Dサンデー系
2021	ダノンスマッシュ	ロードカナロア	欧州型ミスプロ系	キングマンボ系
2020	モズスーパーフレア	Speightstown	米国型ミスプロ系	ミスプロ系
2019	ミスターメロディ	Scat Daddy	米国型 ノーザンダンサー系	ストームバード系
2018	ファインニードル	アドマイヤムーン	欧州型ミスプロ系	フォーティナイナー系
2017	セイウンコウセイ	アドマイヤムーン	欧州型ミスプロ系	フォーティナイナー系
2016	ビッグアーサー	サクラバクシンオー	欧州型ナスルーラ系	プリンスリーギフト系
2015	エアロヴェロシティ	Pins	欧州型マイナー系	ストックウェル系
2014	コパノリチャード	ダイワメジャー	日本型サンデー系	Pサンデー系
2013	ロードカナロア	キングカメハメハ	欧州型ミスプロ系	キングマンボ系

中京 **11R** G1高松宮記念
24日 15:40 芝1200 晴 良

着順↑	馬番	馬名	タイム↑	着差↑	人気	父 小系統	国	母父 小系統	国	父母父 小系統	国	母母父 小系統	国
1	3	ミスターメロディ	1:07.3		3	Scat Dadd ストームバード系	米	Deputy Mi ヴァイスリージェント系	米	Mr. Prosp ミスプロ系	米	Silent Sc セントサイモン系	欧
2	4	セイウンコウセイ	1:07.4	1/2	12	アドマイヤムーン フォーティナイナー系	欧	Capote ボールドルーラー系	米	サンデーサイレンス サンデー系	日	Miswaki ミスプロ系	欧
3	7	ショウナンアンセム	1:07.4	頭	17	ジャングルポケット グレイソヴリン系	欧	クロフネ ヴァイスリージェント系	米	Nureyev ヌレイエフ系	欧	Danzig ダンチヒ系	米
4	13	ダノンスマッシュ	1:07.5	1/2	1	ロードカナロア キングマンボ系	欧	Hard Spun ダンチヒ系	米	Storm Cat ストームバード系	米	Kris S. ロベルト系	欧
5	5	ティーハーフ	1:07.6	1/2	11	ストーミングホーム ミスプロ系	欧	Green Des ダンチヒ系	欧	Shareef D ノーザンダンサー系	欧	Beau Geni ボールドルーラー系	米
6	8	レッツゴードンキ	1:07.6	ハナ	5	キングカメハメハ キングマンボ系	欧	マーベラスサンデー Lサンデー系	日	Last Tyco ノーザンダンサー系	欧	ジェイドロバリー ミスプロ系	欧
7	16	デアレガーロ	1:07.8	1 1/4	8	マンハッタンカフェ Tサンデー系	日	Souvenir ミスプロ系	米	Law Socie リボー系	欧	Alleged リボー系	欧
8	12	ロジクライ	1:07.8	クビ	4	ハーツクライ Tサンデー系	日	Machiavel ミスプロ系	欧	トニービン グレイソヴリン系	欧	Danzig ダンチヒ系	米
9	6	アレスバローズ	1:08.0	1 1/2	7	ディープインパクト ディープ系	日	トニービン グレイソヴリン系	欧	Alzao リファール系	欧	ヘクタープロテクタ ミスプロ系	欧
10	2	ラインスピリット	1:08.1	1/2	16	スウェプトオーヴァ フォーティナイナー系	米	トニービン グレイソヴリン系	欧	Cutlass ダマスカス系	米	マルゼンスキー ニジンスキー系	欧
11	17	ダイメイフジ	1:08.1	ハナ	14	アグネスデジタル ミスプロ系	米	ダンスインザダーク Tサンデー系	日	Chief's C ダンチヒ系	米	Storm Bir ストームバード系	米
12	14	ペイシャフェリシタ	1:08.1	ハナ	15	ハーツクライ Tサンデー系	日	Cape Cros ダンチヒ系	欧	トニービン グレイソヴリン系	欧	Selkirk ネイティヴダンサー系	欧
13	11	ヒルノデイバロー	1:08.8	4	18	マンハッタンカフェ Tサンデー系	日	Go for Gi リボー系	欧	Law Socie リボー系	欧	Cox's Rid ターントゥ系	米
14	9	ナックビーナス	1:08.9	3/4	6	ダイワメジャー Pサンデー系	日	More Than ヘイロー系	米	ノーザンテースト ノーザンテースト系	欧	Pine Bluf ダンチヒ系	米
15	15	モズスーパーフレア	1:09.0	クビ	2	Speightst ミスプロ系	米	Belong to ダンチヒ系	米	Storm Cat ストームバード系	米	Valid App マッチェム系	米
16	18	ダイメイプリンセス	1:09.1	1/2	9	キングヘイロー リファール系	欧	ダンスインザダーク Tサンデー系	日	Halo ヘイロー系	米	Storm Bir ストームバード系	米
17	1	スノードラゴン	1:09.2	1/2	10	アドマイヤコジーン グレイソヴリン系	欧	タヤスツヨシ Dサンデー系	日	ノーザンテースト ノーザンテースト系	欧	サウスアトランテイ ネヴァーベンド系	欧
18	10	ラブカンプー	1:09.3	3/4	13	ショウナンカンプ プリンスリーギフト系	欧	マイネルラヴ ミスプロ系	欧	ラツキーソブリン ニジンスキー系	欧	タヤスレミグラン ノーザンダンサー系	欧

1着ミスターメロディ、2着セイウンコウセイ、3着ショウナンアンセム、さらには4着のダノンスマッシュまで、いずれも「父も母の父も非サンデー系」「父か母の父が米国型」の該当馬。日本型の血が薄く、米国型の血が濃い血統に有利なレース条件だとわかる。

母父	大系統	小系統
ブライアンズタイム	欧州型ターントゥ系	ロベルト系
Hard Spun	米国型ノーザンダンサー系	ダンチヒ系
Belong to Me	米国型ノーザンダンサー系	ダンチヒ系
Deputy Minister	米国型ノーザンダンサー系	ヴァイスリージェント系
Mark of Esteem	欧州型ナスルーラ系	ネヴァーベンド系
Capote	米国型ナスルーラ系	ボールドルーラー系
Kingmambo	欧州型ミスプロ系	キングマンボ系
Kaapstad	欧州型ターントゥ系	ターントゥ系
トニービン	欧州型ナスルーラ系	グレイソヴリン系
Storm Cat	米国型ノーザンダンサー系	ストームバード系

この2019年の高松宮記念に限らず、上位人気馬が揃って力を出せない高額配当レースは、枠順や血統のバイアス（偏り）を受けやすい。この現象を「ブラッドバイアス」と呼び、筆者は25年以上前からその概念やブラッドバイアスを発見するためのツール（国別血統タイプや系統）を提供している。

本書では、ブラッドバイアスを発見し、予想に役立てるための情報をまとめた。第1章では基礎知識を、第2章では日本型・欧州型・米国型といった血統の特徴を、第3章ではレース条件に適した血統の見抜き方を解説している。また、第4章では、本書のメインコンテンツとなる主要な種牡馬を事典のようにまとめている。もし、血統についてイチから知りたいなら、第5章で歴史に触れてみるのも面白いだろう。

第1章

血統の基礎知識

競馬の世界は、

優秀な血だけが生き残る過酷な淘汰（とうた）の世界である。

その淘汰のスピード、つまり一生のサイクルは人類の比ではない。

第１章では、サラブレッドの生涯はどのように決まるのか、

種牡馬・繁殖牝馬とは何か、

その優秀さはどう評価されるのかなど、

血統を読み解くうえで必要な基礎知識を解説する。

競馬は究極のブラッド・スポーツ

競馬はブラッド・スポーツ（血統のスポーツ）といわれる。生まれた仔馬はすべてスタッド・ブック（血統書）に記録され、そのことがサラブレッドである証しとなる。血統はサラブレッドそのものであり、競馬の過去や現在を知り、そして未来を垣間見るための、非常に大切な手がかりとなる。

1 競馬予想に血を通わせる“血統”というファクター

競馬の予想には馬体や状態、調教タイム、馬場状態、枠順、展開予想、ローテーションなど、さまざまな要素がある。こうした競馬すべての要素に絡まるのが「血統」である。

競馬の予想を、より血が通ったものにするためのファクター、それが血統だ。

たしかに、血統を知らなくても競馬の予想はできる。反対にどんなに血統に詳しくても、必ずしも勝ち馬を当てられるとは限らない。それでも**競馬の予想に血統というファクターが欠かせない理由、それはサラブレッド（競走馬）とは血統そのものだから**である。たとえば、速いタイムを出すこと、枠順による巧拙（こうせつ）、最適なトレーニング（調教）も、すべて血統によって傾向が出る。

2 進化のスピードは人間のはるか先を行く

サラブレッドは人間のアスリートよりもはるかに厳しい基準で淘汰（とうた）が行われている。そして、その進化のスピードは、人間のアスリートの比ではない。人間の世界で経済的成功を収めた人びとが競馬の世界に魅了されるのも、**サラブレッドの生涯のサイクルが人間の何倍速ものスピードで進むためではないだろうか。**

たとえば、いまもアメリカで絶大な人気を誇るセクレタリアトは1970年生まれ（1989年死去）。もし存命なら2023年時点で53歳、人間の世界では働き盛り。アメリカの名馬の中にはセクレタリアトの血を継ぐ馬が多いが、現役競走馬の中には孫すらおらず、ひ孫の世代も数えるほどしかいない。

このように、競馬においては血統が与える影響は非常に大きいものでありながら、その淘汰のスピードは人間のはるか先を行く。それと同時に、生まれた仔馬たちはすべてスタッド・ブック（血統書）に記録され、そのことがサラブレッドである証しとなり、脈々と続く競馬の歴史の一部となっていく。

血統――それは知れば知るほど謎めく“迷宮”のようなものかもしれない。しかしこの迷宮は、競馬の歴史や未来を垣間見ることができる魅力的な世界でもある。

それこそ、競馬が究極のブラッド・スポーツ（血統のスポーツ）といわれる所以でもある。

サラブレッドをとり巻くさまざまなもの

生産者
（ブリーダー）
馬主
競馬界
サラブレッド
（競走馬）
種牡馬
（父系）
繁殖牝馬
（牝系）
競馬ファン（馬券予想・POG）

生産者や馬主の意向で種牡馬と繁殖牝馬が配合され、サラブレッドが産まれる。競馬ファンはそのサラブレッドに、自身の予想や思いをのせて応援する。

血統とサラブレッドの一生

サラブレッドの一生は、常に血統とともにある。優れた競走成績を残した競走馬はもちろん、たとえ競走成績がふるわなかった競走馬であっても、兄弟やファミリー（→ P.38）に優れた馬がいれば、繁殖入りを果たすことがある。その判断材料になるのが、血統である。

1 サラブレッドが持つ“血統”という共通言語

サラブレッドは、その誕生に至るまでの血筋と競走成績の記録の積み重ねによって存在している。この記録こそが血統であり、世界中の生産者（ブリーダー）は活躍馬の血統を読み解き、それを手がかりにしてより強い馬を生み出そうと努力を重ねている。

ヨーロッパやアメリカをはじめ、世界各地で多種多様な競馬が行われているが、**サラブレッドは“血統”という共通言語を持つことで、国境を越えて進化をとげてきたのである**。

サラブレッドの一生と血統

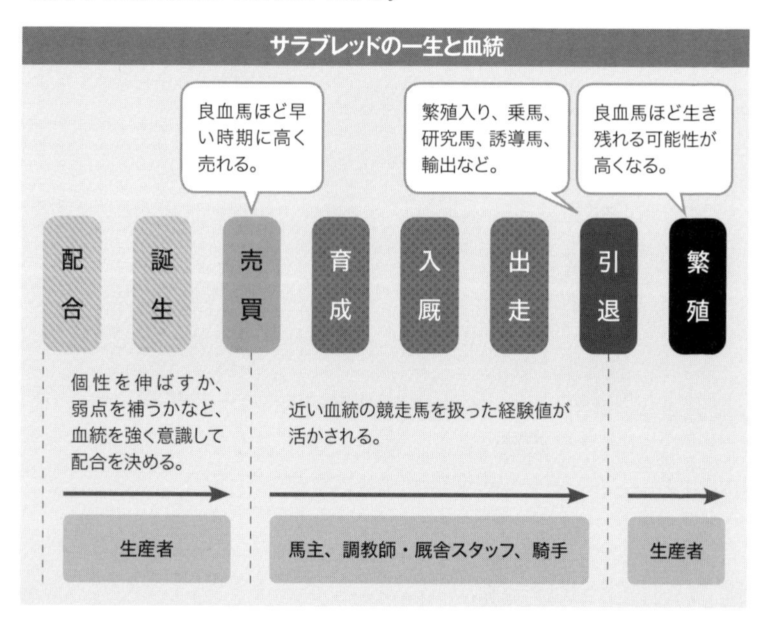

2 生産から引退まで、サラブレッドの経済性

☑ 配合・誕生：人気種牡馬のほか、全兄弟馬にも人気が集まる

良血馬ほど高額で売れる可能性が高いが、**人気種牡馬になるほど、種付料も高額になる**。そのため、人気種牡馬を配合する際は、流産などのリスクも検討される。

そうしたことから、人気種牡馬の全兄弟馬に人気が集まることがある。**血統構成が同じなので、代替種牡馬として評価されるのだ。**場合によっては、半兄弟でも血統を買われて種牡馬になれるケースがある。

☑ 売買：良血馬ほど早い時期に売却先が決まる

日本では生産者と馬主が直接売買する「庭先取引」が大半を占めていたが、近年は市場（セリ）出身の活躍馬も増えている。どちらであれ、**いわゆる"良血馬"は産まれる前から注目されている**。

良血の当歳馬の多くは、夏までに庭先取引で売却先が決まる。7月から秋にかけて開かれるセリでも良血当歳馬が高値で落札されるが、セリでの取引頭数は1歳馬のほうが多い。10月後半以降は、主に地方競馬に入厩（にゅうきゅう）する1歳馬の取引が行われる。それでも売れ残った明け2歳馬のため、4～5月にトレーニングセールが開かれるが、ここまでくると血統に加えて、馬の動きや走破タイムも価格に大きく影響する。

☑ 育成・入厩・出走：人間関係か、厩舎の経験値か

育成先や入厩先は生産者や馬主の人間関係によって決められるが、**近い血統の馬は同じ育成施設や厩舎に預けられることが多い**。過去にその競走馬の父母馬や兄姉馬を担当したことで、その経験値によって育て方を工夫したり、出走レースを選定したりすることができるからだ。

競馬ファンがサラブレッドに触れるのは、現役競走馬の期間だけ。ただし、近年はPOG（ペーパー・オーナー・ゲーム）などを通して、競馬＝馬券ではなく、血統のロマンを追い求め、より深みを持って競馬と向き合うファンが確実に増えている。

☑ 引退・繁殖：種牡馬になれるのは1世代で1％未満

血統が最大の影響力を発揮するのが、引退のタイミングである。ここ

で繁殖入りするか、乗馬や研究馬、使役馬（しえきば）などになるかが決められる。

とくに種牡馬になれるのは１世代で１％にも満たない。人間のスプリンターにたとえれば、ウサイン・ボルト以外の男性は誰も父親になれないことになる。一方、繁殖牝馬は比較的高い割合で繁殖入りできる。基本的にサラブレッドが、１年間で１頭しか産駒を産めないためだ。

このように競馬とは究極の一夫多妻制度で成り立つスポーツであり、このことがアスリートとしての進化と淘汰（とうた）のスピードを人間の数倍以上にしている要因といえるだろう。

3 例外的に種牡馬になれるケースとは？

種牡馬になる例外条件として、“良血馬であること”が挙げられる。さほど競走馬として活躍できなくても、とくに兄弟馬が活躍していれば、種付料がリーズナブルな代替種牡馬としての需要が見込まれる。つまり、ボルトの弟であれば、たとえオリンピックに出場していなくても種牡馬になれる可能性があるのだ。

たとえば、ＧⅠ７勝馬キタサンブラックの父ブラックタイドがいる。ディープインパクトの１歳上の全兄だが、自身の競走成績は22戦３勝（ＧⅡ１勝）。**種牡馬になれたのは明らかに弟の活躍のおかげだが、その弟の獲得賞金を上回るキタサンブラック（18億7684万円）を出した。**

当初の種付料は受胎（じゅたい）条件で50万円、出生条件で80万円。弟に比べて格安だったため、代替種牡馬として多くの繁殖牝馬を集め、2010年ファーストクロップリーディングサイアーとなった。キタサンブラックが年度代表馬となった2016〜2017年はリーディングサイアー10位につけ、2017年の種付料は200万円になった。

キタサンブラックの2018年（初年度）の種付料は500万円。同じサンデー系種牡馬として、孝行息子もライバルの１頭となっている。

	兄ブラックタイド	弟ディープインパクト
セリ値	9700万円（2001年）	7000万円（2002年）
通算成績	22戦3勝	14戦12勝
獲得賞金	1億6207万円	14億5455万円
LS最高位	10位（2回）	1位（11回）
GⅠ／重賞勝ち馬	1頭／6頭	47頭／140頭

※2022年末現在。JRA平地のみ。

血統は3つの要素で決まる

名馬とは、「その国の主要なレースを勝てる馬」のこと。サラブレッドの血統は、父系（サイアーライン）と母系（ファミリー／牝系）、生産者（ブリーダー）という3つの要素で決められる。どんなに優れた血統でも、選び方（配合）が悪ければ名馬が生まれる確率は低下する。

1 父系（サイアーライン）とは？

種牡馬とは、サラブレッドを生産するために種付けをする牡馬のこと。**競走成績が優れた馬、血統の優れた馬のみが選ばれる。**一般的には、種牡馬のみを集めた種馬場に繋養（けいよう）されている。

サラブレッドの父、その父（父の父）、さらにその父（父の父の父）とさかのぼっていく血筋のことを、**父系（サイアーライン）**と呼ぶ。血統予想において最優先でチェックすべき情報であり、その競走馬の特徴を把握するための重要なファクターである。

2 母系（ファミリー／牝系）とは？

☑ ファミリー全体で競走成績をチェックする

母系はファミリーや牝系とも呼ばれ、サラブレッドの母方をさかのぼる血筋のことをいう。**母、祖母、曾祖母らと、その産駒の成績や特徴から、“ファミリー”としての能力や可能性を探る。**種牡馬は毎年多数の産駒を送り出すので、産駒に伝える能力を判断しやすい。しかし、繁殖牝馬は年に1頭しか産めないため、その産駒だけでは血統の特徴がつかみにくいことから、ファミリーをチェックする必要が出てくるのだ。

☑ 同系種牡馬の産駒が増えたら牝系の特徴を把握する

現在の日本はサンデーサイレンス系種牡馬が多いので、血統予想においては牝系の特徴を把握し、検討することが重要となる。

母の父はブルードメアサイアー（BMS）とも呼ばれ、文字通り繁殖牝馬の父馬を指す。優れた種牡馬は数多くの繁殖牝馬を送り出すため、母の父としても大きな影響力を持つことが多い。そのため、配合では母の父としての産駒の成績や、父の種牡馬との相性のよさ（ニックス→P.34）も重視される。

3 生産者(ブリーダー)とは?

生産者（ブリーダー）は繁殖牝馬を所有してサラブレッドを生産し、セリ市場や馬主に売却する生産牧場を経営する人のこと。馬主（オーナー）が自ら生産牧場を持ち、生産した馬を走らせる場合をオーナーブリーダーという。**サラブレッドの配合決定には、生産者や馬主の意向が色濃く反映される。**

サイアーライン、ファミリー(牝系)、母の父(BMS)の見方
ドウデュース(2019年生 牡 鹿毛 日本産)の3代血統表

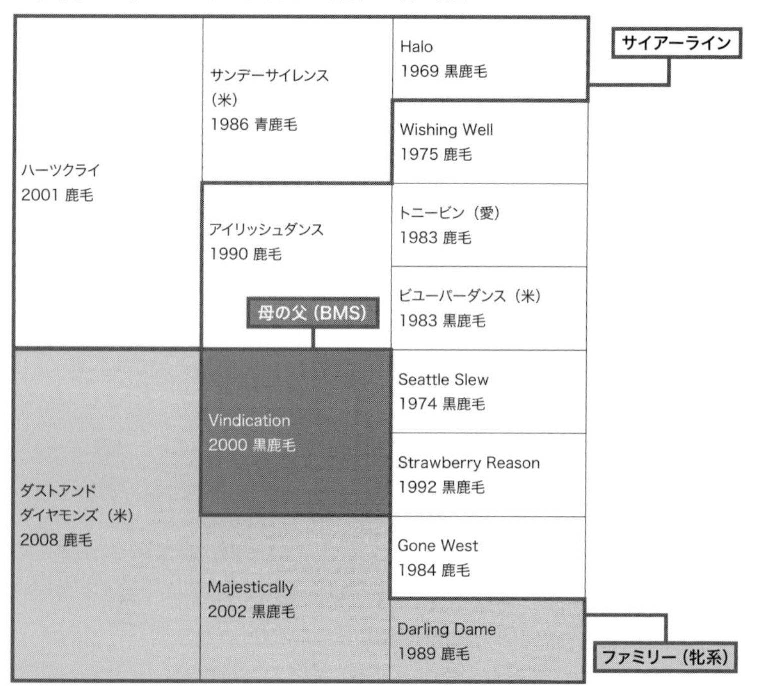

種牡馬の過酷なサバイバル

父系の血統評価は、主に産駒の競走成績で決まる。一般的には1年間に産駒たちが獲得した賞金額の多い順に種牡馬をランキングし、上位であるほど高く評価される。ただし、国によって求められる能力の方向性が異なるため、海外で好成績を挙げた種牡馬が日本に導入されても、必ずしも成功するとは限らない。

1 種牡馬になれるのはひとにぎり

近年の日本のサラブレッドの登録頭数は、毎年7,000頭弱（輸入された外国産馬、受胎した状態で輸入された持込馬を含む）。その約半数が牡馬と考えて、競走生活を終えて種牡馬となれるのは多い年でも30頭程度にすぎない。

しかも毎年、約250頭いる種牡馬たちが約1万頭の繁殖牝馬を奪い合い、己の子孫を残そうとしのぎを削っている。**その中で200頭以上の繁殖牝馬を集める人気種牡馬がいる一方、いつの間にか姿を消していく種牡馬もいる。**ちなみに日本にいる種牡馬のうち、約60～70頭は輸入種牡馬である。

日本の種牡馬・繁殖牝馬の頭数（2022年）

	内国産	輸入	合計
種牡馬	190頭	63頭	253頭
繁殖牝馬	10228頭	1855頭	12083頭

※輸入＝外国産馬として日本で出走した馬を含む。
単純に平均すれば1頭あたり約48頭だが、人気種牡馬に集中するため、ほとんど繁殖牝馬を集められない種牡馬もいる。ちなみに2022年の種付け頭数1位は、シルバーステート（200頭）。

2 4つのサイアー・ランキング

1年を通じて、産駒が獲得した賞金の合計額を集計してランキングにしたものをサイアー・ランキングという。**①リーディングサイアー、②ブルードメアリーディングサイアー、③2歳リーディングサイアー、④ファーストクロップリーディングサイアー**という4つがある。

ランキング上位にランクインされるとその実績を評価され、よい繁殖牝馬と配合されるようになる。すると、サイアー・ランキングがさらに上がりやすくなるという好循環が生まれる。

❶リーディングサイアー

１年間で、産駒の獲得賞金がもっとも多かった種牡馬のこと。種牡馬を評価するもっとも基本的な物差しとなる。ＧⅠをはじめとする重賞レースに強いほど、順位が上がる。

❷ブルードメアリーディングサイアー

１年間で、母の父として孫世代の産駒の獲得賞金がもっとも多かった種牡馬のこと。リーディングサイアー・ランキングとリンクしていることが多い。リーディングサイアーとニックス（→P.34）がある種牡馬も、順位が高くなりやすい。

❸２歳リーディングサイアー

１年間で、２歳戦での獲得賞金がもっとも多かった種牡馬のこと。上位になる種牡馬ほど、産駒の仕上がりが早い、つまり早熟血統だと判断できる。馬主からすると、競走馬の購入金や預託料（牧場や厩舎に預ける際に馬主が支払うお金）を早く回収したい心理が働くため、産駒の仕上がりが早く、２歳戦から活躍できる血統が重視される傾向にある。

❹ファーストクロップリーディングサイアー

その年に初めて産駒がデビューした新種牡馬のうち、２歳戦でもっとも多くの賞金を獲得した種牡馬のこと。初年度から活躍馬を出せれば、よりよい繁殖牝馬を集められるようになるため、種牡馬としての将来を大きく左右する。

JRA部門別リーディングサイアー（2022年）

ディープインパクトは2012年から11年連続でリーディングサイアーを、キングカメハメハは2020年から3年連続でブルードメアリーディングサイアーを獲得している。ドゥラメンテは初めての2歳リーディングサイアーで、マインドユアビスケッツは2歳リーディングサイアーでは総合12位となっている。

部門	種牡馬名	父名
リーディングサイアー	ディープインパクト	サンデーサイレンス
ブルードメアリーディングサイアー	キングカメハメハ	キングマンボ
2歳リーディングサイアー	ドゥラメンテ	キングカメハメハ
ファーストクロップリーディングサイアー	マインドユアビスケッツ	ポッセ

リーディングサイアーの条件

サイアー・ランキングを上げ、種牡馬としての評価を高めるためには、産駒の勝利数が多く、かつ賞金の高いレースを勝つ馬が多いことが求められる。つまり、重賞レースの勝ち馬を多く出すことが必要になる。一方、故障が少ないなど、コンスタントに走れる競走馬を数多く出す種牡馬も重宝される。

1 距離のカテゴリーは5つに区分される

☑ かつては短距離・中距離・長距離の３区分

かつてJRAは距離区分を短距離、中距離、長距離に分けていた。しかし、現役競走馬の世界的なランキング（ロンジン・ワールド・ベストレースホース・ランキング→P.331）を作成するにあたり、距離を5カテゴリーに分けるSMILEが採用されるようになった。

☑ SMILEによる距離区分

S＝スプリント（Sprint）＝1000～1300m
M＝マイル（Mile）＝1301～1899m
I＝インターメディエイト（Intermediate）＝1900～2100m
L＝ロング（Long）＝2101～2700m
E＝エクステンデッド（Extended）＝2701m以上

☑ JRAのＧⅠは芝1600m、2000m、2400mがメイン

JRAのＧⅠは、2022年時点で24レース（平地のみ）あり、その半分以上がSMILE区分のM・I・L（1600～2700m）に該当する。とくに芝の1600m（7レース）、2000m（5レース）、2400m（3レース）が多い。

2000mはチャンピオン・ディスタンス、2400mはクラシック・ディスタンスとも呼ばれ、格式が高く、賞金額も高い王道レースに多い距離である。これにマイル（1600m）を加えた3距離で優れた成績を収めた競走馬は、高い評価を受ける。リーディングサイアー・ランキングの上位につけるためには、こうした王道レースに強いことが重要となる。

2 格式の高いレースが多い根幹距離

JRAの芝競馬は、1マイル（1600 m）を中心に400 mずつ長い2000 m、2400 mの距離で強い馬をつくり続けてきた。これを根幹距離と呼ぶ。400 mで割れない1400 mと1800 mのＧⅠは存在せず、同じく2200 m、2500 mのクラシック競走も存在しない。よって、JRAの主流血統馬は芝1600 m、2000 m、2400 mで最大限の力を発揮する。その距離とは微妙に距離がズレる1400 m、1800 m、2200 m（非根幹距離）ではパフォーマンスを落とす馬もいる一方、非根幹距離のほうが有利な馬もいる。

主流能力が問われやすいGⅠ	主流能力が問われにくいGⅠ
(1600m) 桜花賞、ヴィクトリアマイル、NHKマイルカップ、安田記念、マイルCS、朝日杯FS、阪神JF	**(1200m)** 高松宮記念、スプリンターズS
(2000m) 大阪杯、皐月賞、秋華賞、天皇賞秋、ホープフルS	**(1600m)** フェブラリーS（ダート）
(2400m) オークス、日本ダービー、ジャパンカップ	**(1800m)** チャンピオンズカップ（ダート）
	(2200m) 宝塚記念、エリザベス女王杯
	(2500m) 有馬記念
	(3000m) 菊花賞
	(3200m) 天皇賞春

JRAの芝GⅠ、とくにクラシック競走は根幹距離に集中している。JRAの高額馬は、根幹距離で勝てる馬づくりを中心に長年生産されてきた。

JRAリーディングサイアー（サラ系全馬／2022年）

2022年のトップ10に入った種牡馬のうち、サンデーサイレンス系が4頭ランクインし、日本の主流血統がサンデーサイレンス系であることがわかる。なお、同じく4頭が入ったミスタープロスペクター系はすべてキングカメハメハとその子である。

順位	種牡馬名	出走頭数	勝利回数	賞金	父系（大系統）
1	**ディープインパクト**	341	160	45億 171万6000円	**サンデーサイレンス系**
2	ロードカナロア	455	182	39億 867万3000円	ミスタープロスペクター系
3	**ハーツクライ**	314	125	30億9229万2000円	**サンデーサイレンス系**
4	**キズナ**	281	131	30億 356万3000円	**サンデーサイレンス系**
5	ドゥラメンテ	289	127	29億6496万1000円	ミスタープロスペクター系
6	キングカメハメハ	174	93	25億7147万1000円	ミスタープロスペクター系
7	ルーラーシップ	341	90	21億7687万3000円	ミスタープロスペクター系
8	モーリス	285	111	21億7529万8000円	ターントゥ系
9	エピファネイア	298	100	20億1702万8000円	ターントゥ系
10	**ダイワメジャー**	218	92	19億9720万2000円	**サンデーサイレンス系**

良血馬と配合の基本

父母の繁殖成績や兄姉の競走成績が優秀な競走馬は、生まれながらに“良血”というアドバンテージを与えられ、競走成績がふるわなくても種牡馬や繁殖牝馬になれる可能性がある。ただし、その立場は決して安泰ではなく、自身の産駒の成績がふるわなければ容赦なく淘汰(とうた)される。

1 良血馬とは?

良血馬とは、**実績がある種牡馬と優れた繁殖牝馬の間の産駒のこと**。優れた繁殖牝馬とは、自身の競走成績が一流であるか、その牝系(→P.38)が優れた競走馬を数多く輩出している場合をいう。良血馬はセリで、高値で取引されることが多い。

2 特定の血を強調するインブリード

インブリードとは、**父系・母系の5代前までに同一の祖先を持つ配合のこと**。近親交配ともいう。インブリードさせた血の個性を引き継いだ産駒が出る確率が上がるといわれ、同一の祖先馬の優れた性質を引き出すために行う。

インブリードの成功例

馬名	配合	成績
ノーザンテースト	レディアンジェラ3×2(祖父の母=祖母)	日本LS10回
ラムタラ	ノーザンダンサー2×4(祖父=曾祖母の父)	無敗の欧州3冠
エネイブル	サドラーズウェルズ3×2(曾祖父=母の父)	凱旋門賞など

「○○の3×4」「○○の5×4」のように馬名と世代数で表記。「3×4」の部分は、前の数字が父系、後ろの数字が母系の代数を示す。たとえば、上記のエネイブルの場合、父系の3代前と母系の2代前にサドラーズウェルズがいるとわかる。

☑ 名馬を生み出す奇跡の血量

3代前と4代前に同じ祖先を持つ配合(4×3または3×4のインブリード)は、3代父母から12.5%、4代父母から6.25%同じ血を受け継ぐが、この合計18.75％を「奇跡の血量」という。この配合から生まれた名馬が多いことから生まれた言葉で、明確な根拠はないが、サンデーサイレンスを18.75％持つ配合からは近年、３冠牝馬デアリングタクト、年度代表馬エフフォーリアなどの活躍馬が出ている。

3 血統を活性化させるアウトブリード

アウトブリードとは、**父系・母系の５代前までに同一の祖先を持たない配合のこと**。異系交配ともいう。ある特定の血統が濃くなりすぎることを避け、血統を活性化させる効果を期待して行う。

アウトブリードの成功例

馬名	生年	父（父系）	成績
ステイゴールド	1994	サンデーサイレンス（サンデー系）	香港ヴァーズなど
ハーツクライ	2001	サンデーサイレンス（サンデー系）	有馬記念、ドバイシーマC
ディープインパクト	2002	サンデーサイレンス（ディープ系）	3冠などＧⅠ7勝
アルアイン	2014	ディープインパクト（ディープ系）（全兄弟）	皐月賞、大阪杯など
シャフリヤール	2018		ダービー、ドバイシーマC

上記の馬は、すべて5代までに同じ馬を持たない。

4 配合の相性を示すニックス

ニックスとは、**種牡馬の血統と繁殖牝馬の父（母の父）の血統の相性がよいこと**。明確な基準はないが、特定の組み合わせで優れた競走成績を残す競走馬が何頭か出ると、その組み合わせは「ニックス」と認識され、優秀な競走馬を生み出す配合として定着する。

近年の代表例は「ステイゴールド×メジロマックイーン牝馬」で、ドリームジャーニー（2004年生：宝塚記念、有馬記念など）とオルフェーヴル（2008年生：３冠などＧⅠ６勝）の全兄弟、ゴールドシップ（2009年生：宝塚記念連覇などＧⅠ６勝）らが出た。

ディープインパクトはフレンチデピュティ（マカヒキ、ショウナンパンドラなど）、アンブライドルズソング（コントレイル、ダノンプラチナなど）とのニックスがあるが、中でもストームキャットとの配合から多くの活躍馬が出ている。

父ディープインパクト×母の父ストームキャット（ストームバード系）

馬名	生年	母	競走成績
キズナ	2010年	キャットクイル	日本ダービーなど
アユサン	2010年	バイザキャット	桜花賞など
ラキシス	2010年	マジックストーム	エリザベス女王杯など
サトノアラジン	2011年		安田記念など
エイシンヒカリ	2011年	キャタリナ	香港C、イスパーン賞など
リアルスティール	2012年	ラヴズオンリーミー	ドバイターフ
ラヴズオンリーユー	2016年		オークス、香港カップ
スタディオブマン	2015年	セカンドハピネス	仏ダービー
ダノンキングリー	2016年	マイグッドネス	安田記念

ディープインパクトとストームキャットの配合は、すでに多くのＧⅠ馬を生み出しており、ニックスとして定着している。

5 兄弟馬、姉妹馬とは？

兄弟馬、姉妹馬とは、**同じ繁殖牝馬から産まれた競走馬のこと**。種牡馬だけが同じ場合は、兄弟、姉妹とはいわない。父も母も同じなら全兄弟（全姉妹）、父だけが異なる場合は半兄弟（半姉妹）。

牝系図を見ると、ジェンティルドンナを中心に見た場合の、それぞれの競走馬との関係性がわかる。血のつながりが濃いほど、似た能力の特徴を持つと考えられる。

近親扱いするのは同じ母系から産まれた競走馬のみで、母の兄弟馬・姉妹馬はおじ・おば、母の姉妹馬の産駒はいとことなる。

血統表の見方

サラブレッドの配合の原点は、もっとも速い競走馬同士をかけ合わせる「ベスト・トゥ・ベスト」。ただし、配合の決定にはスピードや距離適性、気性、馬格なども考慮される。そのため、代々注ぎ込まれた血統が一目でわかる血統表は、その競走馬の能力の設計図ともいえる。

1 血統表の馬名の書き方

馬名はカタカナで表記される。外国の競走馬はその国の言語で表記され、日本へ輸入されて登録された場合はカタカナ表記にする。訳し方によって複数のカタカナ表記がされることもある（例：Danzig→ダンチヒ、ダンジグ）。

輸入馬や外国馬の場合は、生産国を記すことがある。その際、USA（＝米）、GB（＝英）、IRE（＝愛）などと略記されることもある。輸入馬には、馬名の前に「＊」記号をつけて区別することもある。

2 血統表からわかること

血統表の上部には、馬名、生年（月日）、性別（牡馬・牝馬・せん馬）、毛色、生産国・生産地などが書かれる（順番は決まっていない）。血統表の上半分には父系、下半分には母系（牝系）が記される。右図のドウデュースの場合、ハーツクライ→サンデーサイレンス→Haloとさかのぼっていくのが父系（サイアーライン）。ダストアンドダイヤモンズ→Majestically→Darling Dameとさかのぼっていくのが母系（血統表の最下段に書かれることから、ボトムラインとも呼ばれる）。

1番左列が1代血統（父母）で、種牡馬名（父）と繁殖牝馬名（母）が入る。母名（ダストアンドダイヤモンズ）の下の「F3-d」は、ファミリーナンバー（FNo.）で、5代血統欄の右端に記入されることもあるし、記入されないこともある。

左から2列目が2代血統（祖父母）で、上から順に父の父、父の母、母の父、母の母。母の父はブルードメアサイアー（BMS）と呼ばれ、血統を見るうえで重視される。左から３列目から順に３代血統、４代血統、５代血統となる。

インブリード（→P.33）に該当する種牡馬や繁殖牝馬を太字表記、斜体字表記、別色表記などで明示する（表外にインブリードを表記することもある）。

5代血統表の例

ドウデュース（2019年生 牡 鹿毛 日本産）

<table>
<tr><td rowspan="16">ハーツクライ
2001 鹿毛</td><td rowspan="8">サンデーサイレンス（米）
1986 青鹿毛</td><td rowspan="4">Halo
1969 黒鹿毛</td><td rowspan="2">Hail to Reason
1958</td><td>Turn-to</td></tr>
<tr><td>Nothirdchance</td></tr>
<tr><td rowspan="2">Cosmah
1953</td><td>Cosmic Bomb</td></tr>
<tr><td>Almahmoud</td></tr>
<tr><td rowspan="4">Wishing Well
1975 鹿毛</td><td rowspan="2">Understanding
1963</td><td>Promised Land</td></tr>
<tr><td>Pretty Ways</td></tr>
<tr><td rowspan="2">Mountain Flower
1964</td><td>Montparnasse</td></tr>
<tr><td>Edelweiss</td></tr>
<tr><td rowspan="8">アイリッシュダンス
1990 鹿毛</td><td rowspan="4">トニービン（愛）
1983 鹿毛</td><td rowspan="2">カンパラ（英）
1976</td><td>Kalamoun</td></tr>
<tr><td>State Pension</td></tr>
<tr><td rowspan="2">Severn Bridge
1965</td><td>Hornbeam</td></tr>
<tr><td>Priddy Fair</td></tr>
<tr><td rowspan="4">ビユーパーダンス（米）
1983 黒鹿毛</td><td rowspan="2">Lyphard
1969</td><td>Northern Dancer</td></tr>
<tr><td>Goofed</td></tr>
<tr><td rowspan="2">My Bupers
1967</td><td>Bupers</td></tr>
<tr><td>Princess Revoked</td></tr>
<tr><td rowspan="16">ダストアンドダイヤモンズ（米）
2008 鹿毛
FNo.［F3-d］</td><td rowspan="8">Vindication
2000 黒鹿毛</td><td rowspan="4">Seattle Slew
1974 黒鹿毛</td><td rowspan="2">Bold Reasoning
1968</td><td>Boldnesian</td></tr>
<tr><td>Reason to Earn</td></tr>
<tr><td rowspan="2">My Charmer
1969</td><td>Poker</td></tr>
<tr><td>Fair Charmer</td></tr>
<tr><td rowspan="4">Strawberry Reason
1992 黒鹿毛</td><td rowspan="2">Strawberry Road
1979</td><td>Whiskey Road</td></tr>
<tr><td>Giftisa</td></tr>
<tr><td rowspan="2">Pretty Reason
1971</td><td>Hail to Reason</td></tr>
<tr><td>Mysore</td></tr>
<tr><td rowspan="8">Majestically
2002 黒鹿毛</td><td rowspan="4">Gone West
1984 鹿毛</td><td rowspan="2">Mr. Prospector
1970</td><td>Raise a Native</td></tr>
<tr><td>Gold Digger</td></tr>
<tr><td rowspan="2">Secrettame
1978</td><td>Secretariat</td></tr>
<tr><td>Tamerett</td></tr>
<tr><td rowspan="4">Darling Dame
1989 鹿毛</td><td rowspan="2">Lyphard
1969</td><td>Northern Dancer</td></tr>
<tr><td>Goofed</td></tr>
<tr><td rowspan="2">Darling Lady
1983</td><td>Alleged</td></tr>
<tr><td>Olmec</td></tr>
</table>

Lyphard 4×4　Hail to Reason 4×5

牝系と牝系図の見方

原則として、能力の影響力は父母から半分ずつと考える。ただし、繁殖牝馬は年に1頭しか産めないため、母からの影響力はその繁殖牝馬だけでなく、牝系全体を見て判断する。牝系としてのポテンシャルが高ければ、競走成績がイマイチだった繁殖牝馬でも、配合次第でよい産駒を出すことがある。

1 牝系で産駒の能力の傾向をつかむ

☑ 牝系図とは何か

牝系（ファミリー）とは、**母・祖母・曾祖母などの直系に、おじ・おば・おい・めい・いとこなどを加えた母方の近親馬のこと**。生年、毛色、競走成績などを記したものが３～５代程度の牝系図で示される。父系と同じように、活躍馬を多数輩出した牝馬を起点として、「○○系」と呼ぶこともある。

☑ 牝系（ファミリー）全体を見ることが大切

種牡馬は１頭で多くの繁殖牝馬に種付けできるが、繁殖牝馬は年に１頭しか産めない。そのため、繁殖牝馬が産駒に伝える能力は、年に１頭の産駒でしか判断できない。そこで重要になるのが牝系（ファミリー）。**産駒から能力の傾向をつかむには、牝系全体を見る必要がある。**

牝系図には、配合された種牡馬名や競走成績、性別も記載されるため、その牝系が「どんな血統の種牡馬と配合されているか」「どんな種牡馬との配合で好成績を残しているか」「どんなレースで好成績を残しているか」「活躍馬に牡馬が多いか、牝馬が多いか」などを確認することもできる。

2 新たな名牝系“シーザリオ系”に注目

日本調教馬として初めて米ＧⅠ（アメリカンオークス）を制したシーザリオ（オークスなど国内４勝）は繁殖牝馬としても優秀で、エピファネイア、リオンディーズ、サートゥルナーリアという３頭のＧⅠ

馬を生み、孫世代からもオーソリティ（青葉賞など、父オルフェーヴル）などの重賞馬が出ている。

シーザリオ自身は近親に目立つ活躍馬のいない地味な牝系出身だが、サンデーサイレンス系（スペシャルウィーク）の血をとり込み、異なる種牡馬（シンボリクリスエス、キングカメハメハ、ロードカナロア）との間の牡馬３頭も種牡馬となった。**今後はシーザリオ系と呼ぶにふさわしいファミリーに成長していくだろう。**

シーザリオの牝系図

キロフプリミエール（英 牝1990 鹿毛 Sadler's Wells） 海外5勝
- **シーザリオ（牝2002 青毛 スペシャルウィーク）** 日米オークスなど5勝
  2005年JRA賞最優秀３歳牝馬・JRA賞最優秀父内国産馬
  - エピファネイア（牡2010 鹿毛 シンボリクリスエス） 菊花賞など 6勝。種牡馬
  - ロザリンド（牝2011 黒鹿毛 シンボリクリスエス）
    - オーソリティ（牡2017 オルフェーヴル） 青葉賞など6勝
  - リオンディーズ（牡2013 黒鹿毛 キングカメハメハ） 朝日杯FSなど2勝。種牡馬
  - グローブシアター（牡2014 黒鹿毛 キングカメハメハ） 7勝
  - シーリア（牝2015 青鹿毛 キングカメハメハ） 2勝
  - サートゥルナーリア（牡2016 黒鹿毛 ロードカナロア） ホープフルS、皐月賞など6勝。種牡馬
  - ファーストフォリオ（牝2017 栗毛 キングカメハメハ） 4勝、中央現役
  - ルペルカーリア（牡2018 鹿毛 モーリス） 2勝、中央現役

このほか、ディープインパクトやレイデオロという２頭のダービー馬を出したウインドインハーヘア系、白毛のソダシをはじめ多くの活躍馬を出しているシラユキヒメ系なども、新たな名牝系として存在感を増している。

Column

華麗なる白毛一族と突然変異の不思議

いまや、世界一の白毛生産国となった日本。その基礎繁殖牝馬の一翼を担う白毛のシラユキヒメは、青鹿毛のサンデーサイレンスと鹿毛のウェイブウインドからの突然変異によって生まれた。

「突然変異は遺伝しない」という説もあったが、それは覆される。シロクン、ホワイトベッセル、ユキチャン、マシュマロ、ブラマンジェ、マーブルケーキ、ブチコ、シロニイ、ブッチーニと白毛の産駒を続々と生み出したのだ。とくにユキチャンはNAR最優秀牝馬（2010年）も獲得するなど、競走能力も優れていた。

シラユキヒメのオーナーは金子真人氏。複数生まれた白毛の繁殖牝馬に同じく所有馬だった名種牡馬のキングカメハメハ、クロフネを配合。すると、また白毛が生まれ、競走能力の高い馬が次々に生まれた。中でも父がキングカメハメハの白毛馬ブチコに、クロフネを配合して生まれたソダシは2022年末現在、阪神JF、桜花賞、ヴィクトリアマイルとＧⅠを３勝している。

シラユキヒメの父サンデーサイレンスも、突然変異で生まれた馬だ。サンデーサイレンスの産駒が活躍すると、サンデーの母ウィッシングウェルの血を継ぐ仔も続々と日本に輸入された。だが、名馬と呼べる活躍馬は出なかった。サンデーサイレンスと同じように、シーザリオも突然変異の名馬といえよう。シーザリオはエピファネイア、リオンディーズ、サートゥルナーリアという名馬たちを出した。しかし、シーザリオの母キロフプリミエールを牝系に持つものの、シーザリオを母系に持たない馬からは名馬が誕生していない。

突然変異によって生まれた馬の仔には、才能や性質が遺伝しやすい。しかし、突然変異の仔を生み出した母馬から、再び突然変異と呼べるような才能や性質を持った馬が生み出されることは難しい。ウェイブウインドも白毛の馬をほかに出さなかった。だからこそ、シラユキヒメは突然変異によって生まれた馬なのだ。

それにしてもサンデーサイレンスは自身が突然変異でありながら、さらに白毛で繁殖能力の高い馬も生み出した。奇跡の名種牡馬である。

どんなに強い馬でも、すべてのレースに勝つことはできない。

なぜなら、レースによって求められる

能力の方向性が異なるからだ。

すべての血統は能力の方向性によって、

日本型・米国型・欧州型に区分できる。

第2章では、能力の方向性とはどういうことか、

日本型・米国型・欧州型でどんな違いがあるか解説する。

そもそも血統とは何だろうか

血統とは、その競走馬の血筋のこと。各競走馬の成績は血統だけでなく、調教環境や出走レースなどにも左右される。ただし、競走馬の配合・生産は常に血統を意識して行われる点から、血統は競馬におけるもっとも根本的な要素といえる。

1 主流血統と反主流血統がある

☑ ダービーに勝てる血統が「主流血統」となる

世界のホースマンが目指す最高峰レースは、各国のダービーである。

近年の優勝馬の父系を見てみると、各国でまったく異なることがわかる。まず、日本はサンデーサイレンス系とキングマンボ系（ミスタープロスペクター系）。ヨーロッパは、サドラーズウェルズ系とダンチヒ系（ともにノーザンダンサー系）。アメリカはエーピーインディ系（ナスルーラ〜ボールドルーラー系）と、ファピアノの系統（ミスタープロスペクター系）となっている。

これらの「その国のダービー（主流レース）に勝てる血統」がその国の“主流血統”であり、人気血統として繁栄していく。

☑ 欧米の主流血統は、日本では反主流血統になる

たとえば、ヨーロッパでは主流のサドラーズウェルズ系やダンチヒ系の競走馬は、日本の王道レースでディープインパクト産駒を含むサンデーサイレンス系に勝てないことが多い。その逆も、しかりである。

このことは、**日本の主流血統が欧米では反主流血統となり、欧米の主流血統が日本では反主流血統となる**ことを意味している。

2 主流血統は細分化していく

各地域の主流血統は種牡馬の数も増えるため、さらに細分化して繁栄していく。

たとえば、欧米ではサンデーサイレンス系種牡馬がほとんどいないた

め、サンデーサイレンス系をひとくくりで捉えてまったく問題ない。

しかし、日本では同じサンデーサイレンス系でも、「サンデー系の中では米国血統の影響を受けたタイプ」「サンデー系の中では欧州血統の影響を受けたタイプ」「サンデー系の中では短距離が得意なタイプ」「サンデー系の中ではダートが得意なタイプ」「ディープインパクトの血を継ぐ馬」などと、個性に合わせて細分化して考える必要がある。（詳しくはP.60）。各国の主流系統は、細かく枝分かれしていくのだ。

3 種牡馬の評価は主要レースでの強さで変わる

☑ 主要レースでとにかく強いサンデーサイレンス系

父サンデーサイレンスと父子２代にわたり、リーディングサイアーとして日本競馬を牽引するディープインパクトの優秀さは改めていうまでもない。リーディングサイアー・ランキング（→P.30）で上位になるには、高額賞金レースが多い主要４競馬場（東京・中山・京都・阪神）の芝1600 m、2000 m、2400 mのレースで勝つことが必要。**サンデーサイレンス系は、このカテゴリーでとにかく強い。**

もし日本競馬の主要レースがこれ以外の条件で行われるようになったら、ここまで圧倒的な結果にならないだろう。

☑ もし主要レースが小回りのダート戦だったら？

たとえば、主要レースが地方競馬のような路盤とコース形態で行われたとしたら、地方競馬のサイアーランキング上位であるパイロやヘニーヒューズなどがディープインパクトにとって代わるかもしれない（あくまでも仮定の話だが）。

つまり、**主要レースが行われるコースや距離などの条件が変われば、優秀だと評価される種牡馬もまた変わる。**だからこそ、日本とは異なる状況で行われる欧米の競馬では、日本とはまったく異なる血統の種牡馬が活躍しているのだ。

2016年の日本ダービーは、ディープインパクト産駒が１～３着を独占（マカヒキ、サトノダイヤモンド、ディーマジェスティ）し、東京芝2400 mの適性の高さを示した。

［血統で馬の能力を見抜く］

コースの特徴と求められる能力

サラブレッドは「競馬場」で、「速く走る」ことを求められている。ところが、競馬場（コース）の特徴は国や地域によってまるで異なる。おまけに同じ競馬場でも、天候などによって状態は変わる。こういった要因によってレース条件が変化すれば、勝つために求められる能力も変わってくる。

1 競馬では血統が偏るもの

☑ レース条件（環境）に適応した血統だけが生き残る

馬はそもそも集団で暮らす動物。一団になって走る競馬は、馬のそうした野生の本能を利用したものでもある。そのため、同条件のレースでも、速く走ろうとする馬が多ければペースが速くなり、ゆったりした気性の馬ばかりだとペースは遅くなる。出走するメンバーによって展開が変わり、発揮される能力は変わってくるのだ。

そうした中で、いかに速く走れるサラブレッドを育てるか。そこには血統や育成、調教に関する膨大な試行錯誤の繰り返しとノウハウの蓄積がある。そして、**そのレース条件（環境）に適応した血統が強さを示して生き残り、それ以外は淘汰（とうた）されていく**。

☑ 日本ではサンデーサイレンス、欧州ではサドラーズウェルズ

近年、欧州ではサドラーズウェルズ系やダンチヒ系の血を持つ馬が増え、日本ではサンデーサイレンス系の血を持つ馬が増えた。

それはリーディングサイアー・ランキングによく表れていて、**日本ではサンデーサイレンス・ディープインパクト父子、英国ではサドラーズウェルズ・ガリレオ父子が長く上位にランクインした**。日本ではサンデーサイレンス系がベスト10の半数以上を占めた年もめずらしくないが、2010年代以降、サドラーズウェルズ系の種牡馬が上位に入ったことはない。ただし、2020年代に入り、両国ともに世代交代の時期を迎えている。

つまり、サラブレッドに求められる能力はレースが実施される条件・環境、競馬に関わる人びと、対戦メンバーなどによってまったく異なる

ものとなり、それが血統の偏りを生み出しているといえる。

2 オンリーワンで万能型に勝つ

リーディングサイアー・ランキングで上位になる種牡馬は、その国の主要レースに強い血統で、日本では芝中距離（とくに東京2400m）に強い種牡馬が該当する。**近年はサンデーサイレンス系が上位を占め、2012年以降、ディープインパクトが首位を保ってきた。しかし、すべてのレース条件でナンバーワンというわけではない。**ディープインパクトの力が及びにくいカテゴリーとして、短距離とダートがある。

そもそもディープインパクト産駒は、ダートの勝利数が芝の10分の1程度しかない。芝短距離では、スプリンターズSを制したグランアレグリア（2016年生）を出しはしたが、総じてスプリント戦では分が悪く、勝利のほとんどは未勝利戦や条件戦でのものである。

芝1000～1200m勝利数ランキング（2020～2022年）

順位	種牡馬名	勝利（重賞）	主な活躍馬
1	ロードカナロア（キングマンボ系）	126(9)	ダノンスマッシュ
2	ダイワメジャー（Pサンデー系）	67(1)	ソルヴェイグ
3	キズナ（ディープ系）	26(2)	ビアンフェ
4	モーリス（ロベルト系）	24(1)	ピクシーナイト
6	ディープインパクト（ディープ系）	22(1)	グランアレグリア

ディープインパクトの重賞1勝は、グランアレグリアによるもの。総合ランキングでの圧倒的な存在感に比べ、芝短距離では影響力が下がることがわかる。

ダート1000～1200m勝利数ランキング（2020～2022年）

順位	種牡馬名	勝利	主な活躍馬
1	ヘニーヒューズ（ストームバード系）	95	フルデプスリーダー
2	サウスヴィグラス（フォーティナイナー系）	74	テイエムサウスダン
3	キンシャサノキセキ（Pサンデー系）	58	サクセスエナジー
4	シニスターミニスター（ボールドルーラー系）	45	テーオーケインズ
58	ディープインパクト（ディープ系）	7	グレートウォリアー

ダートは、芝短距離以上にディープインパクトがふるわないカテゴリー。過去をさかのぼっても、ダート重賞を制覇したのはボレアス（2008年生、レパードS）のみ。ただし、アンジュデジール（2014年生）は京都で行われた地方ＧⅠのJBCレディスクラシックを制している。

能力は「主流／反主流」で見抜く

配合の基本は、血統を踏まえてその長所を伸ばすか、欠点を補うかである。たとえば、ディープインパクトにスピードタイプの大型牝馬が多く配合されているのは、小柄なディープインパクトの体格を補い、かつスピードを強化するためだ。それが成功すれば、そうした意味合いの配合がますます増えていく。

1 主流血統と反主流血統の捉え方

☑ 個性を伸ばす配合で活躍している種牡馬がいる

地方競馬（NAR）のトップサイアーだったサウスヴィグラス（父エンドスウィープ）は、JRAでもダート短距離に強い種牡馬として存在感を示し、ダートを得意とする種牡馬と認知されている。そのため、ダート路線の活躍馬の母の父としても好成績を残している。これはまさしく、**生産者がダート適性をより高める配合を意識しているから**である。

☑ サンデーサイレンス系＝主流、ヘニーヒューズ＝反主流

中央競馬（JRA）の王道である芝のマイル～中距離に強いサンデーサイレンス系を日本の“主流血統”とするなら、ダート戦で勝ち星を稼いでいるのは“反主流血統”となる。たとえば、ダートが主体の地方競馬（NAR）で好成績を残しているサウスヴィグラス（2018年没、フォーティナイナー系）、ヘニーヒューズ（父ヘネシー、ストームバード系）、シニスターミニスター（エーピーインディ系）らがいる。

ただし、もしダート路線が日本競馬の王道になったら、主流と反主流は入れ替わり、サンデーサイレンス系は反主流血統となるだろう。同じように英国競馬で強いサドラーズウェルズ系は、日本ではその能力を十分に発揮できているとはいいがたい。ちなみに英国クラシックで好走したディープインパクト産駒のサクソンウォリアーやスノーフォールの母の父は、ガリレオ（サドラーズウェルズ系）で欧州の主流血統が入っている。

このことは、**血統とは能力の優劣ではなく、能力の方向性の違いを推し量る物差しであることを示している。種牡馬となるような馬はどの馬**

も高い能力を持っており、能力の方向性が異なるだけなのである。

2 能力には相反する方向性がある

配合を考える際、競走成績や種牡馬成績、馬格や気性などについて、**同じ方向性の個性を持つ馬同士を配合して個性を伸ばす、あるいは足りない方向性を補い合う、という２つの方向性が考えられる**。

一方、競走馬の能力には、相反するものがある。おおまかに日本、欧州、米国という３つの地域で分けて考えたとき、すべての国でチャンピオンになるのは難しい。さらに日本だけで見ても、常に一定方向の能力が求められるわけではない。能力の方向性は、次のようなファクターで見ることもできる。

相反する能力の方向性（例）

スピード	⟷	スタミナ
トルク型	⟷	トップスピード型
小柄	⟷	大柄
激しい気性	⟷	穏やかな気性

3 主張型と引き出し型で見る

配合というキーワードに関連し、種牡馬の“遺伝性能”についても押さえておきたい。**種牡馬には自身の能力を産駒によく伝える「主張型」、配合相手の繁殖牝馬（またはその父）の能力を引き出す「引き出し型」、その中間の「中間型」の３通りがある。**主張型の代表例はディープインパクト、引き出し型の代表例はキングカメハメハ（キングマンボ系）である。

ディープインパクトの代表産駒はほとんどが芝のマイル～中距離馬で、それはディープインパクト自身の個性でもある。一方、キングカメハメハ産駒の活躍の場は短距離～長距離まで幅広く、ホッコータルマエのようにダートの活躍馬も多く出している。おおまかには、サンデーサイレンス系は主張型、キングマンボ系は引き出し型、ストームバード系など反主流血統の一部が中間型の代表系統となる。

日米欧で異なる主流血統

サラブレッド生産の基本は、競走成績を物差しとして優秀な血統を後世に残すことにある。その際、重要視されるのがクラシックレースである。日本はイギリスにならってクラシックレースの体系を整備。クラシックレースの体系は各国で異なるが、そこで好成績を挙げる血統が、その国の主流血統となる。

1 スピード能力の発揮のされ方が異なる

競馬には、「いかに速く走るか」を競うテーマがあり、スピード能力の絶対値の高さが求められる。加えて、**国や地域によって、スピード能力の質や発揮のされ方が変わってくる**。

日本の主流は高速芝コースにおける中距離戦で、代表レースとして日本ダービー、ジャパンカップがある。よく手入れがなされた芝コースが主流で、**最後の直線でトップスピードを爆発させる能力が求められる**。

米国の主流は小回り＆ダートの短中距離戦で、代表レースとしてケンタッキーダービー、ブリーダーズカップクラシックがある。**スタート直後にトップスピードを叩き出す加速力に加え、それをゴールまでできる限り長持ちさせる持続力が必要になる**。

欧州の主流は自然の地形を活かした芝の中距離戦で、代表レースとして英国ダービー、凱旋門賞がある。自然を生かした地形で、起伏の激しいコース形状のため、**凹凸のある路面でもスピードを落とさずに走り続ける忍耐力と、ゴール前での加速力が求められる**。

日米欧における能力発揮の違い（イメージ）

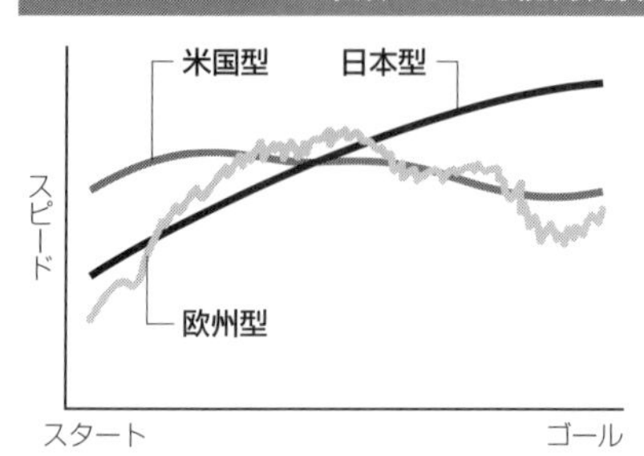

日本（JRA 芝中距離）、米国（ダート中距離）、欧州（イギリス中距離）の典型的なスピードの出方を抽象化したのが左のグラフ。米国はスタートから加速し、そのスピードを持続させる能力が問われやすい。日本は直線で最高速度を発揮することで、勝つ可能性が高くなる。欧州は起伏のあるタフな路盤で減速しない馬力とスタミナ、ゴール前で馬群を割って加速するためのガッツが問われる。

2 主流血統は国ごとで異なる

近年の日本のクラシックレースの優勝馬はサンデーサイレンスの血を持つ馬が多く、種牡馬リーディングの上位を独占している。同じように各国の種牡馬リーディングも、同じ血統が上位を占める傾向にある。それが各国の「主流血統」である。

ただし、求められる能力が異なるため、国によってリーディングの上位を占める主流血統は異なる。英国ではサドラーズウェルズ系、日本ではサンデーサイレンス系・ディープインパクト系だ。日本で成功したサドラーズウェルズ系はテイエムオペラオーやメイショウサムソンを出したオペラハウスくらいである一方、欧州で実績を残したディープインパクト産駒は母系にサドラーズウェルズ系の血を持つ馬が多い。

3 日米欧で求められる能力の違い

日本は欧米の優れた血統をとり入れて、日本独自の競馬に適合する血統を育んできた。歴史的にはまず欧州競馬からスタミナを温存する能力を、米国競馬からスピードをそれぞれとり入れ、さらにサンデーサイレンスを通じて直線でのトップスピードを獲得した。

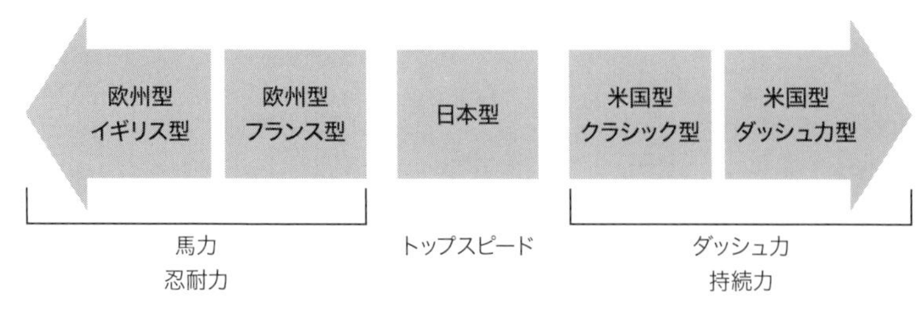

※欧州型のイギリス型・フランス型については 55 ページ、米国型のクラシック型・ダッシュ型については 53 ページ。

日本型・米国型・欧州型の特徴

日米欧で主流血統が異なるのは、求められる才能が違うからだ。国・地域によって歴史や成り立ちが異なるため、競馬場やコースに対する考え方やつくり方も異なる。日本の一流馬が欧米に遠征して勝てないのは、そこで求められる能力の方向性が合わないから。能力の源泉である血統の淘汰(とうた)方法の違いも影響している。

1-1 「走りやすさ」を重視した高速馬場の日本

公営競馬、国営競馬という歴史を持つ日本の競馬は、よく整備された人工コースで行われる。アップダウンのある競馬場もあるが、ヨーロッパに比べたらとるに足らない。スピードを落とさずにコーナーを回れるよう、スパイラルカーブを設けたコースもあるなど、「走りやすさ」に配慮されている。また、芝の育成やメンテナンス、ダートコースの整備も行き届いている。

日本の競馬場は競走馬にとって走りやすいコース環境であるため、ヨーロッパの芝と比べると、安定してスピードを発揮しやすい。米国のダートと比べても、直線でのスピードは日本の芝馬場のほうが出やすい。これが、サンデーサイレンス系が欧州・米国の主流の血統よりも、日本競馬へ高い適性を示して日本の主流血統になった要因でもある。

日本の代表的なコース(東京競馬場)

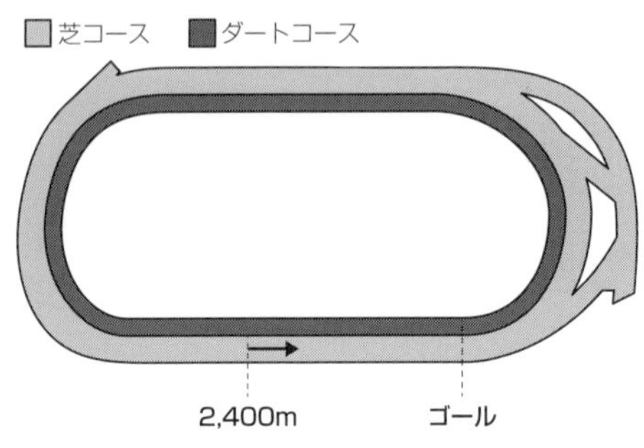

直線距離 525.9m で、高低差 2.7mの左回りコース。広いので走りやすい。最後の直線に入ったところに、やや坂がある。直線が長いので、差し・追い込みが決まりやすく、道中待機から直線一気というレースパターンが主流。そのため、直線でトップスピードの速さが重要になる。

代表レース 日本ダービー、オークス、ジャパンカップ(すべて芝 2400m)

1-2 トップスピードの速さが武器の日本型血統

1990年代後半、サンデーサイレンス産駒が登場すると、**道中でスタミナを温存し、直線のトップスピードで勝負するスタイルが定着した。**

ディープインパクト産駒が増えた現在では、母系からさらにどれだけのスピードをとり込めるか、あるいはディープインパクトよりも先に仕掛けて最後までスピードを持続できる能力を持つか。こういったポイントでの勝負になるケースも増えつつある。

日本型の高速芝コース向きの父系・種牡馬

父系（大系統）	主な種牡馬
サンデーサイレンス系	ディープインパクト、ハーツクライ

2-1 小回りダートコースと2歳戦が主流のアメリカ

米国はダートが主流で、芝レースは格下と見られがちだ（一部に格の高い芝レースはある）。ただし、日本のダートとはまったく異質で、競馬場によっても違うが、**日本のダートが「砂（サンド）」であるのに対し、米国のダートは文字通り「土」の路盤である。**

競馬場はすべて左回りで、1周約1600～1800m。**持ち回りで行われるブリーダーズカップなどのビッグレースも、JRAのローカル競馬場くらいの小回りコースで行われる。**ケンタッキーダービーが行われるチャーチルダウンズ競馬場は、盛岡競馬場と同じくらい（1周約1600m）で、ダートコースの内側に芝コースが設けられている点も同じだ。米国には、こうした競馬場が多い（芝コースがない競馬場もある）。

また、一時は米国のダートコースの一部がオールウェザーコースに変更されたこともあったが、それまでの主流血統が走りにくくなったためにすぐに廃止された。それだけ米国は、米国の土の路盤で血統を淘汰することにこだわっている。

米国の代表的なコース（チャーチルダウンズ競馬場）

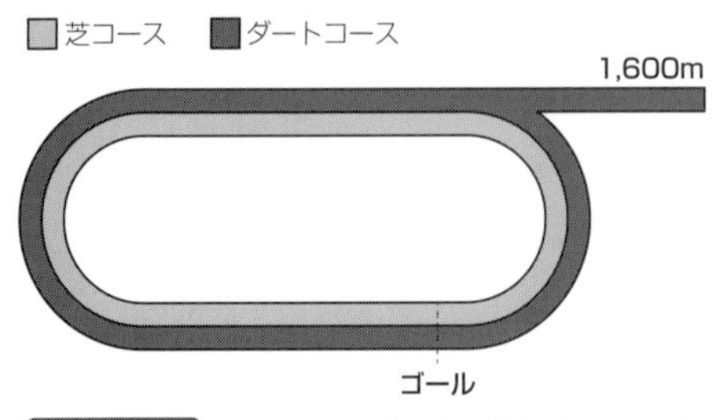

代表レース ケンタッキーダービー（ダート 2012m）

1周 1600m 程度。直線距離約380mで、起伏はほとんどない。平坦・小回りコースであるため、ダートであっても芝並みのスピードが出る。これはチャーチルダウンズに限らず、アメリカの多くの競馬場に共通する特徴。加速力を活かして先行して好位をとり、そのままゴールまで粘り込むレース展開が主流。

2-2 加速力と持続力が持ち味の米国型血統

小回りで直線が短く、キックバックがきつい（土のかたまりが飛んでくる）ため、先行馬有利が定石。**ほとんどの馬がスタートダッシュを決めて先手をとろうとするため、ダッシュ力と全体的なスピードが必要で、さらにそのスピードを持続する力が求められる。**

距離は10ハロン（2000m）以下が中心で、7ハロン（1400m）以下の短距離戦も多いため、**ケンタッキーダービーに代表されるクラシック戦では中距離適性が問われる。**

また、2歳戦が盛んで、トレーニングセールが重要な取引の機会になっているため、仕上がりの早い血統が好まれる。

日米でダートの質が異なるとはいえ、日本のダートでは米国型血統が活躍する確率が高い。

日本で活躍する主な米国型種牡馬

父系	種牡馬名	生年	主な産駒
ストームバード系	ドレフォン	2013	ジオグリフ
	ヘニーヒューズ	2003	アジアエクスプレス、モーニン
ヴァイスリージェント系	マインドユアビスケッツ	2013	デルマソトカゲ、マルカラピッド
エーピーインディ系	シニスターミニスター	2003	テーオーケインズ
	パイロ	2005	ミューチャリー、メイショウハリオ
	マジェスティックウォリアー	2005	ベストウォーリア

2-3 米国型はダッシュ力型とクラシック型に分類

米国型の種牡馬は、**米国競馬で求められるダッシュ力やスピード、仕上がりの早さを武器とする「ダッシュ力型」**と、**中距離レースで持続力を発揮し、好成績を残す「クラシック型」**に分類できる。そうした米国型の種牡馬の中には、日本の芝に適性を示す種牡馬も少なくない。

米国ダッシュ力型の種牡馬

種牡馬名（系統）	生年	主な勝ち鞍	主な産駒（主な勝ち鞍）
ヘニーヒューズ（ストームバード系）	2003	キングズビショップS	アジアエクスプレス（朝日杯FS） モーニン（フェブラリーS）
スパイツタウン（ミスプロ系）	1998	BCスプリント	リエノテソーロ（全日本2歳優駿） モズスーパーフレア（高松宮記念）

米国クラシック型の種牡馬

種牡馬名（系統）	生年	主な勝ち鞍	主な産駒（主な勝ち鞍）
スマートストライク（ミスプロ系）	1992	フィリップHアイズリンH	カーリン（ドバイワールドC）
シニスターミニスター（エーピーインディ系）	2003	ブルーグラスS	テーオーケインズ（チャンピオンズC）
エンパイアメーカー（ミスプロ系）	2000	ベルモントS フロリダダービーなど	パイオニアオブザナイル（サンタアニタダービーなど）

3-1 起伏が多く、深い芝が特徴的なヨーロッパ

日米の競馬場のほとんどが整ったトラック型であるのに対し、欧州の競馬場はU字型やL字型、三角型、おむすび型など、それぞれ独特の形状をしている。

これはもともとあった地形をそのまま使って、競馬場を造成しているためだ。**ほとんどの競馬場に高低差があり、芝丈も長く、至るところに不規則な起伏が待ち受ける。**しかも英国ダービー（エプソム競馬場）は12ハロン6ヤード（約2420m）、チャンピオンS（アスコット競馬場）は9ハロン212ヤード（約2004m）など、半端な距離のレースも多い。

こうしたコースで長距離の能力を競う競馬が長く続いたのち、しだいにスピードを追求するようになっていった。現在は、短距離戦の番組も充実している。

欧州の代表的なコース(エプソム競馬場)

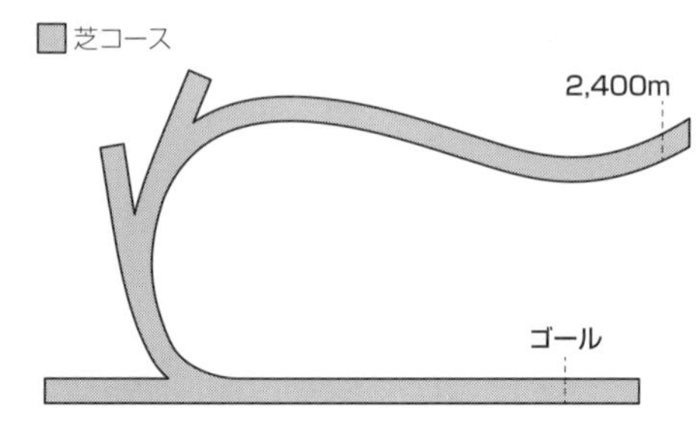

代表レース

英国ダービー、英国オークス(芝2420m)

馬蹄型をした全長2420mの芝コース。最終コーナーからゴールまでは約600m。向こう正面(バックストレッチ)で上り、徐々に平坦になっていき、最終コーナーまで下り、最後の直線200mから急坂を上るというアップダウンの厳しいコース(高低差約40m)。起伏が激しく、荒れた芝でスピードを落とさずに走り続けるための馬力と持久力が求められる。

3-2 馬力と忍耐力が求められる欧州型血統

欧州のレースでは、**アップダウンのあるコースを走り抜ける馬力に加え、緩急のあるペースに対応するタフさや忍耐力、最後の直線で抜け出すガッツが求められる**。スタミナ、パワー、ガッツは本来レースを使って強化される要素といえる。加えて、レース経験を積んで得られる忍耐力も必要なため、欧州ではキャリアを重ねて能力が開花する血統も生き残っている。

日本で活躍する欧州型の代表格がキングマンボ系だ。**その筆頭だったキングカメハメハは、自身が日本のつくられた競馬場と日本の育成パターンに向いたことに加え、サンデーサイレンスの血をとり込むことで、さらに日本向きのスピードを強化してきた**。一方、ロベルト系のエピファネイアやモーリスも、サンデーサイレンスの血を持つ。

ハービンジャー(ダンチヒ系)もキングカメハメハ、サンデーサイレンスを持つ繁殖牝馬との配合では、日本適性を兼ね備えた馬が出ることがある。それでも、サンデーサイレンスの影響を受けているとはいえ、父サンデー系の産駒に比べれば、欧州的要素が問われる競馬に強い産駒が多い。

日本で活躍する主な欧州型種牡馬

父系	種牡馬名	生年	主な産駒
キングマンボ系	キングカメハメハ	2001	レイデオロ、ホッコータルマエ
	ロードカナロア	2008	アーモンドアイ、ダノンスマッシュ
	ドゥラメンテ	2012	タイトルホルダー、スターズオンアース
ロベルト系	エピファネイア	2010	エフフォーリア、デアリングタクト
	モーリス	2011	ピクシーナイト、ジャックドール
ナスルーラ系	バゴ	2001	クロノジェネシス
ノーザンダンサー系	ハービンジャー	2006	ノームコア、ブラストワンピース

3-3 欧州型はイギリス型とフランス型に分類

欧州型の適性は、イギリス型とフランス型に分けて考えるとよい。

イギリス系はサドラーズウェルズ系、ロベルト系、ニジンスキー系など**スタミナと馬力に優れ、直線が短いコースや坂があって上がりがかかるレース、時計がかかるレース、一瞬の加速力が求められるレースに向く**。一方、フランス系はグレイソヴリン系、キングマンボ系、リファール系、ディクタス系などで、**直線が長いコースや広々としたコースで好走し、ゴール前のトップスピードが求められるレースに強い**。

イギリス型とフランス型は相反する部分があり、日本の競馬はフランス寄りというイメージで捉えるとわかりやすい。

4 レース条件を読み、それに最適な血統の馬を見抜く

その国や地域でどのような血統が繁栄してきたかを読み解くことができれば、その国や地域の競馬で求められている能力の方向性がわかる。つまり、**血統とはサラブレッドの「能力の設計図」であるとともに、「能力遺伝のデータベース」でもある**といえる。

世界のあらゆる血統は、すべて日米欧の３タイプに分類することができる。つまり、**日米欧のどのタイプが走るレース条件かを読み、出走馬の中でもっともそのレース条件に適した配合バランスの馬はどれかを見抜くことが、血統予想の基本**となる。なお、レース条件については第３章で、各系統については第４章で、それぞれ詳しく解説する。

日本型血統の誕生と進化

日本の生産馬は、欧米の優れた血脈をとり入れて独自の進化をとげてきた。そして、世界屈指の走りやすさを誇る芝コースがつくり上げられる過程で、直線スピード能力の選別レベルがさらに向上。日本独自の競馬スタイルに適した血統として、日本型と呼ぶべきサンデーサイレンス系が誕生した。

1 欧米の血をとり入れて進化した日本の競馬

☑ 最初は欧州から、ついで1960年代以降に米国から輸入

欧米を参考にして競馬が始まった日本で、競走馬の輸入や生産が始まったのは明治期の1890年代。**当初は主に欧州の血統が導入された。**たとえば、日本競馬史上初の3冠馬セントライト（1938年生）の父は、英国のクラシックホースとして初めて日本に輸入されたダイオライトである。

当時のリーディングサイアーも欧州で走った馬ばかりだったが、**1960年代以降は米国で大成功したボールドルーラー系、世界を席巻したノーザンダンサー系をとり入れ、1980年代になるとノーザンテースト（1971年生・カナダ産）が一時代を築いた。**

☑ 日本に適性を示した輸入種牡馬の共通点

興味深いのは、**日本で成功した欧米の種牡馬のほとんどが、鳴り物入りで輸入された大物ではなく、目立った競走成績のない馬ばかりだということ。**ノーザンテーストにしても威張れる成績はフォレ賞（仏ＧⅠ・1400ｍ）だけで、名馬が居並ぶノーザンダンサー系の中で現役時代の実績は見劣った。このことは欧州と日本の競馬では求められる能力の方向性が異なり、日本向きの繁殖選別が欧州では難しいことを裏づける。

なお、**ノーザンテーストの血を引くステイゴールド系の産駒はアメリカのブリーダーズカップを勝ち（マルシュロレーヌ、父オルフェーヴル）、凱旋門賞でも複数の連対馬を出した。**ノーザンテーストは、種牡馬としての能力は超一流であった。

ステイゴールド（1994年生 牡 黒鹿毛 日本産）の3代血統表

<table>
<tr><td rowspan="4">サンデーサイレンス（米）
1986　青鹿毛</td><td rowspan="2">Halo
1969　黒鹿毛</td><td>Hail to Reason
1958　黒鹿毛</td></tr>
<tr><td>Cosmah
1953　鹿毛</td></tr>
<tr><td rowspan="2">Wishing Well
1975　鹿毛</td><td>Understanding
1963　栗毛</td></tr>
<tr><td>Mountain Flower
1964　鹿毛</td></tr>
<tr><td rowspan="4">ゴールデンサッシュ
1988　栗毛</td><td rowspan="2">ディクタス（仏）
1967　栗毛</td><td>Sanctus
1960　鹿毛</td></tr>
<tr><td>Doronic
1960　栗毛</td></tr>
<tr><td rowspan="2">ダイナサッシュ
1979　鹿毛</td><td>ノーザンテースト（加）
1971　栗毛</td></tr>
<tr><td>ロイヤルサッシュ（英）
1966　鹿毛</td></tr>
</table>

☑ 日本競馬を席巻したサンデーサイレンス

さて、輸入種牡馬の競走成績がそのまま日本の産駒に反映されるようになったのはトニービン（1983年生、凱旋門賞など）、ブライアンズタイム（1985年生、フロリダダービーなど）あたりから。そのような中で登場したのが、サンデーサイレンス（1986年生、米2冠・BCクラシックなど）である。

そして1990年代以降、**サンデーサイレンス・ディープインパクト父子が日本型を築き、一時代を牽引した。サンデーサイレンス系の種牡馬は、さらに欧州と米国から一流の繁殖牝馬を輸入してかけ合わせ、日本独自の軽い馬場と上がりの速いレースにマッチした血統として育まれている**。

サンデーサイレンス系は世界的に見ても先鋭的な能力を持つ存在といえるが、長く続く競馬の歴史から見ればまだ生まれたばかりなのである。

2 サンデー系はなぜ日本で繁栄できたか

☑ サンデーサイレンスはフランス型との配合で成功

サンデーサイレンスは米国ダートの一流馬で、最高峰のダート競馬で示したスピードが日本の軽い芝にフィットした。**そして、母の父に欧州型、とくにフランス型の血（グレイソヴリン系、リファール系、ディクタス系など）を持つ繁殖牝馬との配合で成功した。**

代表産駒であるディープインパクトは母父父が、ハーツクライは母母父がリファール（→253ページ）である。ステイゴールドも、母の父はディクタス系だ。

☑ フランス型との配合で末脚の伸びを強化

フランス競馬は、ゴール前までスタミナを温存して直線で末脚の伸びを競うレースが多く、日本の主流レースパターンに近い（フランス競馬出身のルメール騎手がJRAで大成功を収めたのは、騎乗技術はもちろん、フランス競馬と日本競馬の親和性の高さも大きいのではないか）。

つまりサンデーサイレンス直仔の時代は、米国的なスピード能力が高いサンデーサイレンスにフランス型繁殖牝馬を配合して、末脚の伸びを強化した配合パターンが成功を収めた。

☑ サンデーの後継種牡馬は米国型との配合で成功

ただし、フランス型血統をとり込んだサンデーサイレンスの後継種牡馬であるディープインパクトとハーツクライは、**欧州型血統よりも米国型血統との配合でダービーを勝ちとっている**。ディープインパクト産駒のコントレイルやシャフリヤール、ハーツクライ産駒のドウデュースの母の父はいずれも米国型だ。

☑ 芝の直線スピードにより特化したディープインパクト

サンデーサイレンスとディープインパクト産駒の獲得賞金上位馬の血統を比べると、サンデーサイレンスは母父・欧州型、ディープインパクトは母父・米国型が多い。サンデーサイレンスは欧州型牝馬と、ディープインパクトは米国型牝馬との配合で成功したといえる。

両馬の産駒を比較してみても、米国型のパワーとダッシュ力も持つサンデーサイレンスは芝1200ｍのＧⅠ馬を複数出し、ダートのＧⅠ馬も出した。一方、ディープインパクトの短距離ＧⅠ馬はグランアレグリア１頭のみで、ダートの成績も父サンデーサイレンスに及ばない。その意味では、**サンデーサイレンスよりも米国要素を薄め、フランス要素を強めることで、日本の芝の直線スピード勝負により特化したのがディープインパクトといえる**。

サンデーサイレンスの成功パターン

母の父＝欧州型 （母の父／国タイプ系統）	母の父＝米国型 （母の父／国タイプ系統）
・ディープインパクト （Alzao／リファール系） **・スペシャルウィーク** （マルゼンスキー／ニジンスキー系） **・ダイワメジャー** （ノーザンテースト／ノーザンダンサー系） **・ステイゴールド** （ディクタス／ファイントップ系） **・ハーツクライ** （トニービン／グレイソヴリン系） **・ダンスインザダーク** （ニジンスキー／ニジンスキー系）	**・ゼンノロブロイ** （マイニング／ミスタープロスペクター系） **・マツリダゴッホ** （Bel Bolide／ボールドルーラー系） **・アグネスタキオン** （ロイヤルスキー／ボールドルーラー系）

ディープインパクトの成功パターン

母の父＝欧州型 （母の父／国タイプ系統）	母の父＝米国型 （母の父／国タイプ系統）
・ワグネリアン （キングカメハメハ／キングマンボ系） **・フィエールマン** （Green Tune／ニジンスキー系） **・サトノダイヤモンド** （Orpen／ダンチヒ系） **・ロジャーバローズ** （Librettist／ダンチヒ系）	**・コントレイル** （Unbridled's Song／ファピアノ系） **・マカヒキ** （フレンチデピュティ／ヴァイスリージェント系） **・シャフリヤール** （Essence of Dubai／エーピーインディ系） **・キズナ** （Storm Cat／ストームバード系） **・ジェンティルドンナ** （Bertolini／ダンチヒ系） **・グランアレグリア** （Tapit／エーピーインディ系）

3 血統は2×2タイプで把握できる

日本競馬は欧米の血統をミックスさせているので、**欧州向き・米国向きの特性をどのくらい産駒に伝えるか、また短距離志向か・中長距離志向か**によって、その種牡馬の特性を把握できる。

サンデーサイレンスもディープインパクトも後継種牡馬が多く、その個性は多様化している。配合相手は、欧州型か米国型の馬がほとんどだから、どちらかの能力の個性を強化することになる。こうして代を経るにしたがって、サンデー系の評価や分類も変化していく。

サンデー系・非サンデー系の中距離・短距離×芝・ダートチャート

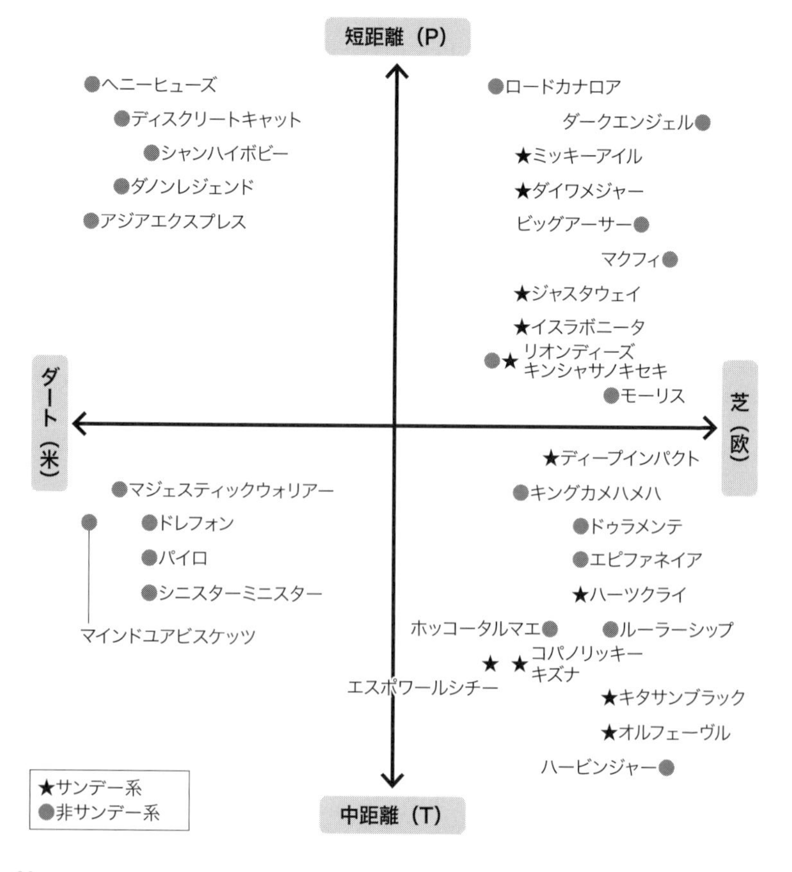

これまでサンデー系は、芝の中長距離に向くタイプ（Tサンデー）、芝の短距離種に向くタイプ（Pサンデー）、ダート適性が高いタイプ（Dサンデー）、どれにも属さないマイナーなタイプ（Lサンデー）に分けて説明してきた。さらにいえば、T・P・Dのどの能力に寄ったタイプであるかを分類する手法は、世界中の種牡馬を見る際にも有効で、各国の主流血統の個性をさらに細分化することもできる。

主要種牡馬の系統・国タイプ・PT分類

種牡馬	小系統	大系統	国	PT
ディープインパクト	ディープ系	サンデー系	日	T
キズナ	ディープ系	サンデー系	日	T
ミッキーアイル	ディープ系	サンデー系	日	P
シルバーステート	ディープ系	サンデー系	日	T
リアルインパクト	ディープ系	サンデー系	日	P
リアルスティール	ディープ系	サンデー系	日	T
ダノンバラード	ディープ系	サンデー系	日	T
サトノダイヤモンド	ディープ系	サンデー系	日	T
グレーターロンドン	ディープ系	サンデー系	日	T
ハーツクライ	Tサンデー系	サンデー系	日	T
オルフェーヴル	Tサンデー系	サンデー系	日	T
ゴールドシップ	Tサンデー系	サンデー系	日	T
キタサンブラック	Tサンデー系	サンデー系	日	T
ヴィクトワールピサ	Tサンデー系	サンデー系	日	T
ダイワメジャー	Pサンデー系	サンデー系	日	P
キンシャサノキセキ	Pサンデー系	サンデー系	日	P
ジャスタウェイ	Pサンデー系	サンデー系	日	P
イスラボニータ	Pサンデー系	サンデー系	日	P
カレンブラックヒル	Pサンデー系	サンデー系	日	P
ゴールドアリュール	Dサンデー系	サンデー系	日	T
コパノリッキー	Dサンデー系	サンデー系	日	P
エスポワールシチー	Dサンデー系	サンデー系	日	P
ブラックタイド	Lサンデー系	サンデー系	日	T
スクリーンヒーロー	ロベルト系	ターントゥ系	欧	P
モーリス	ロベルト系	ターントゥ系	欧	P
エピファネイア	ロベルト系	ターントゥ系	欧	T
シニスターミニスター	エーピーインディ系	ナスルーラ系	米	P
マジェスティックウォリアー	エーピーインディ系	ナスルーラ系	米	P
パイロ	エーピーインディ系	ナスルーラ系	米	P
ビッグアーサー	プリンスリーギフト系	ナスルーラ系	欧	P
キングカメハメハ	キングマンボ系	ミスプロ系	欧	T
ロードカナロア	キングマンボ系	ミスプロ系	欧	P
ドゥラメンテ	キングマンボ系	ミスプロ系	欧	T
ルーラーシップ	キングマンボ系	ミスプロ系	欧	T
リオンディーズ	キングマンボ系	ミスプロ系	欧	T
ホッコータルマエ	キングマンボ系	ミスプロ系	欧	T
エイシンフラッシュ	キングマンボ系	ミスプロ系	欧	T
アイルハヴアナザー	フォーティナイナー系	ミスプロ系	米	T
ファインニードル	フォーティナイナー系	ミスプロ系	欧	P
マクフィ	ミスプロ系	ミスプロ系	欧	P
クロフネ	ヴァイスリージェント系	ノーザンダンサー系	米	P
マインドユアビスケッツ	ヴァイスリージェント系	ノーザンダンサー系	米	P
ハービンジャー	ダンチヒ系	ノーザンダンサー系	欧	T
デクラレーションオブウォー	ダンチヒ系	ノーザンダンサー系	欧	T
アメリカンペイトリオット	ダンチヒ系	ノーザンダンサー系	米	P
ヘニーヒューズ	ストームバード系	ノーザンダンサー系	米	P
ドレフォン	ストームバード系	ノーザンダンサー系	米	P
ディスクリートキャット	ストームバード系	ノーザンダンサー系	米	P
シャンハイボビー	ストームバード系	ノーザンダンサー系	米	P
アジアエクスプレス	ストームバード系	ノーザンダンサー系	米	P
サトノクラウン	ノーザンダンサー系	ノーザンダンサー系	欧	T
ダノンレジェンド	マイナー系	マイナー系	米	P

4 日本型血統のいまとこれから

☑ 時代を牽引してきた大種牡馬たちが去る

サンデーサイレンス亡きあとを牽引してきたディープインパクト、キングカメハメハが2019年に相次いでこの世を去った。**一時期、サイアーランキングの上位を独占したサンデーサイレンスの直仔種牡馬も高齢になり、日本の血統は過渡期にさしかかっている。**

近年のリーディングサイアーの歴史を振り返ると、1982～1992年（1989年を除く）がノーザンテースト、1995～2007年がサンデーサイレンス、2012年以後がディープインパクト。キングカメハメハは2010～2011年にリーディングサイアーについたものの、同時代にディープインパクトがいたため、2012～2018年は2位に甘んじた。

こうした突出した種牡馬が入れ替わる時期に着目してみると、1993年にはリアルシャダイ（ロベルト系）、1994年にはトニービン（グレイソヴリン系）が首位に立った。サンデーサイレンスが首位から陥落した2008年にはアグネスタキオン、2009年にはマンハッタンカフェと、サンデーサイレンスの後継種牡馬がトップの座についた。

☑ 迎える過渡期、次なる覇権争いの始まり

そうした前例を踏まえると、ここ数年は上位拮抗の時代になりそうで、やはり期待されるのがディープインパクトの後継種牡馬だ。すでに**キズナ**や**ミッキーアイル**、**シルバーステート**らがランキング上位をうかがい、さらに**サトノダイヤモンド**、**リアルスティール**（ともに2022年に産駒デビュー）、**アルアイン**、**ロジャーバローズ**（ともに2023年に産駒デビュー）らが続く。そうした中で、もっとも期待を集めているのが3冠馬**コントレイル**だろう。コントレイルの産駒のデビューは2025年となる。

一方、ディープインパクト系のライバルとして、ハーツクライの後継種牡馬である**シュヴァルグラン**、**スワーヴリチャード**（ともに2023年に産駒デビュー）、ダイワメジャーの後継種牡馬**アドマイヤマーズ**（2024年に産駒デビュー）がいる。日本型を代表するサンデーサイレンス系の血脈が、どのような発展をとげるか注目していきたい。

5 今後のリーディングサイアーの動向

日本ではサンデーサイレンスとディープインパクトの時代が長く続いたため、サンデーサイレンスの血を持つ馬が大多数を占める。繁殖牝馬の輸入も盛んではあるが、**今後はサンデー系の血をどのように生かすかが大事な時代になるだろう**。

☑ ロードカナロア

サンデー&ディープが一時代を築いた近年のサイアーランキングにおいて、非サンデー・ディープ系種牡馬の中で一定の地位を守ってきたキングマンボ系は今後の台頭が予想される。

その最有力候補と見られていたドゥラメンテは残念ながら早逝してしまったが、**ロードカナロアは毎年リーディングサイアー・ランキングの上位にいることだろう**。すでにアーモンドアイ（母の父サンデーサイレンス）、サートゥルナーリア（母の父スペシャルウィーク）を出し、サンデー系とのニックスは証明されている。

ただし、ロードカナロア自身の本質はスプリンター寄りのマイラー。**ダート適性も高い分、相反する芝中距離での末脚の伸びに優れた産駒が出る確率は下がる。**日本競馬の主流（芝中距離）の一流馬を、ディープインパクト並みに安定して出すのは難しいかもしれない。

☑ エピファネイア

すでに3冠牝馬や年度代表馬を出したエピファネイアも、毎年リーディング上位に顔を出すだろう。**ディープインパクト以上に短距離戦やダート戦を苦手とするだろうが、東京芝2400mに高い適性を示した母シーザリオ（母の父スペシャルウィーク＝サンデーサイレンス系）の影響を受けた馬が多数出る。**

王道コースで速い上がりを出せるため、日本型寄りの欧州型（フランス型）種牡馬として成功が期待できる。**新馬戦から走る馬が出やすいことも有利に働く。**

成功する配合相手のパターンはディープインパクトと異なる可能性が高いが、生産者もその特性をすぐに見抜くだろう。芝中距離で活躍馬を多く出し、日本ダービーを勝つ馬も出てくるのではないだろうか。

日米欧の主要レースに強い血統とは

日米欧では、求められる能力の方向性が違う。このことをはっきり示すのが各国で活躍する血統であり、それはサイアーランキングに反映されている。日本競馬に限っても、主流馬場と反主流馬場とで異なる方向性があり、同じダート競馬でも中央競馬（JRA）と地方競馬（NAR）とでは微妙に異なる。

1 ダービー馬とリーディングサイアー

日本にサンデーサイレンスが登場してから、**2022年までのダービー馬28頭のうち、なんとサンデーサイレンス系が18頭を占める**。一方、同時期の英国ダービー馬は15頭がサドラーズウェルズ系、米国のケンタッキーダービーでは12頭がミスタープロスペクター系で占められている。また、サンデーサイレンス系の産駒が欧米のダービーに勝った例はまだない（サドラーズウェルズの血を持つサンデー系の馬が、欧州のダービーを勝つ可能性は十分にありそうだが）。

各国のダービーは、その国の主流競馬で行われる。つまり、ダービー馬を輩出する種牡馬が、その国のサイアーランキングの上位馬であるケースが多いのだ。だからこそ、競馬の予想においては、それ以外のカテゴリーの血統傾向も知っておくことが重要になる。

2 日本・芝短距離の血統傾向

スピードを競うこのカテゴリーでは、**ロードカナロア**が圧倒的に強い。ディープインパクトがランクインしているのはグランアレグリアのスプリントＧⅠ1勝（2020年）が含まれているためで、今後は**ミッキーアイル**（父ディープインパクト）が上位に入るだろう。**モーリス**もスプリント王国のオセアニアでＧⅠ馬を出している。ディープ系の後継種牡馬はスプリント適性が高いダンチヒ系との配合馬も多いので、**サトノダイヤモンド**なども上位に顔を出す可能性はある。

父系がダンチヒ系の**デクラレーションオブウォー**も、生産者の評価が上がり、種付け頭数が多い状態が続けば上位にいけるだろう。

日本・芝短距離:1000〜1400m(2020〜2022年) (単位:万円)

順位	種牡馬名	父	国タイプ・父系	種付料
1	ロードカナロア	キングカメハメハ	欧州型・キングマンボ系	1200
2	ダイワメジャー	サンデーサイレンス	日本型・サンデーサイレンス系	P
3	ディープインパクト	サンデーサイレンス	日本型・ディープインパクト系	—
4	キズナ	ディープインパクト	日本型・ディープインパクト系	1200
5	モーリス	スクリーンヒーロー	欧州型・ロベルト系	800

※P=プライベート

3 日本・芝マイルの血統傾向

日本の芝マイル戦線は、**ディープインパクト**が強い。今後はディープ系の後継種牡馬（**キズナ**、**リアルスティール**）と、**ロードカナロア**とキングマンボ系の後継種牡馬（**ルーラーシップ**、**ドゥラメンテ**、**レイデオロ**、**サートゥルナーリア**）、**エピファネイア**の争いになりそうだ。

日本・芝マイル:1500〜1800m(2020〜2022年) (単位:万円)

順位	種牡馬名	父	国タイプ・父系	種付料
1	ディープインパクト	サンデーサイレンス	日本型・ディープインパクト系	—
2	ロードカナロア	キングカメハメハ	欧州型・キングマンボ系	1200
3	ハーツクライ	サンデーサイレンス	日本型・サンデーサイレンス系	—
4	エピファネイア	シンボリクリスエス	欧州型・ロベルト系	1800
5	キズナ	ディープインパクト	日本型・ディープインパクト系	1200

4 日本・芝中距離の血統傾向

ダービーを含むこのカテゴリーでは、7頭のダービー馬を出したディープインパクトが他馬を圧倒。同時代にダービー馬を出したキングカメハメハと、ハーツクライの産駒がいなくなる今後は、**エピファネイアとディープ系の後継種牡馬が中心になりそうだ。ハービンジャー**（ダンチヒ系）も産駒の質は総じて上がっているので、上位に顔を出すだろう。**ドゥラメンテ**も後継産駒はまだ残っているので、大物の誕生にも期待したい。ルーラーシップはディープインパクト産駒の繁殖牝馬と相性がよいことが注目され、今後も中距離重賞で活躍する馬を安定して出すだろう。

日本・芝中距離:2000m以上(2020〜2022年) (単位:万円)

順位	種牡馬名	父	父系	種付料
1	ディープインパクト	サンデーサイレンス	日本型・ディープインパクト系	—
2	ハーツクライ	サンデーサイレンス	日本型・サンデーサイレンス系	—
3	エピファネイア	シンボリクリスエス	欧州型・ロベルト系	1800
4	オルフェーヴル	ステイゴールド	日本型・サンデーサイレンス系	350
5	キングカメハメハ	キングマンボ	欧州型・キングマンボ系	—

5 JRA・ダート短距離の血統傾向

以前までダート血統の種付料は、芝血統よりもはるかに安かったが、NAR(地方競馬)の賞金が上がったことにより、ダート向きの種牡馬の価値が上昇した。現在は、米国からの優秀な輸入種牡馬も増えている。

JRAのダート短距離では、米国型種牡馬が強い。ヘニーヒューズは2〜3歳限定戦にとくに強く、同じストームキャット系の**ディスクリートキャット**、**ドレフォン**も上位に顔を出すだろう。同じく米国の主流血統であるエーピーインディ系の**シニスターミニスター**、**マジェスティックウォリアー**、**パイロ**も活躍。こちらは中距離寄りのダート、古馬混合戦でよさが出る。

ダート適性も高いフジキセキ系で、自身も芝1200mGⅠを勝った**キンシャサノキセキ**はダート短距離適性の高い産駒も出しやすい。**ミッキーアイル**の牡馬も短距離ダートで走るパワー型が出やすい。

ロードカナロアは、1200m適性と砂適性を兼ね備えた馬を出す。とくに母の父が米国型の馬の好走率は高い。**マインドユアビスケッツ**は今後、ダートリーディングの常連になるだろう。

JRA(砂)・ダート短距離:1000〜1400m(2020〜2022年) (単位:万円)

順位	種牡馬名	父	父系	種付料
1	ヘニーヒューズ	ヘネシー	米国型・ストームバード系	500
2	ロードカナロア	キングカメハメハ	欧州型・キングマンボ系	1200
3	キンシャサノキセキ	フジキセキ	日本型・サンデーサイレンス系	P
4	サウスヴィグラス	エンドスウィープ	米国型・フォーティナイナー系	—
5	シニスターミニスター	オールドトリエステ	米国型・ボールドルーラー系	500

6 JRA・ダート中距離の血統傾向

日本のダートは芝要素が入るため、ダートもこなすタイプの芝中距離血統も走りやすい。繁殖牝馬のレベルが高い**キズナ**、**ルーラーシップ**は上位に入るだろう。

それでも、米国のダート中距離適性の高い血統が主流ではある。**ドレフォン**、**マインドユアビスケッツ**、**パイロ**、**シニスターミニスター**はダート中距離を走る馬も多数出す。**ヘニーヒューズ**は短距離向きの馬も多いが、このカテゴリーでも上位にくる。

ロードカナロアは母が中長距離血統の繁殖と配合された馬で、キレ不足の産駒の場合、このカテゴリーで勝ち上がる馬が一定数以上出る。

JRA（砂）・ダート中距離:1600m以上（2020～2022年） （単位:万円）

順位	種牡馬名	父	父系	種付料
1	キングカメハメハ	キングマンボ	欧州型・キングマンボ系	—
2	ヘニーヒューズ	ヘネシー	米国型・ストームバード系	500
3	ハーツクライ	サンデーサイレンス	日本型・サンデーサイレンス系	—
4	キズナ	ディープインパクト	日本型・ディープインパクト系	1200
5	オルフェーヴル	ステイゴールド	日本型・サンデーサイレンス系	350

7 NAR・ダートの血統傾向

サウスヴィグラスは、NARの砂適性と短距離適性が高かったことに加え、使い込んで競走能力を上げる産駒が多かった。これがNARの特性にマッチしたのだが、2018年に死去したため、今後は産駒数が減っていく。

ヘニーヒューズはダート短距離でのスピードに優れた馬を出しやすい。芝1200mでも1分6秒台のレコードを出したヘニーハウンドを出した。

ダート戦では、**米国型のボールドルーラー系、とくにエーピーインディ系が強い**。エーピーインディ系は使い込んでパワーと持久力が強化されるが、それがNARのコースとレース体系に合いやすい。

ゴールドアリュール（Dサンデー系）の後継種牡馬**エスポワールシ**

チー、キングカメハメハ系の後継種牡馬**ホッコータルマエ**は、JRAよりもNARの砂に向く産駒が多い。使い込んでパワーとスタミナが強化される産駒が多いのだ。

NAR（砂）・ダート（2020〜2022年）

（単位:万円）

順位	種牡馬名	父	父系	種付料
1	サウスヴィグラス	エンドスウィープ	米国型・フォーティナイナー系	—
2	パイロ	プルピット	米国型・ボールドルーラー系	400
3	シニスターミニスター	オールドトリエステ	米国型・ボールドルーラー系	500
4	エスポワールシチー	ゴールドアリュール	日本型・サンデーサイレンス系	180
5	ヘニーヒューズ	ヘネシー	米国型・ストームバード系	500

8 英国競馬の血統傾向

競馬発祥の地である英国は、欧州競馬の本流。繁殖のレベルや賞金も、英愛（イギリス・アイルランド）が本流だ。

2021年に他界したガリレオの最優良後継種牡馬は**フランケル**。現在はクラシックをはじめ、さまざまな距離でＧＩ馬を輩出。種付料は日本円にして4500万円を超え、欧州最高の評価を得ている。また、欧州最大の牧場であるクールモアは、ディープインパクト産駒（母の父ガリレオ）の**サクソンウォリアー**にも結構、力を入れている。フランス向きの可能性もあるが、英愛でブレイクの可能性はある。

ドバウィは、短命だった“スーパサイヤー”ドバイミレニアムの血を引く種牡馬。ガリレオ、シーザスターズを持つ繁殖牝馬と配合できる点では有利で、日本のキングマンボ系種牡馬（ロードカナロアなど）のような存在といえる。

ダークエンジェルは、スプリント能力の高さと2歳戦で仕上がる体力の完成度の早さが武器。勝ち上がり率とスピードに優れる。日本の高速芝1200mの適性も高い。

英愛リーディングサイアー（2022年）

順位	種牡馬名	父	父系
1	ドバウィ	ドバイミレニアム	ミスプロ～シーキングザゴールド系
2	フランケル	ガリレオ	ノーザンダンサー～サドラーズウェルズ系
3	シーザスターズ	ケープクロス	ノーザンダンサー～ダンチヒ系
4	ガリレオ	サドラーズウェルズ	ノーザンダンサー～サドラーズウェルズ系
5	ダークエンジェル	アクラメーション	ノーザンダンサー～トライマイベスト系

9 仏国競馬の血統傾向

フランス競馬は、イギリス競馬よりも直線の伸びが問われる。

フランケルは絶対的な種牡馬能力が高く、フランス競馬に対応する産駒も出やすい。

シユーニは同じヌレイエフ系で、キングマンボの母ミエスクのような種牡馬。

仏国ならばディープインパクトの後継種牡馬**サクソンウォリアー**の活躍も十分に期待できる。

仏リーディングサイアー（2022年）

順位	種牡馬名	父	父系
1	フランケル	ガリレオ	ノーザンダンサー～サドラーズウェルズ系
2	シユーニ	ピヴォタル	ノーザンダンサー～ヌレイエフ系
3	ロペデベガ	シャマーダル	ノーザンダンサー～ストームバード系
4	チャーチル	ガリレオ	ノーザンダンサー～サドラーズウェルズ系
5	ドバウィ	ドバイミレニアム	ミスタープロスペクター系

10 米国競馬の血統傾向

主流血統はストームキャット系、スマートストライク系、ファピアノ系、エーピーインディ系（プルピット系）になる。だが、それぞれ個性は異なる。

5年後は**フライトライン**（2023年から供用、父タピット）の時代が到来している可能性が十分にありそうだが、現状は戦国時代。アロゲートが他界してしまったこと、**アメリカンファラオ**、**ジャスティファイ**が生産界の期待に応えているとはいいがたいためだ。

ストームキャット系の**イントゥミスチーフ**、ファピアノ系の**ガンランナー**は勝ち上がり率と短距離適性に優れる。スマートストライク系の**カーリン**、エーピーインディ系の**タピット**はダッシュ力よりも中距離の持続力にとくに優れ、大舞台に強い中距離型だ（タピット産駒の**フライトライン**は、前進気勢とパワーともに豊富なのがすごい）。

北米リーディングサイアー（2022年）

順位	種牡馬名	父	父系
1	イントゥミスチーフ	ハーランズホリディ	ノーザンダンサー〜ストームバード系
2	カーリン	スマートストライク	ミスタープロスペクター系
3	ガンランナー	キャンディライド	ミスタープロスペクター系
4	アンクルモー	インディアンチャーリー	ナスルーラ〜グレイソヴリン系
5	タピット	プルピット	ナスルーラ〜ボールドルーラー系

サラブレッドの才能には、相反する要素がある。
たとえば、芝適性が高まれば、ダート適性は下がる。
血統予想をするうえで大切なのは、
予想するレースの条件を把握し、
そのレース条件にもっとも適した血統の馬を見抜くこと。
第３章では、さまざまなレース条件ごとに
どんな血統が適しているのかについて解説する。

血統で勝ち馬を予想する

サラブレッドは、血統を考え抜いて配合されている。配合相手を選ぶ基準はさまざまだが、ブリーダー（生産者）は生まれてくる産駒の能力に想像を巡らせながら、あらゆる可能性を検討する。血統表はそのためのもっとも大切な資料であり、「能力を示す設計図」そのものといえる。

1 競走馬の能力を予測する

サラブレッドは誕生から育成、入厩、出走まで、多くの人の手によって成長を促され、新馬戦というデビューの日を迎える。それぞれのプロセスで優れたプロが関わるが、**多くのホースマンは「血統」というフィルターを通して、その馬の能力を読み取ろうとする。**

その競走馬が少しでもよい成績を残せるようにするため、厩舎関係者や馬主は血統構成や兄弟馬、ファミリーの競走成績を考慮して、最適なレースを選ぼうとする。

それは競馬を楽しむファンも同じで、父・母の成績や血統構成などからその能力を予測して勝ち馬を予想する。

2 血統が競馬予想を面白くする

競馬新聞には必ず父、母、母の父が記載されている。さらには兄や姉、近親の名前が記載されることもある。なぜなら、**競馬において、血統は欠かせない予想ファクター**だからだ。

予想と血統が結びついていることを示す一例に、新馬戦がある。すべての馬が初出走となる新馬戦の場合、競馬新聞から得られる判断材料は血統と調教、関係者のコメントくらい。この中で、**どの新聞を見ても同じ情報を得られるのが血統**だ。

詳しくは104ページで述べるが、新馬戦では良血馬に人気が集まりやすいが、それだけでなく仕上がりが早く、競走意欲にあふれる血統を見抜くことがポイントになる。**人気に惑わされず、そのレースに適した才能を見抜く。これが血統予想の基本である。**

3 未経験の条件への適性を予測する

☑ 頭打ちのときは目先を変える

厩舎関係者は「1勝」を上げるため、より勝てそうな条件を模索する。勝てば、次走以降も同じような条件が選ばれ、勝てずとも好走すれば、やはり同じような条件が選ばれるだろう。それでも、**勝てる馬はごくひとにぎりで、好走してきた条件での成績が頭打ちになることがある**。すると、コースや距離などを変え、異なる条件を試したくなる。いわゆる、**「目先を変える」**のだ。

☑ 目先を変えるときの根拠は血統

競馬の面白さは、こうして目先を変えたときに、競走馬が能力を発揮できるかどうかを「血統」から予測できることだろう。

たとえば、これまで芝を走ってきた馬が、初めてダートを走ったとする。その結果、①ダート適性が目覚めて勝つ、②2走目に一変して勝つ、③ダートは合わない、という3パターンが起こり得る。

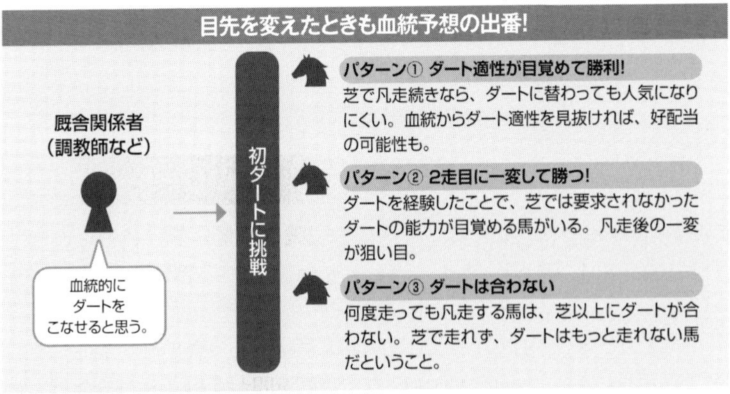

目先を変えたときも血統予想の出番!

厩舎関係者（調教師など）

血統的にダートをこなせると思う。

→ 初ダートに挑戦

パターン① ダート適性が目覚めて勝利!
芝で凡走続きなら、ダートに替わっても人気になりにくい。血統からダート適性を見抜ければ、好配当の可能性も。

パターン② 2走目に一変して勝つ!
ダートを経験したことで、芝では要求されなかったダートの能力が目覚める馬がいる。凡走後の一変が狙い目。

パターン③ ダートは合わない
何度走っても凡走する馬は、芝以上にダートが合わない。芝で走れず、ダートはもっと走れない馬だということ。

条件変更は、母の父や母の現役時代の競走成績がヒントになることが多い。なぜなら、父の適性を頼りにデビューから使われる馬が多く、それでは成績が上がらないときに、条件変更が行われることがよくあるからだ。

こうしたことも、「血統」を通じて競馬を見て予想する醍醐味の1つである。

能力には相反する要素がある

血統予想の基本は、血統的にそのレース条件に合った馬を見抜くこと。ただし、同じ競馬場の同じコースで行われたとしても、馬場状態や出走メンバーなどによってレース条件が変化し、それまでの長所が短所に、短所が長所に変わることがある。常に当日のレース条件に合った血統を見抜くことが重要になる。

1 血統はサラブレッドの能力を予測する究極のツール

・血統とは、競走馬の能力の方向性を示す設計図である。
・レースに勝つために要求される能力は、常に一定ではない。
・能力には、相反する要素がある。

このことから導き出されるのは、**血統はサラブレッドの才能を予測する究極のツール**であり、**このツールを活かすためには「相反する能力」の見極めが重要**だということだ。

たとえば、配合を決める際にスピードを強化しすぎればスタミナが落ち、トップスピードを求めすぎれば馬力がそがれ、競争心を追求しすぎると人によるコントロールが難しくなる。そのため、実際のレースでも次のようなケースがしばしば起こる。

・直線でのトップスピードを武器とする馬が、道悪になると末脚不発で馬群に沈む。
・速い持ち時計のない馬が、時計のかかる馬場で勝ち負けに持ち込む。
・折り合いに不安のある馬が、前走よりも乗りやすいペースで能力全開になる。

芝向きかダート向きか、短距離向きか長距離向きか、軽い馬場向きかタフな馬場向きかなどは、血統からある程度判断することができる。**おおまかには日本型は日本の標準的な芝向き、米国型は米国のダート向き、欧州型は欧州の芝や日本の重い芝向きという傾向がある。**

日本の標準的な芝	日本型
米国のダート	米国型
欧州の芝、日本の重い芝	欧州型

2 日本の競馬は欧州×米国のかけ合わせ

英国ダービーとケンタッキーダービー（米国）では、出走馬の血統構成や傾向が大きく異なる。日本の競馬は欧州と米国の一流馬をかけ合わせて日本独自に発展してきたものであり、欧州とも米国とも完全にイコールではない。

そのため、日本には下記のような日本型、欧州型、米国型が存在する。

- **日本型＝サンデーサイレンス系、ディープインパクト系**
- **欧州型＝サドラーズウェルズ系、ロベルト系など**
- **米国型＝エーピーインディ系（ボールドルーラー系）、ストームバード系、ヴァイスリージェント系など**

ヨーロッパでは欧州型ノーザンダンサー系が主流だが、現在の日本では存在感が薄い。ダンチヒ系、ストームバード系、ヴァイスリージェント系は米国型ノーザンダンサー系だ。

相反する能力と適性の高い父系の例

①芝V.S.ダート

芝:ステイ&ゴー	ダート:ゴー&キープ
・日本型サンデーサイレンス系 （とくに母の父が欧州型）	・米国型ナスルーラ系 ・米国型ミスプロ系 ・米国型ノーザンダンサー系

②芝中距離V.S.芝短距離

芝中距離:直線トップスピード	芝短距離:ダッシュ力＋パワー
・日本型サンデーサイレンス系 （とくにディープ系）	・欧州型ミスプロ系 ・欧州型ノーザンダンサー系 （とくにダンチヒ系、ストームバード系） ・米国型ノーザンダンサー系

③軽い馬場V.S.タフな馬場

軽い馬場:直線トップスピード	タフな馬場:減速要素が多い
・日本型サンデーサイレンス系 （とくにディープ系）	・欧州型ノーザンダンサー系 （とくにサドラーズウェルズ系）

レース条件①主流血統
芝中距離に強いサンデー&ディープ系

近年の日本競馬は、サンデー&ディープ父子によって牽引されてきた。ディープ産駒は2020年生まれが最終世代だが後継種牡馬も多く、両馬の影響力は今後も根強く残るだろう。この父子が長くトップの座に君臨できたのは、日本の主流である芝のマイル〜中距離で走る産駒を多く出したからだ。

1 サンデー&ディープ系がリーディング上位を独占

日本では1995年からサンデーサイレンス、2012年からディープインパクトがリーディングサイアーの首位を守ってきた。この間、両馬以外でトップに立ったのはわずか3頭（アグネスタキオン、マンハッタンカフェ、キングカメハメハ）しかいない。このうち、アグネスタキオンとマンハッタンカフェはサンデーサイレンスの直仔である。加えて、ランキングのトップ10にはサンデー&ディープ系の種牡馬が数多く並ぶ。サンデー&ディープ系が、日本においていかに強いかがわかるだろう。

リーディングサイアー・ランキングでトップ10に5回以上入ったことのあるサンデーサイレンス直仔種牡馬は、ディープインパクトを除いて10頭いる。**その半数はTサンデー系で、芝の中長距離に強い。**また、孫世代ではオルフェーヴル（父ステイゴールド）、キズナ（父ディープインパクト）にベスト10内の実績がある。

リーディングトップ10に5回以上入ったサンデーサイレンス直仔種牡馬

系統	種牡馬名(生年)
Tサンデー系 (中長距離)	ダンスインザダーク(1993)、ステイゴールド(1994)、 スペシャルウィーク(1995)、マンハッタンカフェ(1998)、 ハーツクライ(2001)
Pサンデー系 (短距離)	フジキセキ(1992)、アグネスタキオン(1998)、 ダイワメジャー(2001)
Dサンデー系 (ダート)	ゴールドアリュール(1999)、ネオユニヴァース(2000)
ディープ系	ディープインパクト(2002)

2 東京芝2400mでの強さが際立つ

ディープインパクト産駒がもっとも多く勝ったＧⅠは日本ダービーで、13世代で7勝している。しかも同コースで行われるオークス、ジャパンカップを合わせると、東京芝2400ｍＧⅠで15勝。父サンデーサイレンスの産駒も、同コースで12勝している。トニービン（欧州型グレイソヴリン系）やハーツクライも東京芝2400ｍ巧者だが、サンデー・ディープ父子の強さは彼らを凌駕（りょうが）する。

なお、母シーザリオ（父スペシャルウィーク）を通じてサンデー系の特徴を受け継ぐエピファネイア（欧州型ロベルト系）も、東京芝2400mに強い。また、ＧⅠを勝つまでの決め手やスピードに欠けるために、勝ち星が下級条件戦や牝馬限定戦に偏るが、ゴールドシップ（日本型Ｔサンデー系）、ハービンジャー（欧州型ダンチヒ系）などのスタミナ型も、この条件で好走することが多い。

東京芝2400mGI成績

	ダービー	オークス	ジャパンカップ	計
サンデーサイレンス	6勝	3勝	3勝	12勝
ディープインパクト	7勝	4勝	4勝	15勝
ハーツクライ	2勝	1勝	2勝	5勝
トニービン	2勝	3勝	1勝	6勝

※2022年末時点。

ディープインパクトは、自身と同じく無敗での3冠を達成したコントレイル（写真）を含め、7頭のダービー馬を輩出。東京芝2400mでの強さが際立っている。

3 ディープインパクトが“絶対”ではない条件もある

JRAには、24のＧⅠレースがある（障害除く）。ディープインパクト産駒は47頭で、ＧⅠ70勝を挙げている（2022年末現在）。

・３歳クラシック……………３レース全制覇（15勝）
・３歳牝馬限定ＧⅠ…………３レース全制覇（14勝）
・東京芝ＧⅠ…………………７レース全制覇（26勝）
・芝のマイルＧⅠ……………７レース全制覇（26勝）
・牝馬限定ＧⅠ………………６レース全制覇（23勝）

このようにディープインパクト産駒は３歳ＧⅠ、東京コース、マイル戦に強い。一方、短距離はスプリンターズＳの１勝（グランアレグリア）のみで、高松宮記念は未勝利。２つあるダートＧⅠに至っては、そもそも出走した馬が数頭にとどまる（NARでは、アンジュデジールが京都競馬場で開催されたJBCレディスクラシックに勝利）。**つまり、ディープインパクトにも、「短距離戦」「ダート」という苦手な条件があるのだ。**

リーディング上位種牡馬の産駒は人気になる回数も多い。そうした上位種牡馬が苦手とする条件（コース、馬場）や状況（ローテーションやキャリア）を知り、能力を十二分に発揮できるかどうかを見極めることは、危険な人気馬を馬券で消す際にもおおいに役立つ。

レース条件②反主流血統

ダートに強い血統

ダートの質を見ると、本場米国は「土」、日本は「砂」という違いがあるが、日本のダートも総じて米国型種牡馬が芝に比べて走りやすい。また、JRAとNARではコース形態や路盤、砂の整備方法が異なる。JRAのほうが走破時計が速くなりやすいため、好走する種牡馬の傾向にも違いが出る。

1 ダートの主役は米国型の海外産馬

☑ テンから飛ばし、スピードを持続するレースになりやすい

日本では同じ距離の芝とダートの走破時計を比較すると、芝のほうが速いことが多い。しかし、欧州芝と米国ダートの近い距離同士の走破時計を比べると、米国ダートのほうが速いことがある。これはコース形態に加え、米国ではテンから飛ばし、そのスピードを持続するレースになりやすいからだ。また、ダートの質は前述したように米国は「土」、日本は「砂」と異なる。

☑ 米国型の海外生産馬がダートリーディング上位に

それらの要因から、芝のリーディング上位馬は国内生産馬がほとんどだが、ダート限定リーディングでは海外生産馬の比率が上がる。その多くは父または母の父、あるいはその両方が米国型だ。**米国型は仕上がりの早さやスタート後の加速力に秀でたダッシュ力型（短距離向き）と、加速力に加えてそのスピードの持続力に優れたクラシック型（中距離向き）に分けられる。**ダッシュ力型の代表格はストームバード系、クラシック型の代表格はエーピーインディ系だ。

☑ 今後も米国からの輸入種牡馬に注目

日本のダート界も、世代交代の時期を迎えている。今後は米国からの輸入種牡馬であるドレフォン（米国型ストームバード系）、マインドユアビスケッツ（米国型ヴァイスリージェント系）、パイロ（米国型エーピーインディ系）などが成績を伸ばすだろう。

ダート限定リーディング上位の海外産種牡馬(2020〜2022年)

	種牡馬名(産地・生没年)	父(産地)	父系/母の父系
1	ヘニーヒューズ (米国・2003年)	ヘネシー (米国)	米国型ストームバード系 欧州型セントサイモン系
2	キンシャサノキセキ (豪州・2003年)	フジキセキ (日本)	日本型Pサンデー系 欧州型リボー系
3	シニスターミニスター (米国・2003年)	オールドトリエステ (米国)	米国型エーピーインディ系 米国型ヴァイスリージェント系
4	パイロ (米国・2005年)	プルピット (米国)	米国型エーピーインディ系 米国型ニアークティック系
5	サウスヴィグラス (米国・1996年、2018年死亡)	エンドスウィープ (米国)	米国型フォーティナイナー系 米国型ナスルーラ系

今後注目!

◎	ドレフォン (米国・2013年)	ジオポンティ (米国)	米国型ストームバード系 米国型ヴァイスリージェント系
○	マインドユアビスケッツ (米国・2013年)	ポッセ (米国)	米国型ヴァイスリージェント系 米国型ヴァイスリージェント系

2 サンデー系ダート部門のお家事情

☑ サンデー系のダートの勝利数は全体の2割強にとどまる

米GⅠ6勝のサンデーサイレンスは、そもそもバリバリの米国ダートGⅠ馬。ところが父ヘイローが米国の主流血統ではなく、母系に目立つ活躍馬がいなかったことと社台グループの熱心な交渉によって、日本で種牡馬となった。はたして米国で種牡馬になったとしても、日本と同等の成功を収められたかはわからない。

サンデーサイレンスは来日後、欧州型牝馬との配合で芝中距離の活躍馬を次々と輩出し、欧州や米国の一流種牡馬よりも日本の芝中距離適性で抜きん出た「日本型」と呼ぶべき系統を確立した。

こうしてサンデー系は日本の主流血統となったが、それでもダートの勝利数は全勝利数の2割強にすぎない。さらに代表産駒であるディープインパクトのダート勝利数は、全体の1割以下だ。日本の主流血統となったサンデー&ディープ系だが、反主流であるダートでは立場が逆転するのである。

☑ NARやJRAのダートに向くDサンデー系

ただし、サンデー系にもダートに強い種牡馬がいて、Dサンデー系として分類している。注目すべきは代表格のゴールドアリュールとネオユニヴァースで、両馬の特徴は米国の主流血統が薄いことだ。**Dサンデー系は、米国とも一線を画する「日本独自の砂中距離能力」が問われるNARやJRAのダートで走りやすい。一方、ダートの本場である米国競馬のような能力が問われるレースでは、米国型が優位になる。**

3 芝ダート兼用型も存在する

JRAリーディングで上位の常連だったブライアンズタイム（1985年生）とキングカメハメハ（2001年生）は、NARでもリーディングサイアーについた。**いわば砂適性も兼ね備えた血統だ。Pサンデー系のフジキセキ（1992年生）、現役種牡馬ではオルフェーヴル、キズナ、ミッキーアイル、キンシャサノキセキなども同じような傾向を示す。**ロードカナロアは勝利比率を見ると芝のほうが高いが、トータルの勝利数が多いのでダートの勝利数でも上位に入る。

芝ダート兼用型種牡馬の例

種牡馬名(生没年)	父(国タイプ)	父系／母の父系	芝:ダート
キングカメハメハ (2001年、2019年死亡)	キングマンボ (欧州型)	欧州型キングマンボ系 欧州型ノーザンダンサー系	55:45
オルフェーヴル (2008年)	ステイゴールド (日本型)	日本型Tサンデー系 欧州型マイバブー系	58:42
キズナ (2010年)	ディープインパクト (日本型)	日本型ディープインパクト系 米国型ストームバード系	60:40
ミッキーアイル (2011年)	ディープインパクト (日本型)	日本型ディープインパクト系 欧州型ダンチヒ系	49:51

※「芝：ダート」は勝利数に占めるそれぞれの割合。値が近いほど、芝ダート兼用型といえる。

4 米国型以外で狙えるダート種牡馬

ロードカナロアは欧州型キングマンボ系だが、砂適性も高く、母の父が米国型で、母系は米国色が強い。引き出し型（→P.47）のキングマンボ系でもあるため、ダート適性の高い相手と配合した場合、そのダート適性が強く引き出される傾向にある。

ハーツクライやオルフェーヴルのようなTサンデー系×欧州型の種牡馬は、ほかのサンデー系種牡馬に比べて米国要素が薄れた分、中距離のダートに対応できるようになっている。

米国型以外でダートに良積のある種牡馬(2020~2022年)

LS順位	種牡馬名(生没年)	父(国タイプ)	父系/母の父系
2	ロードカナロア (2008年)	キングカメハメハ (欧州型)	欧州型キングマンボ系 米国型ストームバード系
3	キングカメハメハ (2001年、2019年死亡)	キングマンボ (欧州型)	欧州型キングマンボ系 欧州型ノーザンダンサー系
7	ゴールドアリュール (1999年)	サンデーサイレンス (日本型)	日本型サンデー系 欧州型ヌレイエフ系
8	ハーツクライ (2001年、2023年死亡)	サンデーサイレンス (日本型)	日本型Tサンデー系 欧州型グレイソヴリン系
9	オルフェーヴル (2008年)	ステイゴールド (日本型)	日本型Tサンデー系 欧州型マイバブー系

5 地方競馬のダートコースが得意な種牡馬

小回りの地方競馬では米国ダート適性が必須で、サウスヴィグラス(フォーティナイナー系)、パイロ、シニスターミニスター(ともにエーピーインディ系)、ヘニーヒューズ(ストームバード系)など、米国型種牡馬の成績がよい。地方リーディング8度のサウスヴィグラスは、当然NARではJRA以上に重宝された。

英国的な馬力と米国的なパワーを持つ馬も強く、大井コースの2000mで競われる東京ダービーでは、英国的馬力とスタミナを強化するロベルト系を持つ馬の活躍が目立つ。

今後はNARリーディングを3度獲得したゴールドアリュールの血を引くスマートファルコン(2005年生)、エスポワールシチー(2005年生)、キングカメハメハ産駒のホッコータルマエ(2009年生)のようにNARの砂中距離適性を高めた馬の成績も伸びるだろう。

6 湿ったダートは芝か米国ダートに近づきやすい

雨が降ったダートで勘違いされやすいのは、稍重や不良などの種牡馬成績で予想する方法だ。これは正確ではない。ひと口に重馬場といっても、その状態により走る馬の血統はまったく異なるからだ。雨が降って水分の含んだ馬場となった場合、

・芝のような末脚の決まる馬場

・米国ダートのようにスピードを持続できる馬場

のどちらかになりやすい。

2022年3月20日 2回中山7日12R　4歳以上2勝クラス（ダート1200m）

順位	馬名	性齢	人気	タイム/着差	血統のポイント
1	ジャスパーゴールド	牡4	8	1:10.9	父Khozan（米国型フォーティナイナー系） 母の父Put It Back（米国型インリアリティ系）
2	グランドストローク	牡5	4	1/2	父ストロングリターン（欧州型ロベルト系） 母の父キングカメハメハ（欧州型キングマンボ系）
3	メサテソーロ	牝5	13	3/4	父Midnight Lute（米国型ミスプロ系） 母の父Sir Cat（米国型ストームバード系）
9	グアドループ	牡4	1	1着馬と 0.7秒差	父ヴィクトワールピサ（日本型Tサンデー系） 母の父アルデバランII（米国型ミスプロ系）

8番人気1着のジャスパーゴールドは父米国型。13番人気3着のメサテソーロも父米国型。1、3着馬は母の父も米国型。父サンデー系（大系統）の1番人気グアドループは9着に凡走し、3連単108万馬券の大波乱となった。

レース条件③反主流血統
芝短距離に強い血統

芝短距離はとくにディープ産駒が苦手とする条件で、芝1400m以下ならディープ系を上回る血統が現れる。とくにスプリントチャンピオンだったロードカナロア産駒が強い。同馬はサンデーサイレンスを持たない血統である。また、JRAに2レースあるスプリントＧⅠでは、父系が非サンデー系の活躍が目立つ。

1 芝の短距離が得意な種牡馬

☑ サンデーを持たない短距離向きの種牡馬

1200～1600mのＧⅠを６勝（うち香港２勝）した**ロードカナロア**は種牡馬としても実績通りの結果を出し、**ダノンスマッシュ**という後継馬を送り出した。ダノンスマッシュもサンデーサイレンスを持たない。

日本と香港のマイルと2000ｍで実績を残した**モーリス**は、産駒にパワーと持続力を伝え、産駒のＧⅠ初制覇は**ピクシーナイト**のスプリンターズＳだった。ピクシーナイトの母の父はキングヘイロー（リファール系）、母母父はサクラバクシンオー（プリンスリーギフト系）で、いずれも非サンデー系のスプリントチャンピオンだ。なお、モーリス産駒の**マズ**がスプリント王国のオーストラリアで芝1200ｍＧⅠに勝利した。

☑ サンデー＆ディープ系の短距離適性

ディープ系も勝利数を見れば、短距離部門でも上位に入る。主流馬場なら短距離でも無理に逆らう必要はない。また、**ダイワメジャー**は芝2400ｍ以上のＧⅠには縁が薄かったサンデーサイレンス×ノーザンテーストの配合馬。馬力とスピードが強化されるため、伸びを失うのが中距離ＧⅠに向かない主な理由だった。**ダイワメジャーも馬力とスピードに勝った馬で、それが産駒の芝1200ｍ適性を高めている。**ただし牡馬の本質はマイラーで、牝馬のほうがスプリント適性の高い馬が出やすい。馬場は、差しやすい馬場に向く。

ディープ産駒の**キズナ**は、母の父がロードカナロアと同じストームキャット。キズナ自身も日本ダービーを制しているが、父と比べると馬力が強調された血統構成になっているため、スプリント戦に向く。キズナ産駒もダイワメジャーと同じように、スプリント戦で走るのは牝馬で、差しが決まる馬場や展開が合う。

芝1400m以下のランキング(2020~2022年)

	種牡馬名(生没年)	父(国タイプ)	父系/母の父系	勝利(重賞)
1	ロードカナロア (2008年)	キングカメハメハ (欧州型)	欧州型キングマンボ系 米国型ストームバード系	171(14)
2	ダイワメジャー (2001年)	サンデーサイレンス (日本型)	日本型サンデー系 欧州型ノーザンテースト系	86(3)
3	ディープインパクト (2002年、2019年死亡)	サンデーサイレンス (日本型)	日本型ディープインパクト系 欧州型リファール系	54(7)
4	キズナ (2010年)	ディープインパクト (日本型)	日本型ディープインパクト系 米国型ストームバード系	44(2)
5	モーリス (2011年)	スクリーンヒーロー (欧州型)	欧州型ロベルト系 欧州型サドラーズウェルズ系	39(3)

2 芝の短距離では非サンデー系を狙え

スプリント戦のレコードを見ると、芝1000mはカルストンライトオ(米国型マンノウォー系)の53秒7(2002年)、芝1200mはテイエムスパーダ(米国型ヘイロー系)がCBC賞で記録した1分5秒8(2022年)で、両馬はサンデーサイレンスの血を持たない。

日本の芝1600mでは直線でのトップスピードの速い馬が走りやすいが、芝1200m以下はスタート直後の加速力とスピードの持続性の重要度が増す。この個性に関して、サンデーサイレンスはズバ抜けておらず、その個性や適性を退化させることすらある。芝短距離で非サンデー系の種牡馬が活躍しやすいのは、そのためだ。

CHECK!

2022年7月3日　3回小倉2日11R GⅢCBC賞(芝1200m)

順位	馬名	性齢	人気	タイム/着差	血統のポイント
1	テイエムスパーダ	牝3	2	1:05.8	父レッドスパーダ(米国型ヘイロー系)
2	タイセイビジョン	牡5	3	3 1/2	父タートルボウル(欧州型ノーザンダンサー系)
3	アネゴハダ	牝3	1	1/2	父キズナ(日本型ディープ系)

今村聖奈騎手の重賞初騎乗・初勝利でも話題になったレース。テイエムスパーダはハンデも48キロと軽くレコードタイムで完勝。ディープ系の1番人気馬が3着となり、上位人気馬同士の決着にしては好配当(3連単1万2160円)。出走馬17頭中ロードカナロア産駒、サンデー系、ディープ系が各4頭いたが、5頭しかいなかった非サンデー系同士で決着した。

3 スプリントＧＩから読み解く短距離血統

2013年以降の芝スプリントＧＩ馬17頭のうち、父がサンデー＆ディープ系の馬は４頭だけ。ただし、母の父や父母父にサンデー系を持つ馬はいて、完全な非サンデー系の勝ち馬はロードカナロアら７頭（うち３頭は外国産馬）。アドマイヤムーンは母の父が、モーリスは父の母の父がサンデーサイレンスである。これはサンデーサイレンスに限ったことではない。**どんなスーパーサイヤーにも適性があるが、母の父になれば適性の影響力は薄まり、父系の能力を強化することもできるのだ。アドマイヤムーンとモーリスは、サンデー系の適性は薄めてスケールだけを獲得した馬といえる。**

スプリント指向を高めるには、サンデー系の個性である伸びが薄められているほうが有利だ。**父ロードカナロア、父米国型、ダンチヒ系、ストームキャット系などが該当し**、欧州のスプリントＧＩ勝ち馬を出した種牡馬も、伸びよりパワーを強化するのでスプリント適性を上げやすい。

スプリントGI馬とサンデー系（2013〜2022年）

分類	勝ち馬	父	母の父
父サンデー系 父ディープ系	コパノリチャード	日本型ダイワメジャー	欧州型トニービン
	ストレイトガール	日本型フジキセキ	米国型タイキシャトル
	グランアレグリア	日本型ディープインパクト	米国型タピット
	ナランフレグ	日本型ゴールドアリュール	欧州型ブライアンズタイム
父の母系に サンデー系	ファインニードル	欧州型アドマイヤムーン	欧州型マークオブエスティーム
	セイウンコウセイ	欧州型アドマイヤムーン	米国型カポウティ
	ピクシーナイト	欧州型モーリス	欧州型キングヘイロー
母の父 サンデー系	スノードラゴン	欧州型アドマイヤコジーン	日本型タヤスツヨシ
	レッドファルクス	米国型スウェプトオーヴァーボード	日本型サンデーサイレンス
	*ジャンダルム	米国型キトゥンズジョイ	日本型サンデーサイレンス
サンデーを 持たない	ロードカナロア	欧州型キングカメハメハ	米国型ストームキャット
	*エアロヴェロシティ	欧州型ピンス	欧州型カッパスタッド
	ビッグアーサー	欧州型サクラバクシンオー	欧州型キングマンボ
	*ミスターメロディ	米国型スキャットダディ	米国型デピュティミニスター
	タワーオブロンドン	欧州型レイヴンズパス	欧州型ダラカニ
	*モズスーパーフレア	米国型スパイツタウン	米国型ビロングトゥミー
	ダノンスマッシュ	欧州型ロードカナロア	米国型ハードスパン

*……外国産馬

4 ピクシーナイトの血統表を見てみよう

日本の最強スプリンターといえば、サクラバクシンオーとロードカナロアが思い浮かぶ。また、現在のスプリント戦のレコードタイムホルダーはカルストンライトオ（1000 m）、テイエムスパーダ（1200 m）だが、この4頭はサンデーを持たない。

2021年のスプリンターズSに勝ったピクシーナイトも、**父は非サンデー系のモーリス。サンデーサイレンスは持つが、適性への影響はほぼない**。母の父キングヘイロー、母母父サクラバクシンオーはいずれも非サンデー系であり、芝1200 mGⅠ勝ち馬である。

ピクシーナイト（2018年生 牡 鹿毛 日本産）

モーリス 2011 鹿毛	スクリーンヒーロー 2004 栗毛	*グラスワンダー（米） 1995 栗毛	Silver Hawk
			Ameriflora
		ランニングヒロイン 1993 鹿毛	*サンデーサイレンス（米）
			ダイナアクトレス
	メジロフランシス 2001 鹿毛	*カーネギー（愛） 1991 鹿毛	Sadler's Wells
			Detroit
		メジロモントレー 1986 黒鹿毛	*モガミ（仏）
			メジロクインシー
ピクシーホロウ 2010 鹿毛	キングヘイロー 1995 鹿毛	*ダンシングブレーヴ（米） 1983 鹿毛	**Lyphard**
			Navajo Princess
		*グッバイヘイロー（米） 1985 栗毛	**Halo**
			Pound Foolish
	ラインレジーナ 2002 栗毛	サクラバクシンオー 1989 鹿毛	サクラユタカオー
			サクラハゴロモ
		*シンコウエンジェル（米） 1993 鹿毛	*オジジアン（米）
			A Kiss for Luck

＊は輸入馬

Halo 5×4　Lyphard 5×4　Northern Dancer 5×5　ノーザンテースト 5×5

レース条件④反主流血統
タフな芝コースに強い血統

直線でトップスピードを発揮しにくいタフな馬場、たとえば悪天候や開催後半の荒れた馬場は反主流馬場であり、サンデー&ディープ系はパフォーマンスが落ちる。芝が濡れて滑る馬場か、掘り返されて力のいる馬場かなど、馬場状態によって求められる能力は変わる。

1 重馬場が得意な競走馬はいない

☑ タフな馬場で反主流血統が台頭する理由

ひと口にタフな馬場といっても、馬場状態によって求められる能力は異なる。JRAの馬場発表には頼らず、スマート出馬表（無料）のバイアス画面などを利用して、同コース、同競馬場で好走している血統傾向を見極めることが大切だ。

いずれにしても、基本的に重馬場ではトップスピードがそがれる。重馬場のほうが速く走れるという馬はいない。そのため、重・不良馬場限定の成績を見ても、総合リーディングと比べて大差はない。しかし、個々のレースを見ると、リーディング上位馬（主流血統の馬）が凡走し、反主流血統の馬が台頭するケースは少なくない。それは次のような理由による。

- **主流馬場で強い馬の中に、重馬場では極端に減速する馬がいる。**
- **主流馬場でのトップスピードは主流血統に劣るが、タフな芝になってもそれほどスピードをそがれない馬がいる。**

☑ 高速馬場でもタフな馬場でも走れる馬もいる

一方、主流馬場でも反主流馬場でも、同じようにパフォーマンスを発揮して勝ち負けに持ち込める馬もいる。**たとえば、クロノジェネシスやレイパパレは高速馬場でも高いスピード能力を発揮するが、タフな馬場でもほかの馬に比べて減速しない**（それでもクロノジェネシスは凱旋門賞の馬場までは対応できなかったが）。両馬は、いずれも母の父クロフネ（米国型ヴァイスリージェント系）だ。

リスグラシューは、有馬記念で世界レコードを持つアーモンドアイに圧勝した。当時の中山はトップスピードを持続するのが難しい馬場状態で、アーモンドアイは失速してしまった。同レースの2着はサートゥルナーリアだが、1着、2着はどちらも減速要素に強い馬力に優れたサドラーズウェルズを持つ。

血統は、こうした馬場適性を見極める重要なツールとなる。馬場状態は日々変わるため、血統の傾向に加え、各開催週や開催日の傾向から判断することが重要になる。

2 タフな芝コースが得意な血統とは

☑ 馬力やパワーに優れる非サンデー系や欧州型が有利

父が欧州型、あるいは父も母の父も非サンデー系の配合馬は、父サンデー系の主流配合に比べると、末脚の伸びとトップスピードが強化されにくい。ただし、能力の方向性は一定ではない。非サンデー系の配合馬は、トップスピードとは相反するパワーの要素が強化される。

JRAの芝馬場やコースであっても、常にトップスピードを存分に発揮できるとは限らない。**とくに雨が降ってタフな馬場になれば、馬力やパワーが要求される。**そうなると、非サンデー系や欧州型血統が有利になりやすい。重馬場での桜花賞勝ちを含む牝馬3冠を達成したデアリングタクトは、欧州型エピファネイア×欧州型キングカメハメハ。稍重の天皇賞春を勝ったタイトルホルダーは、欧州型ドゥラメンテ×欧州型サドラーズウェルズ系の配合から生まれている。

このように時計のかかるタフな芝コースでは、父または母の父が非サンデー系、父または母の父が欧州型で、サンデーの血を薄めた配合の馬が好走しやすい。逆に欧州型の血を持たない馬は、重馬場で減速することが少なくない。

☑ タフな馬場に向くサンデー系、向かないサンデー系

ディープインパクト産駒を見ると、とくに母の父が米国型でトップスピードを強化された配合馬は、タフな馬場になると大きく減速する馬も多い。**ただし、母系に主張が強い欧州型を持つ配合馬は、トップスピードがさほど強化されない分、馬力が強化される。**

後者の代表例は英2000Gを勝ったサクソンウォリアー、英愛オーク

スを勝ったスノーフォールで、どちらも父はディープインパクト、母の父はガリレオ（欧州型サドラーズウェルズ系）だ。

JRAのタフな芝レースを勝ったディープ系は、逆にトップスピード勝負では分が悪い。たとえば、ダノンバラードやキズナの牡馬、シルバーステートは馬力型の産駒が多い。

また、自身が上がりのかかるレースに強かったゴールドシップ、道悪馬場で好走したキタサンブラックも、タフな馬場を得意とする産駒が出やすい。ハーツクライはトニービンを持つため、ディープ産駒よりもタフな馬場を得意とする産駒は出やすい。とくに母の父が米国型ではない配合馬は、タフな馬場に向く馬も出やすい。一方、米国型と配合され、軽い馬場で走る馬はタフな馬場だと大幅に減速する馬が多い。

One point!　タフな馬場に向く主な系統・種牡馬

［消耗戦に強い血統］

・父欧州型
・父か母の父ノーザンダンサー系。とくにサドラーズウェルズを持つ馬
・父か母の父がロベルト系。ただし、エピファネイア産駒はタフな馬場が苦手な軽い馬場巧者も出る

［伸びも要求されるタフな馬場に強い血統］

・父がサンデー系で、母の父が欧州型。サドラーズウェルズを持つ馬
・馬力型のサンデー系種牡馬。ステイゴールドを父系に持つ馬やブラックタイド、キタサンブラック、シルバーステート、ダノンバラード、サトノダイヤモンドなど
・トニービンの血を持つ馬

［ダート的な持続力が生きる馬場に強い血統］

・父キングマンボ系
・父米国型。とくに母の父も非サンデー系

3　芝の道悪では種牡馬のダートシェアにも注目

近年、芝の不良馬場で重賞を勝った種牡馬はディープインパクト、バゴ、エピファネイア、キングカメハメハ、ルーラーシップの5頭だけだが、重馬場で重賞を勝った種牡馬はほかにもいる。欧州型のロードカナロア、モーリス、メイショウサムソン、日本型のハーツクライ、オルフェーヴル、ゴールドアリュール、ステイゴールド、キズナ、ミッキー

アイルのほか、ダート適性が高い米国型のスパイツタウン、ヨハネスブルグの産駒も勝っている。

スパイツタウンは米国型ミスタープロスペクター系、ヨハネスブルグは米国型ストームバード系。両馬とも主戦場はダートだが、芝の反主流馬場では、ダートシェア率の高い種牡馬が走ることがある。

ダートシェア率（賞金額の比率）＝ $\dfrac{\text{ダートの賞金額}}{\text{全体の賞金額}}$

上記のように「スマート出馬表」では、賞金額ベースでダートシェア率を算出している。リーディング上位種牡馬のダートシェア率は高くても30％台だが、芝の道悪馬場になるとダートシェア率が45％を超える種牡馬が馬券に絡みやすくなる。

ダートシェア率45％以上の種牡馬（2022年・賞金額ベース）

種牡馬名	父	国タイプ・父系
マジェスティックウォリアー	エーピーインディ	米国型エーピーインディ系
ザファクター	ウォーフロント	米国型ダンチヒ系
カレンブラックヒル	ダイワメジャー	日本型Pサンデー系
ディスクリートキャット	フォレストリー	米国型ストームバード系
マクフィ	ドバウィ	欧州型ミスプロ系
キンシャサノキセキ	フジキセキ	日本型Pサンデー系
ドレフォン	ジオポンティ	米国型ストームバード系
マインドユアビスケッツ	ポッセ	米国型ヴァイスリージェント系
サトノアラジン	ディープインパクト	日本型ディープ系
トゥザワールド	キングカメハメハ	欧州型キングマンボ系
アイルハヴアナザー	フラワーアリー	米国型フォーティナイナー系
メイショウサムソン	オペラハウス	欧州型サドラーズウェルズ系
シャンハイボビー	ハーランズホリデー	米国型ストームバード系
ジョーカプチーノ	マンハッタンカフェ	日本型Tサンデー系
リアルインパクト	ディープインパクト	日本型ディープ系
ゴールドアリュール	サンデーサイレンス	日本型Dサンデー系
ラブリーデイ	キングカメハメハ	欧州型キングマンボ系
モンテロッソ	ドバウィ	欧州型ミスプロ系
アメリカンペイトリオット	ウォーフロント	米国型ダンチヒ系

芝の道悪は欧州指向の馬場になる場合もあれば、ダート競馬で持続力

が問われるような馬場になる場合もある。芝の主流血統馬が末脚を発揮できず、ダート競馬で持続力を生かすのが得意な血統が走りやすい馬場になると、ダートシェア率の高い血統の馬が走りやすくなるのだ。

雨が降って主流血統が力を発揮できない馬場のときは、「スマート出馬表」で1～3着馬の国別血統タイプとダートシェア率をチェックして、欧州指向かダート指向かをチェックすることも参考になる。

4 非根幹距離に向く血統

☑ JRAは根幹距離＝主流、非根幹距離＝反主流である

JRAのクラシックは1600ｍのＧⅠ（朝日杯FS、阪神JF、桜花賞）から始まり、2000ｍの皐月賞、2400ｍのオークス、そして日本ダービーへと進む。**マイルから400ｍずつの距離延長で強い馬づくりを目指すのが、JRAの根幹となる。よって1600ｍ、2000ｍ、2400ｍがJRAの根幹距離であり、主流だ。**

一方、**400mで割れない距離を非根幹距離と呼ぶ**。ＧⅠではエリザベス女王杯と宝塚記念の2200ｍ、有馬記念の2500ｍが該当する。根幹距離では勝ち切れなかった馬たちが、2200ｍ、2500ｍでＧⅠ勝利を成しとげるケースは古くから枚挙にいとまがない。

最近では、リスグラシューが非根幹距離の名馬だ。クラシックは未勝利で、国内ＧⅠ勝ちはエリザベス女王杯、宝塚記念、さらに根幹距離ＧⅠの名馬アーモンドアイに圧勝した有馬記念とすべて非根幹距離である。

☑ 根幹距離に強い血統、非根幹距離に強い血統

ディープインパクト産駒は根幹距離にめっぽう強いが、上記3つの非根幹距離ＧⅠでは合わせて5勝だけ。一方、同じサンデー系でもステイゴールド産駒は、宝塚記念や有馬記念に強かった。同じく宝塚記念、有馬記念を合わせて3勝したグラスワンダーの系譜を継ぐスクリーンヒーロー、モーリスの産駒も、非根幹距離に強い馬を出しやすい。

競馬で要求される能力は一定ではない。JRAの根幹距離で強い馬を生産するレベルは上昇し続けているが、根幹距離に強い馬が増えれば、非根幹距離で大幅にパフォーマンスを落とす産駒も増えるのだ。

知っておきたい血統傾向①

ペース（距離延長と距離短縮）

レースのペースは距離やクラス、出走メンバーなどの要因で変化する。前走よりもペースが速くなることが得意な馬もいれば、逆に緩いペースになったほうが得意な馬もいる。そうした個性は、血統でも傾向が出る。前走と異なる追走ペースに対し、血統傾向的に対応できるかどうかを見極める必要がある。

1 レースのペースを左右する主な要因

☑ 距離が変わると追走ペースが変わる

競馬にはさまざまな距離のレースがあり、前走に比べて距離が延長または短縮になることは多い。**距離が変わればレースのペースが変わるため、距離の延長・短縮のどちらが得意かはペースの変化への対応力から判断することができる。**

前走と比べて距離が短くなると追走ペースが速くなり、距離が延びると追走ペースが遅くなることが多い。追走ペースが変わった結果、その馬にとってより楽なペースで走れる展開になれば、これまで以上に能力を発揮できる可能性がある。

・距離短縮→前走よりも追走ペースが速くなりやすい。
・距離延長→前走よりも追走ペースが遅くなりやすい。

☑ 短距離はハイペース、中長距離はスローペース

一般的に短距離と中長距離を比較した場合、短距離はハイペースになりやすく、中長距離はミドル～スローペースになりやすい。**日本の主流馬場である芝のマイル～中距離では、スローペースの中を追走して、最後の直線でトップスピードを発揮できる馬が強い。**

☑ ペースは出走馬の顔ぶれにもよる

ペースは、出走馬の脚質や枠順にも影響される。逃げ馬が多い場合、中でも内枠に逃げ・先行馬が多い場合や、人気馬の脚質が逃げ・先行の場合はペースが速くなりやすい。

2 追走ペースが遅くなるのが得意な血統

前走に比べて追走ペースが遅くなるレース、つまり距離が延びると好走しやすい馬は、次のような特性や血統背景を持っていることが多い。

・ゆったりと追走したほうが、直線でトップスピードを発揮できる。

・クラシックで好走実績がある（クラシックは距離延長の連続）。

・長距離レースや距離延長で実績がある種牡馬の産駒である。

たとえば、ディープインパクトやハーツクライ、キングカメハメハを父系に持つ種牡馬が当てはまる。また、エピファネイアやルーラーシップ、ハービンジャーなどは、母の父がクラシックに実績がある種牡馬との配合馬であり、距離延長に向いている。

3 追走ペースが速くなるのが得意な血統

前走よりも距離が短くなると、追走ペースが速くなりやすい。ペースアップでパフォーマンスを上げる馬は気持ちが前向きなスタミナタイプで、米国型血統が入っているほうが対応しやすい。逆に欧州中距離型の血が濃すぎると、距離短縮自体がマイナス材料になることがある。

・短距離レースや距離短縮で実績のある種牡馬の産駒である。

・速いペースで追走したほうがレースの流れに乗りやすい。

・ペースが遅いと、折り合いを欠いてしまう。

たとえば、ダート限定だがヘニーヒューズやドレフォンは距離短縮に向く。また、サンデーサイレンス系×母の父米国型（とくに牝馬）も当てはまる。

カフェファラオ（2017年生 牡 鹿毛 米国産）の3代血統表

American Pharoah 鹿毛 2012	Pioneerof the Nile 黒鹿毛 2006	エンパイアメーカー（米）	◀ 米国型ミスプロ系
		Star of Goshen	
	Littleprincessemma 栗毛 2006	Yankee Gentleman	◀ 米国型ストームバード系
		Exclusive Rosette	
Mary's Follies 鹿毛 2006	More Than Ready 黒鹿毛 1997	サザンヘイロー（米）	◀ 米国型ヘイロー系
		Woodman's Girl	
	Catch the Queen 鹿毛 1999	Miswaki	◀ 欧州型ミスプロ系
		Wave to the Queen	

カフェファラオの競走成績

月日	開催	レース名	レース条件	人気	着順
2019年12月14日	中山	2歳新馬	ダ1800m	1	1
2020年 2月23日	東京	ヒヤシンスS	ダ1600m	1	1
2020年 6月21日	東京	GⅢユニコーンS	ダ1600m	1	1
2020年 7月 8日	**大井**	**JpnIジャパンDD**	**ダ2000m**	**1**	**7**
2020年10月 3日	中京	GⅢシリウスS	ダ1900m	1	1
2020年12月 6日	中京	GIチャンピオンズC	ダ1800m	2	6
2021年 2月21日	**東京**	**GIフェブラリーS**	**ダ1600m**	**1**	**1**
2021年 5月 5日	船橋	JpnIかしわ記念	ダ1600m	1	5
2021年 7月18日	函館	GⅢ函館記念	芝2000m	1	9
2021年12月 5日	中京	GIチャンピオンズC	ダ1800m	4	11
2022年 2月20日	**東京**	**GIフェブラリーS**	**ダ1600m**	**2**	**1**
2022年 6月 5日	東京	GI安田記念	芝1600m	10	17
2022年10月10日	盛岡	JpnIマイルCS南部杯	ダ1600m	1	1
2023年 2月25日	KAA	GIサウジカップ	ダ1800m	6	3

※KAA＝キングアブドゥルアジーズ競馬場（サウジアラビア）

カフェファラオは、父が米国型のアメリカンファラオ。母の父も米国型で、スプリンターも出すモアザンレディ。距離短縮を得意とし、フェブラリーSを連覇した際はいずれも距離短縮からのローテーションだった。一方、距離延長を苦手とし、初めての400m以上の距離延長で臨んだジャパンダートダービーは断然の1番人気で惨敗。距離短縮で重賞を3勝した次走は、すべて凡走している。

知っておきたい血統傾向②
芝ダート替わりと枠順

芝とダートでは求められる能力が相反するため、芝で惨敗した馬がダートで一変することもあるし、その逆もある。目先を変えることで、それまで発揮できなかった適性が目覚めるからだ。とくにダート替わりの馬では、その馬の枠順に注意しよう。

1 芝からダート、ダートから芝に変える理由

新馬戦を芝にするか、ダートにするかは血統から判断されることも多く、父、母、母の父などの競走成績が参考にされる。そして芝で頭打ちになったら、目先を変えてダートに挑戦する選択肢も多い。**芝向きの父でも芝では結果が出なかった場合、ダート向きの父でも軽い走りをする馬やダート血統でも陣営が芝を試してみたい場合は芝に出走する場合もある。**

こうした条件変更の成功確率においても、血統は大きなヒントになる。

2 芝→ダートで狙える血統

☑ 父が米国型

エーピーインディ系（ボールドルーラー系）、ストームバード系、ミスタープロスペクター系など。ただし、ダート適性がわかりきっている父米国型は、そもそも芝→ダートの参戦が少ない。また、ダート血統なのに芝を使われているのは、パワー不足でダートも走れないからという馬も多い。

☑ 父系が芝ダート兼用型、母のダート適性が高い血統

ダート替わりで激走が多いのは、母のダート適性が高いタイプ。たとえば、ダート転向４戦目でＧⅠ勝利を収めたジュンライトボルト、同じくダート転向初戦で勝利し、その後BCディスタフ制覇を達成したマルシュロレーヌは、いずれも母系に米国型のフレンチデピュティを持つ。

ジュンライトボルトの父はキングカメハメハ、マルシュロレーヌの父

はオルフェーヴルで、いずれも芝ＧＩ馬を出し、ダートの重賞勝ち馬も複数出している種牡馬だ。**逆にいえば、父も母の父もダート重賞で実績がない血統のダート替わりは好走率が大きく下がる。**

マルシュロレーヌ（2016年生 牝 鹿毛 日本産）の3代血統表

オルフェーヴル 2008 栗毛	ステイゴールド 1994 黒鹿毛	サンデーサイレンス（米）	日本型Tサンデー系
		ゴールデンサッシュ	
	オリエンタルアート 1997 栗毛	メジロマックイーン	欧州型マイバブー系
		エレクトロアート	
ヴィートマルシェ 2002 鹿毛	フレンチデピュティ（米） 1992 栗毛	Deputy Minister	米国型ヴァイスリージェント系
		Mitterand	
	キョウエイマーチ 1994 鹿毛	ダンシングブレーヴ（米）	欧州型リファール系
		インターシャルマン	

マルシュロレーヌの競走成績

月日	開催	レース名	レース条件	人気	着順
2019年 2月 3日	京都	3歳新馬	芝1600m	4	2
以降、芝1600～2000m（下級条件～GⅢ）を11戦して3勝（3-1-0-7）					
2020年 9月 5日	小倉	桜島S（3勝クラス）	ダ1700m	2	1
以降、ダート1800～2100m（GⅢ～JpnⅠ）を7戦して4勝（4-0-2-1）					
2021年 11月 6日	デルマー	GIBCディスタフ	ダ1800m	–	1
2022年 2月26日	KAA	GIサウジカップ	ダ1800m	–	6

※KAA＝キングアブドゥルアジーズ競馬場（サウジアラビア）
オルフェーヴル産駒のマルシュロレーヌは、キャリア13戦目でダートに転向し、すぐに勝利。その後、米国競馬の最高峰ブリーダーズカップ（ディスタフ）に勝利した。

3 ダート→芝で狙える血統

☑ 父が欧州型

とくに前走で上位人気に支持されていた馬は要チェック。そもそも適性を見誤っていたか、足元への負担の少ないダートを使っていた馬が芝を試せるようになった。待望の芝。

☑ 母や祖母が芝のレースで実績を残している馬

日本の芝で実績を残してきた牝系は、ダート適性の高い種牡馬と配合

されても芝で走れる馬を出す場合がある。

たとえば、ヴェラアズールはデビューから一貫してダートを使われたあとに、5歳で芝に挑戦すると、6戦目でジャパンカップに勝利した。牝系のアドマイヤサンデーはＧⅠ馬トールポピー、アヴェンチュラなど芝ＧⅠ実績馬を複数出している。さらに母の父はフレンチデピュティを持つクロフネで、この系統は芝ダート兼用血統。クロフネ自身が芝とダートのＧⅠを勝っているように、芝からダートに転戦してＧⅠ勝利をする馬も、ダートから芝に転戦してＧⅠ勝利を収める馬もいる。

また、スプリンターズＳを優勝したスリープレスナイトも父がクロフネで、ダートから芝に転戦してＧⅠを優勝。牝系のケイティーズは、やはり芝ＧⅠ馬を多数出した一族だ。

ヴェラアズール（2017年生 牡 青毛 日本産）の3代血統表

エイシンフラッシュ 2007 黒鹿毛	キングズベスト（米） 1997 鹿毛	Kingmanbo	欧州型キングマンボ系
		Allegretta	
	ムーンレディ（独） 1997 黒鹿毛	Platini	欧州型ヘロド系
		Midnight Fever	
ヴェラブランカ 2007 芦毛	クロフネ（米） 1998 芦毛	フレンチデピュティ（米）	米国型ヴァイスリージェント系
		ブルーアヴェニュー（米）	
	アドマイヤサンデー 1995 鹿毛	サンデーサイレンス（米）	日本型サンデー系
		ムーンインディゴ（米）	

ヴェラアズールの競走成績

月日	開催	レース名	レース条件	人気	着順
2020年 3月20日	阪神	3歳新馬	ダ1800m	5	2
以降、ダート1800～2100m（下級条件）を15戦して2勝（2-3-3-7）					
2022年 3月19日	阪神	淡路特別（2勝クラス）	芝2600m	4	1
以降、芝2400～2500m（下級条件）を3戦して1勝（1-0-2-0）					
2022年10月10日	阪神	GⅡ京都大賞典	芝2400m	2	1
2022年11月27日	東京	GⅠジャパンカップ	芝2400m	3	1
2022年12月25日	中山	GⅠ有馬記念	芝2500m	4	10

ヴェラアズールは17戦目、5歳で初の芝に挑戦後、ジャパンカップに勝利。牝系のアドマイヤサンデーは芝GⅠ実績馬を複数出しており、母の父の系統は芝ダート兼用という血統背景から芝適性が目覚めたといえる。

4 ダート替わりでは枠順にも注目

芝ダートの適性は、枠順に左右されることも少なくない。たとえば、ソダシは初ダートのチャンピオンズCでは、最内枠から逃げて失速。その後、距離短縮で臨んだダート２走目のフェブラリーSでは６枠11番から２番手を追走し、３着に粘った。ソダシの父クロフネは芝ダートGⅠ兼用血統。初ダートでの失速は、最内枠が影響したといえる。

☑ ダートの内枠が苦手な種牡馬

ダートではコーナリングが下手だったり、砂をかぶるのが苦手だったりといった理由で、内枠を苦手とする種牡馬がいる。**とくに芝からダートに替わった初戦は注意したい。また外枠で快勝しても、次走で内枠に入ると惨敗することもあり得る。**

主な種牡馬は次のとおり。

・ルーラーシップ（欧州型キングマンボ系）
・ハーツクライ（日本型Tサンデー系）
・ジャスタウェイ（日本型Pサンデー系）
・モーリス（欧州型ロベルト系）
・エピファネイア（欧州型ロベルト系）

☑ 芝の内枠が苦手な種牡馬

芝馬がスピードを出せるコースの場合、ゆったりと追走することを好む欧州型の産駒は内枠を苦にすることが多い。

主な種牡馬は次のとおり。

・ハービンジャー（欧州型ダンチヒ系）
・ドゥラメンテ（欧州型キングマンボ系）
・エピファネイア（欧州型ロベルト系）

知っておきたい血統傾向③

早熟血統か、晩成血統か

JRA の番組体系は2歳夏に始まり、3歳春の東京芝 2400 mの日本ダービーを最大目標として構成される。日本の競馬は、その日本ダービーで速く走る馬づくりを中心に行われている。この時期までに活躍する産駒を多く出す血統は早熟血統、成長曲線がこれより後ろにずれる産駒が出やすい血統は晩成血統といえる。

1 国・地域によって早熟・晩成の定義は異なる

日本では早熟・晩成の目安の１つとして、春の東京芝 2400m 日本ダービーがある。加えて、芝 2500 m以上、ダート 2000 m以上のレースは３歳春までには行われない。**結果として、こうした条件が得意な馬を出しやすい血統も、日本では晩成血統と捉えられる。**

競馬発祥の地イギリスも英国ダービーが３歳春に行われるが、日本の芝 3000 mやダート 2000 mよりもタフなコースで施行される。そのためタフなコースへの適性とともに、体力の完成の早さも求められる。その点では、日本と欧州の晩成血統の定義は異なる。

競馬予想においては、体力の完成と適性な個性を見抜くことも重要なポイントとなる。

2 古馬で強くなるタイプは勝ち上がるのに不利

３歳秋以降も現役を続けるには、３歳前半までに勝ち上がることが求められる。**3歳前半までに有利なのはスピード型血統で、気持ちが前向きなタイプだ。反対に、スタミナと体力の強化に時間がかかり、使いながら気持ちが前向きになるタイプは不利となる。**

有馬記念を圧勝したリスグラシュー、ジャパンカップで鋭く抜け出して勝利したヴェラアズールは、キャリアを重ねることで体力と気持ちが強化された馬の典型である。この２頭はサンデーサイレンスの血を持つことに加え、欧州血統が濃く強化された馬であることでも通じる。

JRA の番組体系と育成システムにおいて、欧州血統が潜在能力を出し切るには不利な側面があるといえる。

3 スピードと気持ちが前向きな血統は勝ち上がりやすい

多くの米国型血統、とくに米国型ノーザンダンサー系や米国型ミスプロ系、ダンチヒ系は２歳戦から体力の完成度が早く、気性も前向きだ。

サンデーサイレンスも、体力の完成度の早さとスピードを問われるケンタッキーダービーを現役時代に勝利したように、２歳戦でも能力を発揮する気持ちの前向きさを持っている。サンデーサイレンスの後継種牡馬ディープインパクト、母シーザリオからサンデーサイレンスの血を継ぐエピファネイアもデビュー戦から前向きな気持ちで走れる産駒が多い。両種牡馬が日本で成功を収めたのは、新馬戦から前向きな気性で走れる産駒が多いからだ。

２頭はいずれもサンデーサイレンスの影響を受けているが、サンデーサイレンスそのものはキャリアを重ね、スタミナを強化することで競走発揮能力を高めた馬でもある。それでいて、（制御が難しいぐらい）気性が前向きだ。その前向きな気性をゴール前まで抑え込めば、直線で爆発力を引き出すことができる。**ただし、ディープインパクトやエピファネイアの産駒の場合、気持ちは早熟だが体力の完成は晩成という馬も多い。こうした産駒が「エピファネイアやディープインパクトは早熟」と一部のファンやホースマンにも早合点される大きな原因といえる。**

4 早熟血統が抱えるもろさ

早い時期から活躍できる気持ちが前向きなスピードタイプは、同時にもろさも抱えている。

まず、一度競走意欲を失うと立ち直るのが難しい。ピークを迎えたあとに凡走すると、その後は得意条件であっても全盛期ほどには走れなくなるケースが増える。中には、体力の許容量を超えて走ってしまったために（オーバーワークで）回復できていない馬もいるだろう。

また、体力の完成が早い馬は筋力もつきやすい。**しかし、筋力が増えすぎると、それを維持するために必要なスタミナを養うのも難しくなる。**番組体系による適性面も、早熟血統と呼ばれる現象を生じさせる。３歳春以降の競馬では、同じ距離であってもスタミナの要求度が変わるからだ。たとえば、同じ東京芝2400ｍで行われるＧⅠでも日本ダービーに比べて、ジャパンCのほうがスタミナの要求度は高く、**ジャパンCのほうがスタミナや体力に優れた欧州血統が走りやすい。**

日本ダービーでは、ディープインパクト産駒で、母の父が米国型の馬が有利だ。しかし、ディープインパクト産駒の牡馬で、日本ダービーとジャパンCを両方勝ったのはコントレイルのみ（それだけの偉業ともいえる）。加えて、2022年までにディープインパクト産駒の牡馬で、ジャパンCを勝ったのもコントレイルだけだ。

ただし、牝馬は事情が異なる。ディープインパクト産駒ながら、ジェンティルドンナは3歳・4歳で、ショウナンパンドラは4歳でジャパンCに勝った。ディープ系の武器であるキレややわらかさは、牝馬のほうが活かしやすく、保ちやすいことも影響しているのだろう。

日本ダービーに勝利したマカヒキとシャフリヤールに共通するのは、いずれも父ディープインパクトで、母系に米国型の血を持つこと。日本ダービーでは理想的な配合だったが、ジャパンCは勝てなかった。

父ディープ×母の父米国型のダービー馬

馬名（生年）	母の父（系統）	成績
マカヒキ （2013年）	フレンチデピュティ （米国型ヴァイスリージェント系）	28戦6勝（うち3歳まで5勝）。日本ダービー、弥生賞、ニエル賞（仏GⅡ）、京都大賞典。
コントレイル （2017年）	アンブライドルズソング （米国型ミスプロ系）	11戦8勝。3冠、ジャパンC、ホープフルS。
シャフリヤール （2018年）	エッセンスオブドバイ （米国型エーピーインディ系）	10戦4勝。日本ダービー、ドバイシーマクラシック、毎日杯。

5 キャリアを重ねて競走能力を上げる馬

気性が前向きでスピード型の馬は、フレッシュな状態のほうがパフォーマンスを発揮しやすい傾向にある。このようなタイプは、米国血統やスプリント血統に多い。

一方、馬力やスタミナを強化して競走能力を上げる馬は、才能を開花させるために経験を必要とする傾向にある。こちらは欧州スタミナ型血統に多い。ただし、米国型でもエーピーインディ系はキャリアを重ねて持久力が強化される産駒も多い。

日本ダービーを勝つには、3歳春の東京で高い次元のトップスピードを発揮する必要がある。**ハーツクライのように本質は欧州スタミナ型要素の強い種牡馬の産駒を日本ダービーで走らせるには、スピード型の繁殖牝馬を配合して、クラシックに間に合う産駒を増やす必要がある。**その成果の集大成が2022年のダービー馬ドウデュースだ。ほかにキャリアを重ねて強くなる血を持つ種牡馬として、下記が挙げられる。

・ロードカナロア（欧州型キングマンボ系）
・モーリス（欧州型ロベルト系）
・ルーラーシップ（欧州型キングマンボ系）
・デクラレーションオブウォー（欧州型ダンチヒ系）
・マクフィ（欧州型ミスプロ系）
・ビッグアーサー（欧州型プリンスリーギフト系）
・マジェスティックウォリアー（米国型エーピーインディ系）

キャリアを積んで強化されたロードカナロア産駒（例）

馬名（生年）	母の父（系統）	成績
ダノンスマッシュ（2015年）	ハードスパン（米国型ダンチヒ系）	26戦11勝。5歳の香港スプリントでGI初勝利、翌6歳で高松宮記念に勝利。
キルロード（2015年）	サクラバクシンオー（欧州型プリンスリーギフト系）	28戦6勝。キャリア24戦目、7歳で重賞初挑戦。同年の高松宮記念3着。

☑ 走りながら競馬を覚えていくステイゴールド系

5～6歳どころか7歳、8歳になっても重賞勝ち馬を出しているのがステイゴールド。欧州型血統のディクタスとノーザンテーストの影響も強く受けたサンデー系である。**キャリアを重ねてスタミナや馬力を強化される馬が多く、上がりのかかる中距離や海外レースでの適応力や馬力も高い。**

2015年生まれが最終世代で、代表産駒にオルフェーヴル、ゴールドシップがいる。とくにゴールドシップには、馬力とスタミナが受け継がれている。また、オルフェーヴル自身のキャリアを見てみると、新馬戦こそ勝ったものの、2勝目までに5戦を要した。ほかには7歳で重賞初制覇したアフリカンゴールド（京都記念）、7歳春に3歳春以来の勝利を海外重賞連覇で飾ったステイフーリッシュなどが、ステイゴールド系の個性を発揮した代表格だ。

知っておきたい血統傾向④

新馬戦に向く血統

かつての新馬戦は短距離ばかりだったが、最近はスタート時期が早くなり、1800 mや2000 mのレースも多く設けられるようになった。血統から適性を見極め、最適なレースを選ぶ選択肢は増えたが、その分、能力が同じ方向性を持つ馬が集まるようになっている。

1 新馬戦とその予想に求められる要素

新馬戦は、活躍馬の産駒や兄姉に活躍馬がいる馬、人気厩舎や直前の追い切りタイムのいい馬に人気が集中しやすい。

しかし、それら以上に大切なのは、新馬戦に強い血を持つことだ。新馬戦で活躍する血統には明らかな偏りがある。**直前の追い切りタイムが悪く、人気厩舎ではない馬が激走するのは、新馬戦に強い血統を持つ場合だ。**筆者が主宰する「亀谷競馬サロン」では、新馬の実績を指数化した「新馬得点」をメンバーに公開しているが、新馬得点の高い馬は毎シーズン高配当で勝利する馬（追い切りタイムが悪く、人気を落としていた馬の激走）が出て、大幅なプラス収支を実現させている。

新馬戦に向く種牡馬・系統として、**芝のエピファネイア、芝でディープインパクトを持つ馬、ストームキャットを持つ馬**が挙げられる。

新馬戦で活躍する血統

カテゴリー	主な国タイプ、系統、種牡馬
ダート短距離	・米国産馬（マル外） ・米国型ストームバード系、フォーティナイナー系
ダート中距離	・米国型で、父または母の父がエーピーインディ系 ・母系に米国型（ストームバード系、ヴァイスリージェント系）を持つ ・母系にロベルト系、ヘイロー系を持つ ・Dサンデー系
芝短距離	・米国型ノーザンダンサー系（ダンチヒ系、ストームバード系、ヴァイスリージェント系など） ・ヘイロー系
芝中距離	・日本で実績のある父系は、ほとんどが芝中距離向き（母系で差がつく） ・母系が米国型血統 ・母の父がエーピーインディ系、ヴァイスリージェント系、米国型ミスタープロスペクター系

知っておきたい血統傾向⑤
牡馬が走るか、牝馬が走るか

産駒の活躍が牡馬に偏る種牡馬をコルトサイアー、牝馬に偏る種牡馬をフィリーサイアーという。牡馬はパワーや馬力を強化することで走りやすい血統、牝馬はキレを武器に活躍することで走りやすい血統において、そういう傾向が現れやすい。

1 代表的なコルトサイアー

☑ ステイゴールド（日本型Ｔサンデー系）

障害王者オジュウチョウサンを含め、ＧⅠホース11頭中９頭が牡馬。そのせいか、リーディングサイアー・ランキングに比べてブルードメアリーディングサイアー・ランキングの成績は見劣る。

☑ シンボリクリスエス（欧州型ロベルト系）

ＧⅠ勝ち馬５頭はすべて牡馬。サクセスブロッケン（2005年生・フェブラリーS）、ストロングリターン（2006年生・安田記念）、アルフレード（2009年生・朝日杯FS）、ルヴァンスレーヴ（2015年生・チャンピオンズC）はいずれも体力を生かせるマイル戦かダート戦に強かった。なお、エピファネイアは、母シーザリオの影響を強く受けている。シンボリクリスエスの重賞勝ち馬33頭中、牝馬は交流重賞勝ちの１頭だけ。

シンボリクリスエスは、後継種牡馬エピファネイア（写真）をはじめ、５頭のＧⅠ馬がすべて牡馬に偏っている。

2 代表的なフィリーサイアー

☑ クロフネ（米国型ヴァイスリージェント系）

平場ＧＩ馬８頭中６頭が牝馬で、母の父としても好成績を残している。ヴァイスリージェント系のほか、ダンチヒ系（米国型）、ファルブラヴ（欧州型ノーザンダンサー系）も、筋肉のやわらかい牝馬や若馬が走りやすい。

3 牡馬と牝馬で異なる傾向を示すサイアー

☑ キズナ（日本型ディープ系）

牡馬はスタミナと馬力、牝馬はキレを活かす産駒がＧＩ馬となっている。ＧＩを制したアカイイト（2017年生・エリザベス女王杯）、ソングライン（2018年生・安田記念）の母の父はシンボリクリスエス。

☑ ミッキーアイル（日本型ディープ系）

牡馬はパワーが勝り、日本の芝ではダート馬も出やすい。牝馬は芝短距離で活躍する。

また、同じディープインパクト産駒のサトノアラジン、エイシンヒカリも似たような傾向を示す。

亀谷が提供している「スマート出馬表」では、

すべての競走馬を 11 の大系統のいずれかにカテゴライズしている。

そのうち、日本の競走馬の 95%以上は、6つの大系統いずれかに属する。

残りの5つは主に母系に入って影響力を保つにとどまっている。

第4章では、6+5の大系統についてどのように発展し、

枝分かれしてきたかについて解説。

同時に、血統予想を行うときのポイントも押さえていく。

父系“11大系統”で予想する

サラブレッドの血統は、隆盛と衰退を繰り返してきた。そのため、サラブレッドの血統表を見ると、「その馬の血統の能力の遺伝の歴史」や「いまその国や地域で栄えている血統」などが見えてくる。本章では、現在の日本競馬を中心に、血統予想に直結する種牡馬と、そこに至る血統の流れをたどっていく。

1 現在の主流血統は4頭＋2頭の馬に集約される

2000～2022年に実施されたJRA平地重賞の勝ち馬の父系をさかのぼると、95％以上が1940年以降に誕生した**ナスルーラ**、**ネイティヴダンサー**、**ターントゥ**、**ノーザンダンサー**の4頭に行き着く。中でも現在は、ネイティヴダンサー系から派生した**ミスタープロスペクター**、ターントゥ系から派生した**サンデーサイレンス**の存在感が大きい。

そこで本書では、この6頭を起点とする6大系統を中心に話を進める。

2 世界に広がる11大系統を日・米・欧で捉える

世界の競馬主要国で活躍している馬のほとんどが、この6頭の系統に含まれるが、日本・米国・欧州によって優勢な系統は異なる。

第4章では、この6大系統に加え、現在では主に母系に入って影響力を残す5つの父系を加えた11大系統について解説する。また、各大系統から枝分かれする小系統を整理し、**日本・米国・欧州における優位性により、「日本型」「米国型」「欧州型」に分類**している。これが血統予想の基礎知識となる。

3 すべての父系は3大始祖にたどり着く

現在のサラブレッドの父系をさかのぼると、すべて**3大始祖（ダーレーアラビアン、バイアリーターク、ゴドルフィンアラビアン）**のいずれかの血を引いている。しかも、そのほとんどがダーレーアラビアンの子孫で、6大系統もすべてこの父系に属する。本書で解説する11大系統のうち、９系統がダーレーアラビアン系で、残る２系統がバイアリーターク系とゴドルフィンアラビアン系である。

主流血統であるほど種牡馬の数が増えて、系統が細分化していくため、血統に偏りが生じる。それが血統を複雑に感じさせる一因でもあるが、父系の特徴をつかめば、競馬を見る面白さも増す。

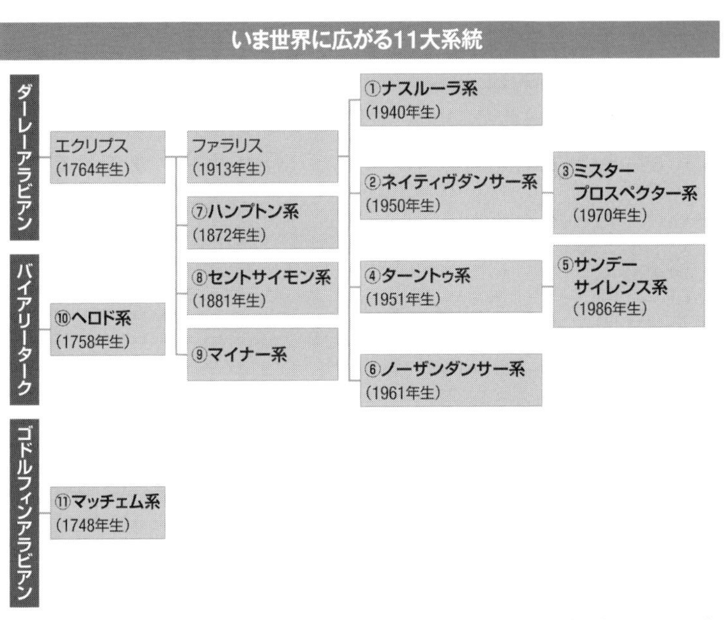

①ナスルーラ系、**②ネイティヴダンサー系**、**③ミスタープロスペクター系**、**④ターントゥ系**、**⑤サンデーサイレンス系**、**⑥ノーザンダンサー系**が現時点における世界の主流血統。残る5つの血統（⑦〜⑪）は、主に母系に保って影響力を残している。

☑ 大系統と小系統の２パターンで分類する

本書では、すべての種牡馬の父系を大きく11系統に分類し、これを「大系統」として表現する。さらに大系統から細かく分類したものを、「小系統」とする。たとえば、キングカメハメハ（→P.151）なら、大系統ではミスタープロスペクター系に属すが、小系統ではキングマンボ系となる。

血統予想を行う際、大系統で見て傾向が出るときもあれば、小系統で見ないと判断がつかないケースもある。そのため、血統予想では、小系統と大系統の２パターンで見ていくことが大切になる。

大系統❶

ナスルーラ系

ナスルーラ系はグレイソヴリン系、プリンスリーギフト系、ボールドルーラー系、レッドゴッド系、ネヴァーベンド系などに分類され、日米欧に広がっている。

ナスルーラの5代血統表

ナスルーラ（1940年生 鹿毛 英国産）

Nearco 1935 黒鹿毛	Pharos 1920 黒鹿毛	Phalaris 1913 黒鹿毛	Polymelus 1902	Cyllene
				Maid Marian
			Bromus 1905	**Sainfoin**
				Cheery
		Scapa Flow 1914 栗毛	Chaucer 1900	**St. Simon**
				Canterbury Pilgrim
			Anchora 1905	Love Wisely
				Eryholme
	Nogara 1928 鹿毛	Havresac 1915 黒鹿毛	Rabelais 1900	**St. Simon**
				Satirical
			Hors Concours 1906	Ajax
				Simona
		Catnip 1910 鹿毛	Spearmint 1903	Carbine
				Maid of the Mint
			Sibola 1896	The Sailor Prince
				Saluda
Mumtaz Begum 1932 鹿毛 FNo.[9-c]	Blenheim 1927 黒鹿毛	Blandford 1919 黒鹿毛	Swynford 1907	John o'Gaunt
				Canterbury Pilgrim
			Blanche 1912	White Eagle
				Black Cherry
		Malva 1919 黒鹿毛	Charles O'Malley 1907	Desmond
				Goody Two-Shoes
			Wild Arum 1911	Robert le Diable
				Marliacea
	Mumtaz Mahal 1921 芦毛	The Tetrarch 1911 芦毛	Roi Herode 1904	Le Samaritain
				Roxelane
			Vahren 1897	Bona Vista
				Castania
		Lady Josephine 1912 栗毛	Sundridge 1898	Amphion
				Sierra
			Americus Girl 1905	Americus
				Palotta

Canterbury Pilgrim 5 × 5、Sainfoin = Sierra 5 × 5（全兄妹）、St.Simon 5 × 5

1 単なるスピード型から脱皮して世界に広がる

ネアルコ（→P.314）の血を最初に広めたナスルーラは激しい気性が優れた闘争心として産駒に伝わり、2歳戦や短距離離戦を重視する米国で大成功。**スピードの持続力や仕上がりの早さは後継種牡馬のボールドルーラーに引き継がれ、1960～1970年代の米国で一大父系を形成。**母国イギリスでもリーディングサイアーとなり、世界中で繁栄した。

当初はスピードを武器としたが、牝系からスタミナを補ったミルリーフ、ブラッシンググルーム、ゼダーンなど、長距離を得意とする父系も育った。日本ではスピード型のプリンスリーギフト系が一時代を築き、**その血はサクラバクシンオーを通じて受け継がれている。**

ナスルーラのプロフィール

成績 タイトル	2～3歳／英10戦5勝（1000～2000m）。英チャンピオンS、コヴェントリーSなど。英最優秀2歳牡馬。	
種牡馬成績	英愛LS（1951年）、北米LS（1955～1956年、1959～1960年、1962年）。	
血統	父：ネアルコ　母：マムタズビガム（マイナー系）	
日本の主な活躍馬	～1979	アローエクスプレス、キタノカチドキ、トウショウボーイ
	1980～	ミスターシービー、サクラユタカオー、イナリワン、タマモクロス、サクラバクシンオー、ミホノブルボン
	1990～	ウイニングチケット、アドマイヤコジーン、ジャングルポケット
	2000～	カンパニー、トーセンジョーダン、グランプリボス
	2010～	ビッグアーサー、クロノジェネシス

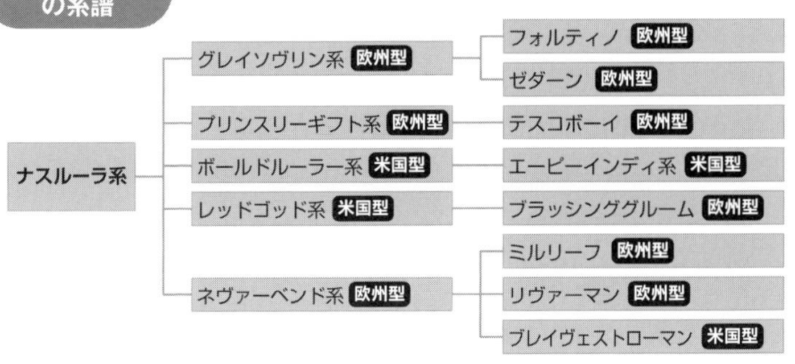

ナスルーラ系①

グレイソヴリン系

グレイソヴリン系は芦毛の快足血統。世界に広がったフォルティノ、ヨーロッパで生き残ったゼダーンなどの父系に大別される。日本では1960年代後半からソヴリンパス、フォルティノ、ゼダーンという父系の順に繁栄し、現在はゼダーンからのトニービン〜ジャングルポケットのサイアーラインが健在だ。

長きにわたり日本の芝に高い適性を示す

ナスルーラ系らしくスピードの持続力勝負に強い。日本の芝適性は高く、フォルティノは芦毛のステイヤー血統として成功。その仔**カロはスピードに優れ、スケールも強化する**。アメリカの歴史的名馬フライトラインの母の父インディアンチャーリーもカロを父系に持つ馬で、コントレイルの母の父で、アロゲートの父アンブライドルズソングは母の父がカロである。

母系からスタミナをとり込んだゼダーン〜トニービンは、中長距離に実績を残す。トニービンはハーツクライの母の父、ドゥラメンテの母の母の父でもある。

グレイソヴリン系の系統図

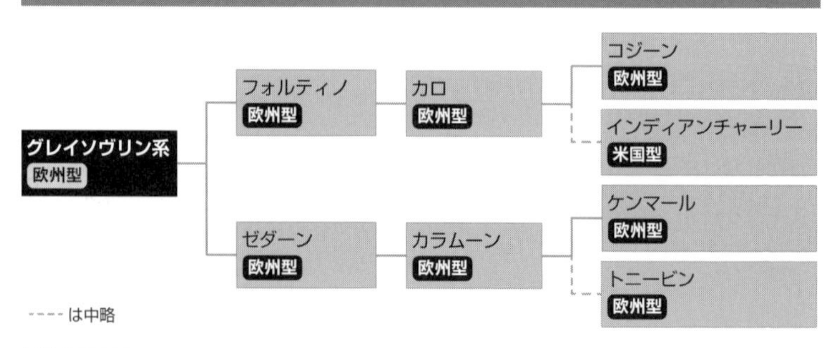

▶グレイソヴリン系の特徴

- 原則として、芝向きでスピードの持続性を供給する。
- 1970年代には、ソヴリンパスがスピード血統として活躍。
- 1980年代には、フォルティノの血統が芝の中長距離で活躍。

- 1990年代以降、カロの血は世界の名馬のスピードを強化。
- 1990年代以降、トニービンの血を持つ馬が日本の芝中長距離で活躍。

1 グレイソヴリン(Grey Sovereign) 欧州型

芦毛の快足馬ザテトラーク（ヘロド系）の4×5のインブリードを持ち、母から芦毛を受け継いだスプリンター。種牡馬になれたのは英ダービー馬の半兄ニンバス（父ネアルコ）のおかげだが、種牡馬としては兄を大きく上回る実績を残し、日本でも多くの活躍馬を出している。

出生国・出生年・毛色	英国・1948年・芦毛
競走年齢／競走成績（勝ち鞍の距離）	2～4歳／英24戦8勝（1000～2400m）。
父／母（母の父系）	ナスルーラ／コング（マイナー系）

2 フォルティノ(Fortino) 欧州型

伊オークス馬の曾祖母ネルヴェサはネアルコの半妹。自身は早熟スプリンターだったが、日本に輸入されると、天皇賞春秋や宝塚記念を制したタマモクロスという芦毛のステイヤーを輩出した。

出生国・出生年・毛色	仏国・1959年・芦毛
競走年齢／競走成績（勝ち鞍の距離）	2～3歳／仏17戦8勝（800～1400m）。アベイユドロンシャン賞、サンジョルジュ賞、モートリー賞など。
父／母（母の父系）	グレイソヴリン／ラナヴァロ（マッチェム系）

2-1 カロ(Caro) 欧州型

ヨーロッパにおけるフォルティノの代表産駒で、グレイソヴリン系の芦毛を世界に広げた功労馬。アメリカに輸出されたあともウイニングカラーズ（ケンタッキーダービー）、ゴールデンフェザント（アーリントンミリオンS、ジャパンカップ）など、芝ダートや距離に関係なく、多くの活躍馬を出している。

母の父としての産駒に、アンブライドルズソング（アロゲートの父、コントレイルの母の父）。カロを父系に持つインディアンチャーリーは、フライトラインの母の父。エイシンヒカリの母母父もカロだ。カロはいまもなお、歴史的名馬のスパイスとして重要な役割を担っている。

出生国・出生年・毛色	愛国・1967年・芦毛
競走年齢／競走成績（勝ち鞍の距離）	2～4歳／仏英19戦6勝（900～2100m）。仏2000G、ガネー賞、イスパーン賞、アルクール賞、ドラール賞など。仏リーディングサイアー（1977年）。
父／母（母の父系）	フォルティノ／チャンボード（マッチェム系）

2-2 コジーン（Cozzene） 欧州型

アメリカの芝中距離戦で活躍したカロの後継馬。産駒は芝向きの馬が多く、日本ではローブデコルテがオークスに勝ち、エイシンバーリンはシルクロードS（京都芝1200m）を1分6秒9のレコードタイムで逃げ切っている。日本での代表産駒にアドマイヤコジーン（朝日杯3歳S、安田記念）がいる。

出生国・出生年・毛色	米国・1980年・芦毛
競走年齢／競走成績（勝ち鞍の距離）	3～5歳／米24戦10勝（1200～1800m）、BCマイルなど。北米リーディングサイアー（1996年）。北米最優秀芝牡馬（1985年）。
父／母（母の父系）	カロ／ライドザトレイルズ（セントサイモン系）

2-3 アドマイヤコジーン 欧州型

祖母は英1000Gの勝ち馬。1998年の3歳（現2歳）牡馬チャンピオンだが、骨折と脚部不安で2度の長期休。6歳時の安田記念で3年半ぶりにGⅠ勝ちし、高松宮記念とスプリンターズSでも2着を確保した。**産駒から、2頭のスプリントGⅠ馬（アストンマーチャン、スノードラゴン）が出ている。**

出生国・出生年・毛色	日本・1996年・芦毛
競走年齢／競走成績（勝ち鞍の距離）	2～6歳／日香23戦6勝（1200～1800m）。朝日杯3歳S、安田記念など。JRA最優秀2歳牡馬（1998年）、JRA最優秀スプリンター（2002年）。
父／母（母の父系）	コジーン／アドマイヤマカディ（ノーザンテースト系～ノーザンダンサー系）

2-4 インディアンチャーリー(Indian Charlie) 米国型

米ＧⅠ４勝のインエクセス（父シベリアンエクスプレス、父の父カロ）の代表産駒。４連勝で挑んだケンタッキーダービーで１番人気に支持されたが、３着に敗れて引退。ＧⅠ５勝の名牝インディアンブレッシング、最優秀古馬牝馬フリートインディアンなどを輩出。2022年に大活躍した米最強馬フライトラインの母の父でもある。

２歳から走れる仕上がりの早さが特徴で、ダートはもちろん芝短距離でも走れる快速血統。

出生国・出生年・毛色	米国・1995年・鹿毛
競走年齢／競走成績（勝ち鞍の距離）	2～3歳／米5戦4勝（1100～1800m）。サンタアニタダービー。
父／母（母の父系）	インエクセス／ソヴィエトソウジャーン（ノーザンダンサー系）

2-5 アンクルモー(Uncle Mo) 米国型

デビュー戦を14馬身半差で圧勝し、BCジュヴェナイル勝ちを含めて３歳初戦まで４連勝。その後は体調不良でクラシックを回避し、秋初戦のＧⅡに勝ったが、BCクラシックで敗れて引退。北米の主流であるミスタープロスペクターやエーピーインディの血を持たない種牡馬として人気があり、リーディングサイアー上位の常連となっている。

インディアンチャーリー同様、**２歳から走れる仕上がりの早さがあり、ダートはもちろん芝短距離でも走れる快速血統。日本のダートだとスタミナ、馬力不足になってしまう馬も多い。**

出生国・出生年・毛色	米国・2008年・鹿毛
競走年齢／競走成績（勝ち鞍の距離）	2～3歳／米8戦5勝（1200～1700m）。BCジュヴェナイル、シャンペインSなど。北米最優秀2歳牡馬（2010年）、北米2歳リーディングサイアー（2015年）。
父／母（母の父系）	インディアンチャーリー／プラヤマヤ（ロベルト系～ターントゥ系）

2-6 ナイキスト(Nyquist) 米国型

アンクルモーの初年度産駒。２歳６月のデビューからケンタッキーダービー（日本馬ラニが挑戦）まで８連勝。グレイソヴリン系の同レース制覇は、ウイニングカラーズ以来28年ぶり。BCジュヴェナイルでは父子制覇を達成し、父子２代で北米（エクリプス賞）最優秀２歳牡馬に選出され、初年度産駒から２頭のＧⅠ馬を輩出している。**アンクルモーの特徴を引き継いでいる。**

出生国・出生年・毛色	米国・2013年・鹿毛
競走年齢／競走成績（勝ち鞍の距離）	2～3歳／米11戦8勝(1000～2000m)。ケンタッキーダービー、BCジュヴェナイル、フロリダダービー、フロントランナーS、デルマーフューチュリティなど。北米最優秀2歳牡馬(2015年)。
父／母（母の父系）	アンクルモー／シーキングガブリエル（ストームバード系～ノーザンダンサー系）

3 ゼダーン(Zeddaan) 欧州型

仏2000Gを父子制覇した直仔カラムーンともども気性の激しさで知られたマイラーだが、カラムーン産駒は父よりも幅広い距離適性を示し、ヨーロッパにおけるグレイソヴリン系の主流となった。ゼダーンの産駒はすべて芦毛で、日本輸入後の産駒にキョウワサンダー（エリザベス女王杯）がいる。

出生国・出生年・毛色	英国・1965年・芦毛
競走年齢／競走成績（勝ち鞍の距離）	2～3歳／仏13戦8勝(900～1850m)。仏2000G、イスパーン賞、ロベールパパン賞、アランベール賞、セーネワーズ賞など。
父／母（母の父系）	グレイソヴリン／ヴァレタ(ストックウェル系～マイナー系)

3-1 カラムーン(Kalamoun) 欧州型

ゼダーンの代表産駒。フランスのマイルＧⅠを３勝し、英国で種牡馬となる。９歳で早世したものの、６世代87頭の産駒から５頭のＧⅠ馬を出して種牡馬として成功した。日本やオセアニアなどで、父系が受け継がれている。

出生国・出生年・毛色	愛国・1970年・芦毛
競走年齢／競走成績（勝ち鞍の距離）	2～3歳／英仏10戦4勝(1600～2100m)。仏2000G、ジャックルマロワ賞、リュパン賞。
父／母（母の父系）	ゼダーン／ケリュニサ(セントサイモン系)

3-2 ケンマール(Kenmare) 欧州型

カラムーンの初年度産駒。ジャックルマロワ賞で父子制覇を達成するなど、フランスのマイル路線で活躍。1984・85・88年に仏2歳、1988・89年に仏リーディングサイアーとなり、輸出先のオーストラリアでも1988・89年に豪2歳リーディングサイアーとなった。

出生国・出生年・毛色	仏国・1975年・芦毛
競走年齢／競走成績（勝ち鞍の距離）	2〜3歳／仏11戦6勝（900〜1600m）。ジャックルマロワ賞など。仏2歳リーディングサイアー（1984〜1985年、1988年）、仏リーディングサイアー（1988〜1989年）、豪2歳リーディングサイアー（1988〜1989年）。
父／母（母の父系）	カラムーン／ベルオブアイルランド（マイバブー系〜ヘロド系）

3-3 ケンドール(Kendor) 欧州型

ケンマールの後継馬で、2歳7月デビュー。10月のグランクリテリウム（1600 m）、3歳5月の仏2000Gという2つのＧＩを制覇。代表産駒はルメール騎乗で英チャンピオンＳに勝ったリテラト。母の父ゲイメセンはメジロパーマー（宝塚記念、有馬記念）の母の父。

出生国・出生年・毛色	仏国・1986年・芦毛
競走年齢／競走成績（勝ち鞍の距離）	2〜3歳／仏9戦5勝（1200〜1600m）。仏2000G、仏グランクリテリウムなど。
父／母（母の父系）	ケンマール／ベルメセナ（ハイペリオン系〜ハンプトン系）

3-4 ケンダルジャン(Kendargent) 欧州型

父系のグレイソヴリン系、母の父の父系（ベリファ〜ノーザンダンサー系）の双方から芦毛を受け継いだフランスのマイラー。近親に秋華賞3着のカンタービレ。母の父として、プールヴィル（フィリーズレビュー）を出している。

出生国・出生年・毛色	仏国・2003年・芦毛
競走年齢／競走成績（勝ち鞍の距離）	2〜4歳／仏米13戦2勝（1600m）。ポールドムサック賞（仏GⅢ）2着。
父／母（母の父系）	ケンドール／パクズベラ（リファール系〜ノーザンダンサー系）

3-5 トニービン(Tony Bin) 欧州型

凱旋門賞を勝って参戦したジャパンカップ5着で日本の芝への適性を示し、1994年に日本リーディングサイアーとなった。カロと同じく、スピードの持続性を強化するが、こちらはカロよりもスタミナ寄り。産駒は東京競馬場を得意とし、全GⅠレース（2006年創設のヴィクトリアマイルを除く）を制覇している。

脚をタメて上質な末脚を持続し続ける競馬にめっぽう強く、そのような特性を問われやすい東京芝GⅠでは、トニービンの血の影響力はいまもなお健在。2022年の日本ダービーを勝ったドウデュース、オークスを勝ったスターズオンアース、天皇賞秋を勝ったイクイノックスはいずれもトニービンの血を持つ馬。小倉の芝中距離も末脚の持久力が問われやすく、昔もいまもGⅢ小倉記念はトニービンの血を持つ馬が活躍している。

トニービンの血を受け継いだ主な種牡馬にハーツクライ（Tサンデー系）、その産駒にジャスタウェイ、スワーヴリチャード、シュヴァルグランがいる。また、ルーラーシップ（キングマンボ系）は母の父、ドゥラメンテ（キングマンボ系）は祖母の父がトニービンだ。

出生国・出生年・毛色	愛国・1983年・鹿毛
競走年齢／競走成績（勝ち鞍の距離）	2～5歳／伊仏英日27戦15勝（1600～2400m）。凱旋門賞、ミラノ大賞2回、ジョッキークラブ大賞など。日リーディングサイアー（1994年）。
父／母（母の父系）	カンパラ／セヴァーンブリッジ（ハイペリオン系～ハンプトン系）

Column

日米欧の3タイプによる分析の有効性を裏づけるデータの面白さ

血統を日本、米国、欧州に分ける概念は、本書で体系立てて説明している。その概念を競馬予想で分析することの有効性は、機械によって証明することも可能だ。ここで、わかりやすく機械で出した集計データを出してみよう。

2020～2022年にJRAで行われたダート1200mは1031レース。出走頭数は1万5444頭。15000頭以上の馬を理屈もなしに（たとえばサイコロで)、日本・米国・欧州の３タイプにランダムで分けた場合、勝率、連対率、複勝率はほぼ同じになるだろう。しかし、本書の考え方にそって日本・米国・欧州の３タイプでこの約１万5000頭の血統を分類すれば、勝率、連対率、複勝率に明らかな違いが出る。

まず、勝率は父米国型８％、父日本型６％、父欧州型５％。続いて連対率は父米国型15%、父日本型13%、父欧州型11%。複勝率は父米国型22%、父日本型19%、父欧州型17%となる。

父と母父の組み合わせでも、３タイプの差がはっきりと出ている。父も母父も米国型の馬は勝率９％。連対率17%、複勝率25%となる。一方、父も母父も欧州型の馬は勝率５％、連対率12%、複勝率16%だ。

米国型血統の濃い馬は成績が上昇し、欧州型血統の濃い馬は複勝率が下がる。欧州型の馬でもダート競馬が得意な系統はあるから（たとえばロベルト系やキングマンボ系)、これらの系統ではない欧州型はさらに成績が下がる。

このようにJRAのダート1200mでは、明らかに米国＞日本＞欧州の順に成績が優秀だという傾向が出る。これはデータがなくとも血統表だけで競走馬の能力傾向が予測できるからであり、JRAのダート1200mでは米国競馬のような適性が要求されることが多いからだ。

つまり、データが極めて少ない種牡馬の産駒やデータゼロの新種牡馬の産駒も、本書に書かれている「血統の考え方」だけで能力を予測することができる。そのことを証明するのが、サンプルが命の機械なのだから面白い。

ナスルーラ系②
プリンスリーギフト系

競走成績はさえず、産駒も早熟スプリンターが多かったが、孫世代にＧⅠ級が出て一定の需要があった。日本では、1968年に輸入されたテスコボーイが大ブレイクし、日本にプリンスリーギフト時代が到来。孫世代を含めると20頭以上が日本に輸入されたため、ヨーロッパでは早い時期に衰退した。

一世を風靡したスピードのDNAを次代へ！

プリンスリーギフト系は欧州では大成せず、後継種牡馬のほとんどが来日して一時代を築いた。**日本適性とスピード能力が高く、軽い馬場でのスピード勝負に強い。**ノーザンテーストとの相性もよく、現在日本に残っているプリンスリーギフト系の種牡馬のほとんどはノーザンテーストの血も持つ。

プリンスリーギフト系の系統図

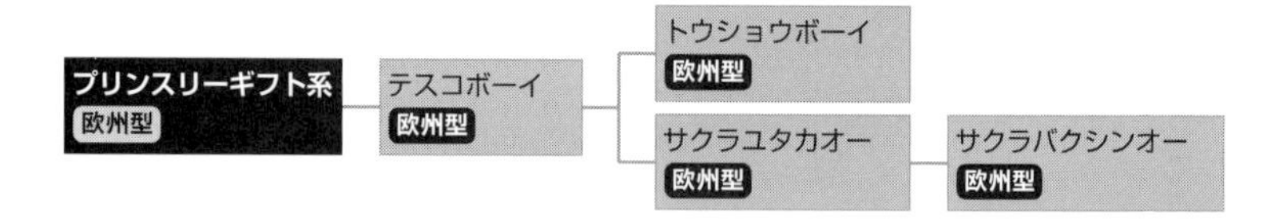

▶プリンスリーギフト系の特徴

- 1970年代の日本にスピードを持ち込んだ。
- スタートダッシュが効き、スピードの持続性に優れる。
- ノーザンテーストとの相性がよかった。

1 プリンスリーギフト(Princely Gift) 欧州型

ファロスとフェアウェイ（全兄弟）の3×3、ブランドフォードの4×3のインブリードを持つ。来日した後継種牡馬のうち、成績最上位のファバージ（英2000G 2着）は皐月賞馬ハードバージを出し、母の父としてオサイチジョージ（宝塚記念）、シャダイカグラ（桜花賞）、トウカイローマン（オークス）を出している。

出生国・出生年・毛色	英国・1951年・鹿毛
競走年齢／競走成績（勝ち鞍の距離）	2～4歳／英23戦9勝（1000～1400m）。
父／母（母の父系）	ナスルーラ／ブルージェム（マイナー系）

2 テスコボーイ(Tesco Boy) 欧州型

勝ち鞍はすべて8F（1600m）の準A級マイラー。ハイペリオン系牝馬である母サンコートはゲインズボローの2×4というインブリードを持つ。ステイヤー全盛時代に圧倒的なスピードを伝え、日本の競馬シーンを一変させた。

出生国・出生年・毛色	英国・1963年・黒鹿毛
競走年齢／競走成績（勝ち鞍の距離）	3歳／英11戦5勝（1600m）。クイーンアンSなど。日リーディングサイアー（1974、1978～1979年）。
父／母（母の父系）	プリンスリーギフト／サンコート（ハイペリオン系～ハンプトン系）

3 トウショウボーイ 欧州型

トウショウボーイは1600m、2000m、2500mでレコードタイムをマークし、「天馬」と呼ばれたスピード馬。テンポイント、グリーングラスとTTG時代を築き、3冠馬ミスターシービーを出して内国産種牡馬の評価を高めた。ミスターシービーは天皇賞秋が3200mから2000mに短縮された1984年に、同レースをレコード勝ちしている。

父系子孫は残っていないが、「ハイペリオンの3×4」という血統は有名で、スイープトウショウ（秋華賞、宝塚記念、エリザベス女王杯）、ウオッカ（日本ダービーなどＧⅠ7勝）の祖母の父として、その血を伝えている。

出生国・出生年・毛色	日本・1973年・鹿毛
競走年齢／競走成績（勝ち鞍の距離）	3～4歳／日15戦10勝（1400～2500m）。皐月賞、有馬記念、宝塚記念など。JRA年度代表馬・最優秀3歳牡馬（1976年）。
父／母（母の父系）	テスコボーイ／ソシアルバターフライ（ハイペリオン系～ハンプトン系）

4 サクラユタカオー 欧州型

ナスルーラの3×4を持ち、1800mと2000mでは6戦全勝で、毎日王冠と天皇賞秋をレコード勝ちした。しかし、それ以上の距離では馬券に絡んでいない。

産駒は優れたスピードと距離の限界を受け継ぎ、とくにサクラバクシンオーが優れた後継種牡馬となった。

出生国・出生年・毛色	日本・1982年・栗毛
競走年齢／競走成績（勝ち鞍の距離）	2～4歳／日12戦6勝（1800～2000m）。天皇賞秋など。
父／母（母の父系）	テスコボーイ／アンジェリカ（ネヴァーセイダイ～ナスルーラ系）

4-1 サクラバクシンオー 欧州型

1400m以下で（11-0-0-1）と、圧倒的な強さを誇ったスプリンター。非サンデーサイレンス系でスプリント能力の高い馬を安定して出すことから需要が高く、リーディングサイアー・ランキングは2001年から10年連続10位以内を堅持した。

父サクラユタカオーはノーザンテースト系牝馬との間に多くの活躍馬を出しており、サクラバクシンオーもその1頭で、父系存続の可能性を広げた。

スプリント戦、テンから飛ばすスピードの持続力勝負に優れた血で、ＧⅠ7勝のキタサンブラックの母の父としても知られる。

産駒にはショウナンカンプ（高松宮記念）、ビッグアーサー（高松宮記念）、グランプリボス（NHKマイルカップ）、ブランディス（障害ＧⅠ2勝）らがいる。

出生国・出生年・毛色	日本・1989年・鹿毛
競走年齢／競走成績（勝ち鞍の距離）	3～5歳／日21戦11勝（1200～1400m）。スプリンターズＳ2回など。JRA最優秀短距離馬（1994年）。
父／母（母の父系）	サクラユタカオー／サクラハゴロモ（ノーザンテースト系～ノーザンダンサー系）

4-2 ビッグアーサー 欧州型

日本で一時代を築いたプリンスリーギフト系の後継馬。デビューが3歳4月と遅く、さらに9ヵ月半休養するも1200 mで5連勝。キャリア11戦目となる5歳春の高松宮記念をレコード勝ちしてGⅠ初制覇。半弟にサウジダービー2着のセキフウ（父ヘニーヒューズ）がいる。

産駒は芝1200 mを得意とする馬が多いが、サドラーズウェルズの影響を受けていてキャリアを重ねながら上昇する。タフな馬場を好む。

出生国・出生年・毛色	日本・2011年・鹿毛
競走年齢／競走成績（勝ち鞍の距離）	3～6歳／日香15戦8勝（1200m）。高松宮記念など。
父／母（母の父系）	サクラバクシンオー／シャボナ （キングマンボ系～ミスタープロスペクター系）
距離／芝ダート傾向	▶平均勝ち距離：芝1209m／ダート1269m ▶芝／ダート：74%／26%

CHECK!

2022年7月16日 1回函館11日11R GⅢ函館2歳S（芝1200m）

順位	馬名	性齢	人気	タイム	血統のポイント
1	ブトンドール	牝2	4	1:11.8	父ビッグアーサー（欧州型プリンスリーギフト系） 母の父スウィフトカレント（日本型サンデー系）
2	クリダーム	牡2	3	1 1/4	父ハーツクライ（日本型Tサンデー系） 母の父サクラバクシンオー（欧州型プリンスリーギフト系）
3	オマツリオトコ	牡2	8	クビ	父ヴィットリオドーロ（米国型サドラーズウェルズ系） 母の父スマートボーイ（欧州型ノーザンダンサー系）

雨で発表は稍重だが、上がり3Fが37秒3、勝ち時計が1分11秒8と、極端に時計のかかる馬場状態で行われたレース。1着ブトンドールは、ビッグアーサー産駒。サドラーズウェルズ系の影響も強く受けたスプリンターであるビッグアーサー産駒にとっては、適性の高い馬場だった。また、人気薄で3着のオマツリオトコは父サドラーズウェルズ系、母の父ノーザンダンサー系。

ナスルーラ系③

ボールドルーラー系

ボールドルーラーは、ナスルーラが渡米後に出した最初の大物。通算8回も北米リーディングサイアーとなり、多くの後継馬を出した。現在は、シアトルスルー〜エーピーインディ系が中心となっている。日本でもダート路線で多くの活躍馬を出している。

日本でダートを主戦場に活躍中！

同じナスルーラ系でも、グレイソヴリン系やプリンスリーギフト系が日本の芝におけるスピードの持続力勝負に強いのに対して、**ボールドルーラー系はダートコースでのスピードの持続力勝負に強い系統である**。ダートの本場である米国で大成功したあと、一時はノーザンダンサー系やミスタープロスペクター系に押され気味になったが、シアトルスルーとその後継馬エーピーインディによって復活した。

日本ではダートが主戦場で、サンデーサイレンス系を圧倒する産駒も数多く出している。芝が主流の日本では、ダートでの血統価値と潜在能力を過小評価されやすく、ダートでの馬券期待値の高い系統だ。

ボールドルーラー系の系統図

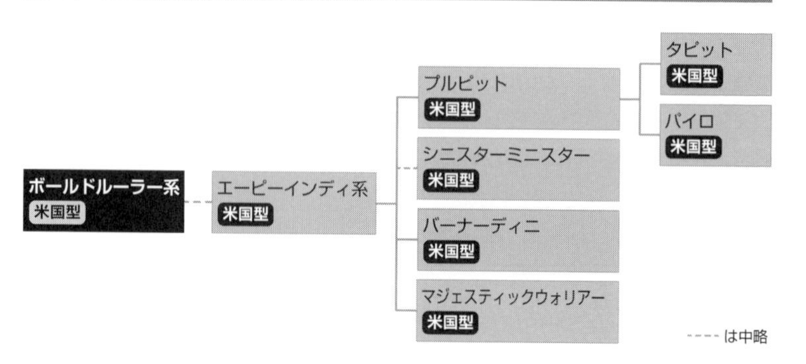

▶ボールドルーラー系の特徴

- 大型でパワータイプの産駒が多い。
- 芝でも、とくにサンデーサイレンス系との配合でスピードの持続性を強化。

●日本でもダートでは安定した強さを発揮するが、とくにダート1400〜1800m、時計が出て先行馬が残りやすい馬場を得意とする種牡馬が多い。

1 ボールドルーラー(Bold Ruler) 米国型

レコード勝ちや後続をちぎるスピードを持ち、ハンデ戦にも強い競走馬だった。種牡馬としても、競走成績をはるかに超える実績を残した。母の父ディスカヴァリーは、ネイティヴダンサーの母の父でもある。

出生国・出生年・毛色	米国・1954年・黒鹿毛
競走年齢/競走成績(勝ち鞍の距離)	2〜4歳/米33戦23勝(1000〜2000m)。プリークネスS、ウッドメモリアルS、モンマスH、カーターHなど。北米リーディングサイアー(1963〜1969年、1973年)。
父/母(母の父系)	ナスルーラ/ミスディスコ(マッチェム系)

2 エーピーインディ(A.P.Indy) 米国型

米3冠馬同士の配合で、ボールドルーラーの3×4を持つ。エーピーインディの父はシアトルスルー。シアトルスルーは1995年の宝塚記念を1〜2着したダンツシアトルとタイキブリザードの父で、シンボリクリスエスの母の父でもある。

後継種牡馬はプルピット〜タピット父子、バーナーディニ。プルピットはパイロの父でもある。タピットはアメリカでフライトラインを輩出したほか、グランアレグリアの母の父でもある。

日本の主流血統に比べて、ダートでの持続力勝負に強い。プルピット産駒のパイロも、日本のダート戦で好成績を収めている。**使い込んでキャリアを重ねると、持続力が強化される特徴があり、キャリアを重ねて高齢になって活躍する馬も出やすい。**

出生国・出生年・毛色	米国・1989年・黒鹿毛
競走年齢/競走成績(勝ち鞍の距離)	2〜3歳/米11戦8勝(1300〜2400m)。BCクラシック、ベルモントS、サンタアニタダービーなど。北米年度代表馬・最優秀3歳牡馬(1992年)、北米リーディングサイアー(2003年・2006年)。
父/母(母の父系)	シアトルスルー/ウィークエンドサプライズ(ボールドルーラー系〜ナスルーラ系)

3 タピット(Tapit) 米国型

タピットはミスタープロスペクターの3×4、ニジンスキーの5×3を持つ。2014年から、3年連続で北米リーディングサイアーとなる。代表産駒のフライトラインは、レーティング制度が始まって以来のダート最高値140(これまでの最高値は135)を獲得した。

日本での直仔にテスタマッタ(フェブラリーS)、ラニ(UAEダービー)がいる。**そしてなんといっても、母の父としてグランアレグリアを出した功績は偉大である。**直仔のラビットランがGⅡローズSを勝ったように、とくに**牝馬は芝向きのスピードを強化された馬も出る。**

出生国・出生年・毛色	米国・2001年・芦毛
競走年齢/競走成績(勝ち鞍の距離)	2～3歳/米6戦3勝(1600～1800m)。ウッドメモリアルS、ローレルフューチュリティなど。北米リーディングサイアー(2014～2016年)。
父/母(母の父系)	プルピット/タップユアヒールズ(ファピアノ～ミスタープロスペクター系)
距離/芝ダート傾向	▶平均勝ち距離:芝2000m/ダート1650m ▶芝/ダート:33%/67%

3-1 フライトライン(Flightline) 米国型

3歳4月の未勝利戦から6連勝(うちGⅠ4勝)。しかも、すべてのレースで2着以下を引き離す圧倒的な強さを見せつけた。同父系の歴史的名馬セクレタリアト(父ボールドルーラー)の再来といわれながらも早々に引退し、2023年からケンタッキーで種牡馬入り。初年度種付料は、現役トップクラスに匹敵する破格の20万ドル。

出生国・出生年・毛色	米国・2018年・鹿毛
競走年齢/競走成績(勝ち鞍の距離)	3～4歳/米6戦6勝(1200～2000m)。BCクラシック、メトロポリタンH、パシフィッククラシック、マリブS。北米年度代表馬・最優秀ダート古牡馬(2022年)。
父/母(母の父系)	タピット/フェザート(グレイソヴリン系～ナスルーラ系)

4 パイロ(Pyro) 米国型

米国の主流血統の大黒柱であるプルピットの代表産駒の1頭。米国での種牡馬入りが期待されたが、シェイク・モハメドの決断で来日。ダート種牡馬として大成功。地方競馬のリーディングサイアー上位の常連となり、繁殖の質も年々上がっている。代表産駒はミューチャリー（JBCクラシック・NAR年度代表馬）、メイショウハリオ（帝王賞）。

ダート1600m以上、とくに雨で湿った馬場（良馬場以外）で注目。短距離は外枠がいい。キャリアを重ねて上昇するエーピーインディ系らしい特徴も持つ。

出生国・出生年・毛色	米国・2005年・黒鹿毛
競走年齢／競走成績（勝ち鞍の距離）	2～4歳／米17戦5勝（1200～1700m）。フォアゴーS、BCジェヴェナイル2着など。
父／母（母の父系）	プルピット／ワイルドヴィジョン（ニアークティック系～マイナー系）
距離／芝ダート傾向	▶平均勝ち距離：芝1467m／ダート1463m ▶芝／ダート：11%／89%

5 シニスターミニスター（Sinister Minister） 米国型

父オールドトリエステ（米GⅡ3勝）が残した3世代の1頭。後続を12馬身ちぎったブルーグラスS以外の成績は平凡だが、産駒は日本のダートに適性を示している。代表産駒はテーオーケインズ（チャンピオンズC、JBCクラシック）、インカンテーション（武蔵野S）、グランブリッジ（関東オークス）など。

馬券の狙い方は、ほかのエーピーインディ系と同じ。**キャリアを重ねて強くなる馬も多い。とくに狙いは、古馬の中距離ダート。**

出生国・出生年・毛色	米国・2003年・鹿毛
競走年齢／競走成績（勝ち鞍の距離）	2～4歳／米13戦2勝（1100～1800m）。ブルーグラスS。
父／母（母の父系）	オールドトリエステ／スウィートミニスター（ヴァイスリージェント系～ノーザンダンサー系）
距離／芝ダート傾向	▶平均勝ち距離：ダート1553m ▶芝／ダート：0%／100%

6 バーナーディニ（Bernardini） 米国型

3歳1月にデビューし、米3冠2レース目のプリークネスSを快勝。

当時はケンタッキーダービー馬バーバロの故障のほうが注目されたが、ＧＩ２連勝、BCクラシック２着で実力を証明。種牡馬入り後はゼニヤッタやレイチェルアレクサンドラなど、競馬殿堂入りした歴史的名牝の配合相手に選ばれ、**近年は母の父としての評価が高い**。

出生国・出生年・毛色	米国・2003年・鹿毛
競走年齢／競走成績（勝ち鞍の距離）	３歳／米8戦6勝（1600～2000m）。プリークネスS、ジョッキークラブゴールドC、トラヴァーズS、BCクラシック２着など。北米最優秀３歳牡馬（2006年）。
父／母（母の父系）	エーピーインディ／カラララファエラ（ファピアノ～ミスタープロスペクター系）

7 マジェスティックウォリアー（Majestic Warrior） 米国型

目立つ成績は２歳ＧＩ１勝のみだが、母は米ＧＩ２勝など重賞５勝、祖母もＧＩ勝ちを含む重賞４勝という良血で人気種牡馬となる。初年度産駒のベストウォーリアがマイルCS南部杯を連覇した2015年に日本に輸入され、これまでにエアアルマス（東海Ｓ）、サンライズホープ（みやこＳ）などのダート重賞ウイナーを輩出している。

出生国・出生年・毛色	米国・2005年・鹿毛
競走年齢／競走成績（勝ち鞍の距離）	2～3歳／米7戦2勝（1300～1400m）。ホープフルS。
父／母（母の父系）	エーピーインディ／ドリームシュプリーム（シーキングザゴールド～ミスタープロスペクター系）
距離／芝ダート傾向	▶平均勝ち距離：芝1750m／ダート1606m ▶芝／ダート：10%／90%

母系に残るセクレタリアトの名

セクレタリアトはボールドルーラー系で初めて米３冠馬となり、「ビッグレッド」と呼ばれたアイドルホース。母の父としてエーピーインディ、ストームキャット、ゴーンウェスト、チーフズクラウンなどを出し、**日本でもスピードを持続する能力を伝えている**。

ナスルーラ系④

レッドゴッド系

スピードをセールスポイントとするナスルーラ産駒の中にあって、レッドゴッドは純然たるスプリンター。2歳戦向きのスピード血統で、距離に限界があると見られ、ナスルーラ系の中では傍流扱いだった。しかし、晩年に名マイラーであるブラッシンググルームを送り出し、父系を世界的に広げた。

スタミナやタフさを問われる馬場で急浮上

レッドゴッド自身は純然たるスプリンターだが、産駒は母系から中長距離適性をとり込んでスタミナ不足を克服。とくに後継馬ブラッシンググルームは中距離でスピードを発揮できるクラシック血統として高く評価され、欧州型ナスルーラ系を確立した。**現存する父系は、実質的にはブラッシンググルームの系統でスタミナに富む血統になっている。**

レッドゴッド系の系統図

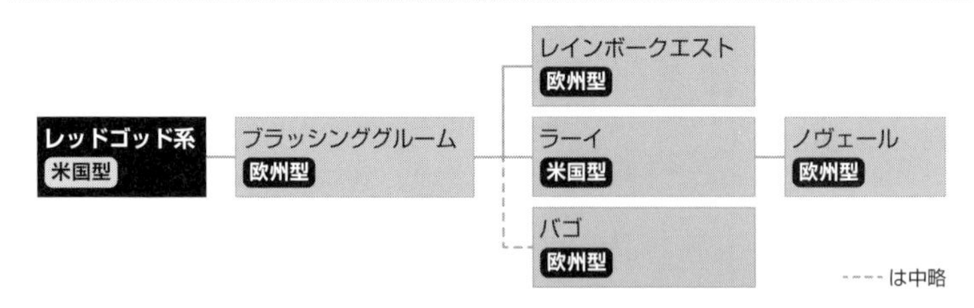

▶レッドゴッド系の特徴

- 元祖レッドゴッドは米国型、ブラッシンググルームの系統は欧州型。
- ブラッシンググルームの系統は、前向きな気性とスピードをマルチに発揮する。たとえば、芝ダートの両GⅠに勝ったアラジ、芝ダートや距離を問わずマルチな産駒を輩出するクリスタルグリッターズなどがいる。
- 欧州型は、力のいる馬場やタフな馬場に向く。

1 レッドゴッド(Red God) 米国型

ボールドルーラーに比べ、競走成績も種牡馬成績も見劣るが、ブラッシンググルームを出して父系を世界に広げた。

出生国・出生年・毛色	米国・1954年・栗毛
競走年齢／競走成績（勝ち鞍の距離）	2～4歳／英米14戦5勝（1200～1400m）。
父／母（母の父系）	ナスルーラ／スプリンググラン（マイナー系）

2 ブラッシンググルーム（Blushing Groom） 欧州型

早熟スプリンター×未勝利馬という配合の格安馬だが、2歳GⅠ4連勝を含めて、仏2000Gまで7連勝。英ダービーでも3着になった。

種牡馬としてはクリスタルグリッターズ（イスパーン賞連覇）、レインボークエスト（凱旋門賞）、ナシュワン（英2000G、英ダービー、キングジョージ）、アラジ（米ダートと仏芝の2歳GⅠ勝利）らを出し、単なるマイラーではないことを証明した。**日本でも、タフな競馬に立ち向かう前向きな気性とスタミナを伝えた。**

出生国・出生年・毛色	仏国・1974年・栗毛
競走年齢／競走成績（勝ち鞍の距離）	2～3歳／仏英10戦7勝（1100～1600m）。仏2000G、グランクリテリウム、サラマンドル賞、モルニ賞、ロベールパパン賞など。英愛リーディングサイアー（1989年）。
父／母（母の父系）	レッドゴッド／ラナウィエプライド（セントサイモン系）

「母の父」としても絶大な影響力を示す

ブラッシンググルームは母の父としても極めて優秀で、**日本ではタフさと成長力を伝え、芝の中長距離を中心に活躍馬を出した。**海外でもカヤージ（英愛ダービー）、ラムタラ（欧州3冠馬）、ゴルディコヴァ（BCマイル3連覇などGⅠ 13勝）などの父として知られる。

ブラッシンググルームの母の父としての代表産駒

- ヤマニンゼファー（安田記念2回、天皇賞秋：父ニホンピロウイナー）
- マヤノトップガン（2200～3200mのGI4勝：父ブライアンズタイム）
- テイエムオペラオー（2000～3200mのGI7勝：父オペラハウス）
- レディパステル（オークス：父トニービン）

4 高いスピード能力を示すブラッシンググルーム

ブラッシンググルームの後継種牡馬のうち、母系からもナスルーラの血を受け継ぐラーイ（産駒にＧＩ６勝のファンタスティックライト）、クリスタルグリッターズは、前向きな気性を直線までタメることにより、直線で強烈な闘争心を発揮できる産駒も出した。

クリスタルグリッターズについて特筆すべきは、父として菊花賞馬マチカネフクキタルを、母の父として芝1000mの日本レコードホルダーであるカルストンライトオを出したこと。

カルストンライトオのスピードの源泉は父ウォーニング（→ P.327）に求められるが、レッドゴッド系特有の競馬に対して前向きな気性と、スピードを維持し続けるスタミナ能力もうまく遺伝できたことは大きい。ちなみにマチカネフクキタルは、デビュー戦はダート1200mで、初勝利はダート1800m。デビューがダート短距離で、初勝利もダートというのは、いまの菊花賞馬たちと比較すると異例のキャリア。

3 レインボークエスト(Rainbow Quest) 欧州型

凱旋門賞の勝利はサガスの降着によるもので、ＧＩでは２、３着が多かった。しかし、種牡馬としては大成功。代表産駒は英ダービー馬クエストフォーフェイム、凱旋門賞のソーマレズ、天皇賞春のサクラローレルなど。母系も優秀で、日本に輸入された種牡馬のウォーニングとコマンダーインチーフの兄弟はいとこにあたる。

出生国・出生年・毛色	米国・1981年・鹿毛
競走年齢／競走成績（勝ち鞍の距離）	2～4歳／英愛仏14戦6勝（1400～2400m）。凱旋門賞、コロネーションCなど。
父／母（母の父系）	ブラッシンググルーム／アイウィルフォロー（ハンプトン系）

4 ラーイ(Rahy) 米国型

母は米加の最優秀古馬牝馬で、産駒にグランドオペラ（アマゾンオペラの父）、ジャパンＣに勝ったシングスピール（ローエングリンの父）、孫にダノンシャンティ（NHKマイルＣ）。４歳時に英国から米国に移籍してそのまま繋養（けいよう）され、GⅠ11勝の名牝セレナズソング、米愛香GⅠ6勝のファンタスティックライトを出した。欧米豪で活躍馬を出したジャイアンツコーズウェイの母の父でもある。

出生国・出生年・毛色	米国・1985年・栗毛
競走年齢／競走成績（勝ち鞍の距離）	2～4歳／英米13戦6勝（1200～1700m）。ベルエアH（米GⅡ）など。
父／母（母の父系）	ブラッシンググルーム／グロリアスソング（ヘイロー系～ターントゥ系）

4-1 ノヴェール（Noverre）欧州型

英仏の2歳戦で6戦4勝2着2回。米欧両方で最優秀2歳牡馬に選ばれた半兄アラジ（父ブラッシンググルーム）に続くべく、BCジュヴェナイルに挑戦するも大敗。1着入線した仏2000Gでは失格となったが、3歳8月のサセックスSに勝利。近親にダンシングキイ（ダンスインザダークの母）、イーグルカフェ（NHKマイルC）。

出生国・出生年・毛色	米国・1998年・鹿毛
競走年齢／競走成績（勝ち鞍の距離）	2～4歳／英仏米首香21戦5勝（1000～1600m）。サセックスSなど。
父／母（母の父系）	ラーイ／ダンスールファビュルー（ノーザンダンサー系）

4-2 ルアーヴル（Le Havre）欧州型

ルメール騎乗で仏2000Gは2着も、続く仏ダービーに勝利。種牡馬入り後は無敗で仏牝馬2冠を達成したアブニールセルタン（産駒に阪神牝馬Sのデゼル）、ラクレソニエール（日本に輸入）を出して評価を高め、日本でもプールヴィルがフィリーズレビューに勝った。母の父としてもセリフォス（マイルCS）を輩出している。

欧州型ナスルーラ系らしく、タメを利かせて直線で伸びる能力を強化。

出生国・出生年・毛色	愛国・2006年・鹿毛
競走年齢／競走成績（勝ち鞍の距離）	2～3歳／仏6戦4勝（1400～2100m）。仏ダービー、仏2000G2着など。
父／母（母の父系）	ノヴェール／マリーラインベルク（スターリング系～マイナー系）

5 バゴ(Bago) 欧州型

父ナシュワン（ブラッシンググルーム産駒）は英2000G、英ダービー、キングジョージを無敗で制覇。バゴも仏英愛米日で出走し、凱旋門賞などＧＩ５勝した一流馬。母の父はヌレイエフ（→ P.261）で、日本適性を示す種牡馬の血を内包する。

代表産駒に秋華賞、有馬記念、宝塚記念を優勝したクロノジェネシス。**直線が短い芝中距離を得意とする馬が多いが、母の父ディープインパクトとの配合ならば直線が長い芝向きの馬も出る。**

出生国・出生年・毛色	仏国・2001年・黒鹿毛
競走年齢／競走成績（勝ち鞍の距離）	2～4歳／仏英愛米日16戦８勝（1600～2400m）。凱旋門賞、パリ大賞など。欧州最優秀３歳牡馬（2004年）。
父／母（母の父系）	ナシュワン／ムーンライツボックス （ヌレイエフ系～ノーザンダンサー系）
距離／芝ダート傾向	▶平均勝ち距離：芝1638m／ダート1539m ▶芝／ダート：芝64%／ダート36%

2020年6月28日 3回阪神8日11R GI宝塚記念（芝2200m）

順位	馬名	性齢	人気	タイム	血統のポイント
1	クロノジェネシス	牝4	2	2:13.5	父バゴ（欧州型レッドゴッド系） 母の父クロフネ （米国型ヴァイスリージェント系）
2	キセキ	牡6	6	6	父ルーラーシップ（欧州型キングマンボ系） 母の父ディープインパクト（日本型ディープ系）
3	モズベッロ	牡4	12	5	父ディープブリランテ（日本型ディープ系） 母の父ハーランズホリデー （米国型ストームバード系）
4	サートゥルナーリア	牡4	1	1 3/4	父ロードカナロア（欧州型キングマンボ系） 母の父スペシャルウィーク （日本型Tサンデー系）

宝塚記念はもともと欧州型が走りやすいレースだが、この年は雨の影響を受けて馬場が悪く、ペースもよどみなく流れた。父が欧州型のバゴで、父も母の父も非サンデー系という反主流血統のクロノジェネシスが圧勝。父がロードカナロア、母がシーザリオと主流の超良血馬サートゥルナーリアは１番人気ながら、２秒以上離される惨敗に終わった。クロノジェネシス以外は軒並み、力を出せなかった。

ナスルーラ系⑤

ネヴァーベンド系

ナスルーラのラストクロップ（最後の世代）であるネヴァーベンドは、ミルリーフ、リヴァーマン、ブレイヴェストローマンの系統に大きく分けられる。ミルリーフとリヴァーマンは欧州型血統、ブレイヴェストローマンはダート向き。

直系子孫は少ないが、母系から底力を伝える

ネヴァーベンドはセントサイモン系のスタミナを受け継ぐプリンスキロ系との配合で、ミルリーフやリヴァーマンという一流馬を出した。ヨーロッパの芝中長距離ＧＩ馬には、いまもその血を持つ馬が多く、歴史的にはヨーロッパの名血といえる。

どちらの血もゆったりと追走して末脚を伸ばす競馬、タフな馬場でスタミナと馬力を発揮する。日本でも欧州的な馬力が問われるレースになれば、重要な血となる。なお、キングカメハメハの母の父ラストタイクーンは、母の父系にミルリーフを持つ。

有馬記念・宝塚記念を優勝したリスグラシューと宝塚記念を優勝したマリアライトは、どちらも母方にネヴァーベンドとサドラーズウェルズを持つ配合だ。

ネヴァーベンド系の系統図

▶ネヴァーベンド系の特徴

- 母系に入って底力を伝える。
- ミルリーフとリヴァーマンの血は、ゆったりと追走して末脚を伸ばす競馬、タフな馬場でスタミナと馬力を発揮する
- 欧州的な馬力が問われるレースになれば狙える。

1 ネヴァーベンド(Never Bend) 欧州型

北米最優秀2歳牡馬として、当時の賞金レコードを更新した早熟なスピード馬。種牡馬としてはプリンスキロ系（セントサイモン系）のスタミナをとり込んでミルリーフ、リヴァーマンという一流馬を出して評価を得た。

出生国・出生年・毛色	米国・1960年・鹿毛
競走年齢／競走成績（勝ち鞍の距離）	2～3歳／米23戦13勝(1100～1800m)。シャンペンS、カウディンS、フラミンゴSなど。英愛リーディングサイアー(1971年)。
父／母（母の父系）	ナスルーラ／ラランン(ヘロド系)

2 ミルリーフ(Mill Reef) 欧州型

父のスピードと母系のスタミナを見事に融合させ、欧州3冠（英ダービー、キングジョージ、凱旋門賞）を史上初めて制した1970年代欧州最強馬。5代までアウトブリードで配合の自由度が高く、種牡馬としても大成功し、日本でもミルジョージ（代表産駒に有馬記念などＧⅠ３勝のイナリワン）、マグニテュード（代表産駒に皐月賞・日本ダービーのミホノブルボン）が活躍。

ただし、いまよりも日本の芝中長距離戦がタフな馬場で行われていた時代に成功した父系。**現在は馬場の高速化とサンデーサイレンスの台頭により、父系としての存続は難しいが、母系に入って一定の影響力は保っている。**

宝塚記念・有馬記念・コックスプレート（豪ＧⅠ）を勝ったリスグラシューも、母系にミルリーフを持つ。

出生国・出生年・毛色	米国・1968年・鹿毛
競走年齢／競走成績（勝ち鞍の距離）	2～4歳／英仏14戦12勝(1000～2400m)。英ダービー、凱旋門賞、キングジョージ、エクリプスSなど。英愛リーディングサイアー(1978年、1987年)。
父／母（母の父系）	ネヴァーベンド／ミランミル(セントサイモン系)

2-1 シャーリーハイツ(Shirley Heights) 欧州型

1970～1980年代に父ミルリーフ、産駒のスリップアンカーで英ダービーを3代制覇した当時のイギリス主流血統。代表産駒は仏ダービー馬のダルシャーン、インターナショナルSのシェイディハイツなど。母の父ハーディカヌート、その父ハードリドンは輸入種牡馬。バラ一族（2022年秋華賞のスタニングローズなど）の活躍は、シャーリーハイツ×ローザネイのロゼカラーから始まった。

欧州型ナスルーラ系らしく、タメを利かせて直線で伸びる能力を強化する。

出生国・出生年・毛色	英国・1975年・鹿毛
競走年齢／競走成績（勝ち鞍の距離）	2～3歳／英愛11戦6勝(1400～2400m)。英愛ダービーなど。
父／母（母の父系）	ミルリーフ／ハーディエマ（ストックウェル系～マイナー系）

3 リヴァーマン(Riverman) 欧州型

ミルリーフ同様、ネヴァーベンド×プリンスキロ系から生まれた名馬にして名種牡馬。**産駒はマイラーからステイヤーまで、幅広い距離で活躍。**代表産駒ルション（ムーランドロンシャン賞）は母の父としてウオッカ（ダービーなどＧＩ７勝）を、リヴリアは母の父としてテイエムオーシャン（桜花賞、秋華賞）を出している。

直線に急坂がある阪神や中山の芝ＧＩに強く、祖母の父にリヴァーマンを持つマリアライトは2016年の宝塚記念（阪神・稍重）でキタサンブラック、ドゥラメンテを破って優勝した。

出生国・出生年・毛色	米国・1969年・鹿毛
競走年齢／競走成績（勝ち鞍の距離）	2～3歳／英仏8戦5勝(1000～1850m)。仏2000G、イスパーン賞など。仏リーディングサイアー(1980～1981年)。
父／母（母の父系）	ネヴァーベンド／リヴァーレディ(セントサイモン系)

3-1 パラダイスクリーク(Paradise Creek) 欧州型

父アイリッシュリヴァーは、リヴァーマンの代表産駒の1頭で仏GⅠ7勝の名マイラー。母の兄弟にBCターフのシアトリカル、安田記念のタイキブリザード。米国の芝路線で活躍し、ジャパンC2着を最後に日本で種牡馬となった。

産駒に帝王賞のカネツフルーヴ、阪神JFのテイエムプリキュア、母の父としてキョウエイギア（ジャパンダートダービー）などがいる。

出生国・出生年・毛色	米国・1989年・鹿毛
競走年齢／競走成績（勝ち鞍の距離）	2～5歳／米日25戦14勝（1400～2000m）。ハリウッドダービー、アーリントンミリオンS、ワシントンDC国際、マンハッタンH、BCマイル2着、ジャパンC2着など。北米最優秀芝牡馬（1994年）。
父／母（母の父系）	アイリッシュリヴァー／ノースオブエデン（ノーザンダンサー系）

4 ブレイヴェストローマン(Bravest Roman) 米国型

牝馬クラシック馬を3頭（トウカイローマン、マックスビューティ、オグリローマン）を出す一方、**勝ち鞍の7割以上はダートという血統**。母の父としてもキョウエイマーチ（桜花賞）、エリモハリアー（函館記念3連覇）を出している。

近年のクロフネがそうであるように、ダートの勝ち星比率が高い種牡馬の中に、牝馬の芝GⅠにも強い種牡馬が存在する。その意味で、「昭和のクロフネ」（あるいはクロフネが「平成のブレイヴェストローマン」）ともいえる存在。**馬力が要求されるダートも得意とし、どちらも牝馬のほうが芝GⅠで実績を残すことも共通していた。**

日本のリーディングサイアー・ランキングのトップ10に8回入っている。2021年にブレイヴェストローマンの血（祖母がキョウエイマーチ）を持つマルシュロレーヌが、ブリーダーズカップディスタフで歴史的な勝利を収めた。

出生国・出生年・毛色	米国・1972年・鹿毛
競走年齢／競走成績（勝ち鞍の距離）	2～3歳／米25戦9勝（1200～1600m）。サラナックスS（米GⅡ）など。
父／母（母の父系）	ネヴァーベンド／ローマンソング（ストックウェル系～マイナー系）

大系統❷

ネイティヴダンサー系

ネイティヴダンサーは22戦21勝の快足馬。ミスタープロスペクターの祖父で、孫の影に隠れた存在だが、その血が果たした役割は大きい。

ネイティヴダンサーの5代血統表

ネイティヴダンサー(1950年生 芦毛 米国産)

<table>
<tr><td rowspan="16">Polynesian
1942 黒鹿毛</td><td rowspan="8">Unbreakable
1935 黒鹿毛</td><td rowspan="4">Sickle
1924 黒鹿毛</td><td rowspan="2">Phalaris
1913</td><td>Polymelus</td></tr>
<tr><td>Bromus</td></tr>
<tr><td rowspan="2">Selene
1919</td><td>Chaucer</td></tr>
<tr><td>Serenissima</td></tr>
<tr><td rowspan="4">Blue Glass
1917 鹿毛</td><td rowspan="2">Prince Palatine
1908</td><td>Persimmon</td></tr>
<tr><td>Lady Lightfoot</td></tr>
<tr><td rowspan="2">Hour Glass
1909</td><td>Rock Sand</td></tr>
<tr><td>Hautesse</td></tr>
<tr><td rowspan="8">Black Polly
1936 鹿毛</td><td rowspan="4">Polymelian
1914 栗毛</td><td rowspan="2">Polymelus
1902</td><td>Cyllene</td></tr>
<tr><td>Maid Marian</td></tr>
<tr><td rowspan="2">Pasquita
1907</td><td>Sundridge</td></tr>
<tr><td>Pasquil</td></tr>
<tr><td rowspan="4">Black Queen
1930 黒鹿毛</td><td rowspan="2">Pompey
1923</td><td>Sun Briar</td></tr>
<tr><td>Cleopatra</td></tr>
<tr><td rowspan="2">Black Maria
1923</td><td>Black Toney</td></tr>
<tr><td>Bird Loose</td></tr>
<tr><td rowspan="16">Geisha
1943 芦毛
FNo.[5-f]</td><td rowspan="8">Discovery
1931 栗毛</td><td rowspan="4">Display
1923 鹿毛</td><td rowspan="2">Fair Play
1905</td><td>Hastings</td></tr>
<tr><td>Fairy Gold</td></tr>
<tr><td rowspan="2">Cicuta
1919</td><td>Nassovian</td></tr>
<tr><td>Hemlock</td></tr>
<tr><td rowspan="4">Ariadne
1926 黒鹿毛</td><td rowspan="2">Light Brigade
1910</td><td>Picton</td></tr>
<tr><td>Bridge of Sighs</td></tr>
<tr><td rowspan="2">Adrienne
1919</td><td>His Majesty</td></tr>
<tr><td>Adriana</td></tr>
<tr><td rowspan="8">Miyako
1935 芦毛</td><td rowspan="4">John P. Grier
1917 栗毛</td><td rowspan="2">Whisk Broom
1907</td><td>Broomstick</td></tr>
<tr><td>Audience</td></tr>
<tr><td rowspan="2">Wonder
1910</td><td>Disguise</td></tr>
<tr><td>Curiosity</td></tr>
<tr><td rowspan="4">La Chica
1930 芦毛</td><td rowspan="2">Sweep
1907</td><td>Ben Brush</td></tr>
<tr><td>Pink Domino</td></tr>
<tr><td rowspan="2">La Grisette
1915</td><td>Roi Herode</td></tr>
<tr><td>Miss Fiora</td></tr>
</table>

※ Polymelus の5×4

1 名種牡馬を通じて世界に自らの血を広げる

ネイティヴダンサーの母はゲイシャ、祖母はミヤコ、父がポリネシアン（ポリネシア人）。だから、生まれた息子はネイティヴダンサー（民族舞踏家）という機知を利かせたネーミングである。

生涯成績は22戦21勝。２歳９月にベルモントパーク競馬場のダート6.5ハロン（1300m）で世界レコードを樹立した。唯一の敗戦が圧倒的人気に推されたケンタッキーダービー（２着）で、勝ち馬の名はダークスター。**その無念を晴らすかのように、子孫からは数多くのケンタッキーダービー馬が出た。**

産駒のケンタッキーダービー馬たちが優れた後継種牡馬となったほか、娘ナタルマがノーザンダンサーの母となったこと、**レイズアネイティヴを通じてミスタープロスペクターとアリダーを、エタンを通じてシャーペンアップを出したことで、その血は世界に広がった。**

ネイティヴダンサーのプロフィール

成績 タイトル	２～４歳／米22戦21勝（1000～2400m）。ベルモントS、プリークネスSなど。北米年度代表馬（1952年・1954年）。	
種牡馬成績	北米LS２位（1966年）	
血統	父：ポリネシアン　母：ゲイシャ（マッチェム系）	
日本の主な活躍馬	～1979	ホワイトフォンテン
	1980～	オグリキャップ、リンドシェーバー、ニシノフラワー
	1990～	コンサートボーイ

ネイティヴダンサー系の系譜

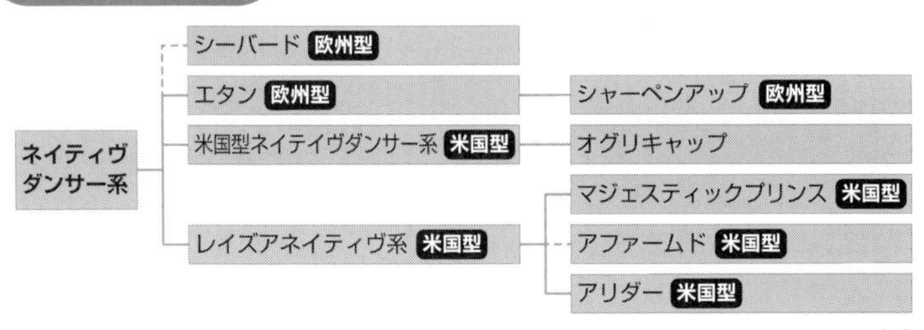

ネイティヴダンサー系①

ネイティヴダンサー系

芦毛の快足馬ネイティヴダンサーは、大種牡馬ミスタープロスペクターの祖父として知られる。世界的に繁栄しているミスタープロスペクター系に比べて影が薄いが、アメリカでは「グレイ・ゴースト」と呼ばれ、「ビッグレッド」の愛称を持つマンノウォー（→ P.325）と双璧をなすアイドルホースだ。

芦毛の快足馬が築く意外性を秘めた父系

ネイティヴダンサーは種牡馬としても成功した。ただし、スプリンターからステイヤーが生まれたり、ダート馬から芝馬が生まれたり、一流馬が種牡馬として失敗したり、無名の種牡馬が成功したりと、一筋縄では読めない系統である。

スピードを維持する基礎的な筋力と、米国型血統らしい血の雑多性がさまざまなタイプの産駒を生み出す源泉となっている。

ネイティヴダンサー系の系統図

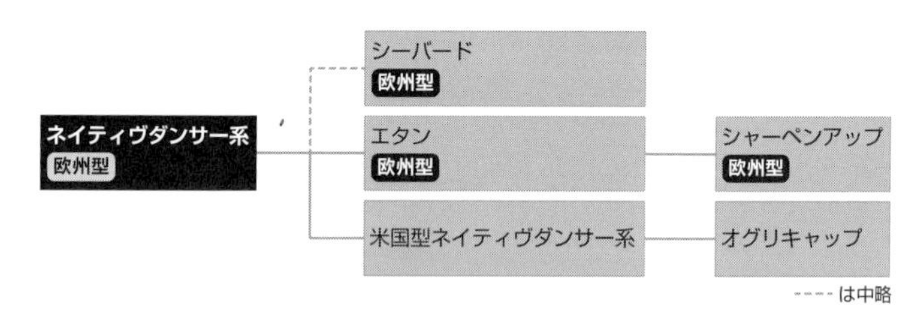

▶ネイティヴダンサー系の特徴

- 欧州型は、芝でもダートでもタフな馬場に強い馬力を伝える。
- 米国型は、スピードを強化する。

1 シーバード(Sea Bird) 欧州型

父ダンキューピッドは仏ダービー2着で、「白い逃亡者」と呼ばれた芦毛の逃げ馬ホワイトフォンテン（毎日王冠など）の祖父。母の父は1966年仏リーディングサイアーのシカンブル（孫にカブラヤオーやタニノムーティエなど)。ネイティヴダンサー系として初めて英ダービーと凱旋門賞に勝ち、父系子孫のベーリングがハービンジャーの母の父となっている。

出生国・出生年・毛色	仏国・1962年・栗毛
競走年齢／競走成績（勝ち鞍の距離）	2～3歳／英仏8戦7勝(1400～2500m)。英ダービー、凱旋門賞など。
父／母（母の父系）	ダンキューピッド／シカラード(セントサイモン系)

2 エタン(Atan) 欧州型

日本に芝の短中距離向きのスピードを伝えた種牡馬。日本では大物を出せなかったが、ヨーロッパに残したシャーペンアップ（1969年生）が2歳戦からスプリンターとして活躍し、種牡馬として大成功した。

シャーペンアップは母系に入ってスタミナや成長力を供給。主な産駒にクリス（サセックスS）&ダイイシス（デューハーストS）の全兄弟、トランポリーノ（凱旋門賞）らがいる。母の父としても、英愛リーディングサイアーのデインヒルダンサーを出した。皐月賞・日本ダービーの2冠馬ネオユニヴァースの母の父も、エタン系種牡馬のクリス。

出生国・出生年・毛色	米国・1961年・栗毛
競走年齢／競走成績（勝ち鞍の距離）	2歳／米1戦1勝(1000m)。
父／母（母の父系）	ネイティヴダンサー／ミクストマリジ(ハイペリオン系～ハンプトン系)

日本に輸入された米国型ネイティヴダンサー系

1960年代後半から1970年代にかけて、ネイティヴダンサーの直仔や孫が日本に輸入された。**多くはダート向きで、距離は2000m程度が上限の種牡馬が多かった。**

カウアイキング(Kauai King)

ネイティヴダンサー系として初めてケンタッキーダービーに勝ち、プリークネスSも制した2冠馬。母の父としてハワイアンイメージ（皐月賞)、ドラールオウカン（東京大賞典）を出している。

ダンサーズイメージ(Dancer's Image)

ケンタッキーダービー1着失格になった不運の芦毛馬。代表産駒は、笠松競馬所属で「女オグリ」と呼ばれた東海の名牝マックスフリート。母の父として、「白いハイセイコー」といわれたハクタイセイ(皐月賞)、レオダーバン(菊花賞)を出している。

ダンシングキャップ(Dancing Cap)

芦毛の2大快足血統の配合(ネイティヴダンサー系×グレイソヴリン系)で、オグリキャップの父として知られる。オグリキャップ登場以前は、ダートや重馬場に強い短距離〜マイラー血統と見られていた。

いまも多くのファンの記憶に残るオグリキャップ

ダンシングキャップ産駒のオグリキャップは、地方の笠松競馬などで12戦10勝2着2回。中央移籍後は有馬記念2回や安田記念など、20戦12勝した芦毛の名馬。ハイセイコーと同じく地方競馬出身のアイドルホースとして、イナリワン、タマモクロス、スーパークリークらと一時代を築いた。

天皇賞秋でタマモクロス、ジャパンカップでホーリックスと壮絶な芦毛対決を演出。挫折を乗り越え、２度目の有馬記念で復活をとげた姿は多くのファンの心を震わせたが、父系子孫は残せなかった。

半妹オグリローマンも、兄と同じく笠松競馬からJRAへ移籍して桜花賞に勝利。兄が果たせなかったクラシック制覇を成しとげた。

多くの名勝負を繰り広げ、競馬ブームを牽引したオグリキャップ（写真左）。ホーリックス（写真右）との壮絶な叩き合いは、いまでも語り草になっている。

ネイティヴダンサー系②
レイズアネイティヴ系

レイズアネイティヴは、ネイティヴダンサーのスピードをもっともよく伝えた後継種牡馬。サイアーオブサイアーズ（種牡馬の種牡馬）となるミスタープロスペクターの父でもある。子孫はミスタープロスペクター系とそれ以外に分けられ、ここでは「それ以外」の系統について解説する。

ミスタープロスペクターを通じて父系を広げる

レイズアネイティヴは、子のミスタープロスペクターの名のほうがよく知られている。**子に比べれば地味だが、それ以外のレイズアネイティヴ系も米国型血統として繁栄している。**

レイズアネイティヴ自身は底を見せないまま引退したため、距離適性は未知だったが、産駒は米クラシック路線で好成績を挙げた。直系子孫によるケンタッキーダービー制覇は初年度産駒のマジェスティックプリンスから始まり、1975年の3冠馬アファームド、そしてアファームド以来37年ぶりに3冠を達成したアメリカンファラオまで、53年間に21頭に達した。ただし、このうちの14頭がミスタープロスペクターの子孫である。

レイズアネイティヴ系の系統図

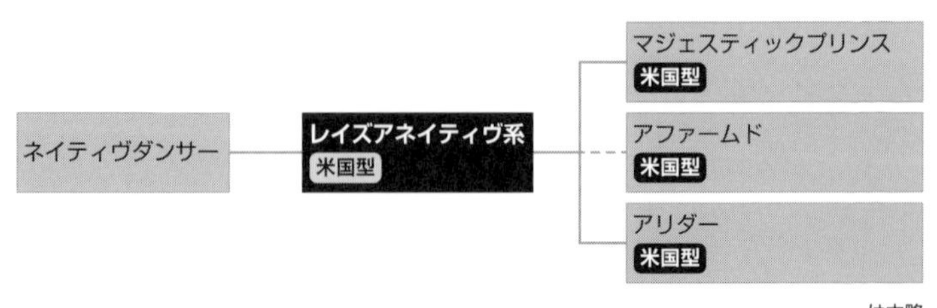

▶レイズアネイティヴ系の特徴

- 父譲りのスピードの持続性が基本。
- 母系との配合によっては馬力型、スタミナタイプも出す。
- 日本では、アファームドが母系に入って活躍している。

1 レイズアネイティヴ(Raise a Native) 米国型

ダート5.5F（1100m）などで3度レコード勝ちし、他馬にハナを譲ったことがないスピード馬。種牡馬としては、2世代目産駒のマジェスティックプリンスが無敗でケンタッキーダービー、プリークネスSを勝ち、人気種牡馬となった。

初年度産駒のイクスクルーシヴネイティヴ産駒に3冠馬アファームドがいる。最大の功績は、大種牡馬ミスタープロスペクターの父となったことである。

出生国・出生年・毛色	米国・1961年・栗毛
競走年齢／競走成績（勝ち鞍の距離）	2歳／米4戦4勝(600〜1100m)。ジュヴェナイルSなど。
父／母（母の父系）	ネイティヴダンサー／レイズユー(ストックウェル系〜マイナー系)

2 マジェスティックプリンス(Mjestic Prince) 米国型

母の父ロイヤルチャージャー（ターントゥの父）は、ネアルコの有力後継馬の1頭で、ナスルーラのおいにあたる。無敗で米2冠を達成するも、ベルモントSは2着惜敗。近年もひ孫のマライアズモン（シャンペンS）が2頭のケンタッキーダービー馬（2001年モナーコス、2010年スーパーセイヴァー）を出し、父系の活気を維持している。

出生国・出生年・毛色	米国・1966年・栗毛
競走年齢／競走成績（勝ち鞍の距離）	2〜3歳／米10戦9勝(1200〜2000m)。ケンタッキーダービー、プリークネスSなど。
父／母（母の父系）	レイズアネイティヴ／ゲイホステス(マイナー系)

3 アファームド(Affirmed) 米国型

父はレイズアネイティヴ産駒、母の父は1952年米最優秀ハンデ牡馬。米3冠すべてでライバルのアリダーを2着に退け、史上11頭目の米3冠を達成した。

スティンガー（阪神3歳牝馬S）、ナリタトップロード（菊花賞）、メイショウドトウ（宝塚記念）の母の父となっている。

出生国・出生年・毛色	米国・1975年・栗毛
競走年齢／競走成績（勝ち鞍の距離）	2〜4歳／米29戦22勝（1100〜2400m）。米3冠、ウッドワードSなど。北米最優秀2歳牡馬（1977年）、北米年度代表馬（1978〜1979年）、北米最優秀3歳牡馬（1978年）、北米最優秀古牡馬（1979年）。
父／母（母の父系）	イクスクルーシヴネイティヴ／ウォントテルユー（ストックウェル系〜マイナー系）

4 アリダー（Alydar） 米国型

米国の名門カルメットファームが3冠の夢をかけた配合（2歳チャンピオン×年度代表繁殖牝馬）で、姉妹2頭もＧＩ馬。自身が果たせなかったクラシック勝利の夢は、産駒のアリシーバ（ケンタッキーダービー、プリークネスＳ）、ストライクザゴールド（ケンタッキーダービー）、イージーゴア（ベルモントＳ）らによって叶えられた。

日本で走ったリンドシェーバーは、朝日杯3歳Ｓでマルゼンスキーのレコードを17年ぶりに更新。母の父としては、パントレセレブル（凱旋門賞）、ヤマニンパラダイス（阪神3歳牝馬Ｓ）、イシノサンデー（菊花賞）を出している。

産駒のカコイーシーズ（ターフクラシック）は日本でコンサートボーイ（帝王賞など重賞7勝）など地方の活躍馬を多く出し、アリシーバ産駒のキョウワアリシバはゴールドアクター（有馬記念）の母の父となった。

アリダー（1975年：トラヴァーズS）
- アリシーバ（1984年：ケンタッキーダービー）
- クリミナルタイプ（1985年：ピムリコスペシャルH）
- イージーゴア（1986年：ベルモントS）
- カコイーシーズ（1986年：ターフクラシック）
  - コンサートボーイ（1992年：帝王賞）
  - エスプリシーズ（1999年：川崎記念）
- ストライクザゴールド（1988年：ケンタッキーダービー）
- リンドシェーバー（1988年：朝日杯3歳S）

出生国・出生年・毛色	米国・1975年・栗毛
競走年齢／競走成績（勝ち鞍の距離）	2～4歳／米26戦14勝（1100～2000m）。ブルーグラスS、シャンペンSなど。
父／母（母の父系）	レイズアネイティヴ／スウィートトース（ナスルーラ系）

全米が熱狂したライバル物語

1977～1978年のアメリカ競馬界はネイティヴダンサー系のアファームドとアリダーの対決に沸いた。2頭は米3冠を含めて10回対戦し、アファームドが7回先着。先行したアファームドにアリダーが競りかけ、長いマッチレースの末にアファームドがアタマ差抜けた1978年のベルモントSは屈指の名勝負といわれる。

大系統❸

ミスタープロスペクター系

父レイズアネイティヴ、その父ネイティヴダンサーへとさかのぼる父系で、アメリカの主流血統であると同時に世界に広まっている。

ミスタープロスペクターの5代血統表

ミスタープロスペクター（1970年生 鹿毛 米国産）

<table>
<tr><td rowspan="16">Raise a Native
1961 栗毛</td><td rowspan="8">Native Dancer
1950 芦毛</td><td rowspan="4">Polynesian
1942 黒鹿毛</td><td rowspan="2">Unbreakable
1935</td><td>Sickle</td></tr>
<tr><td>Blue Glass</td></tr>
<tr><td rowspan="2">Black Polly
1936</td><td>Polymelian</td></tr>
<tr><td>Black Queen</td></tr>
<tr><td rowspan="4">Geisha
1943 芦毛</td><td rowspan="2">Discovery
1931</td><td>Display</td></tr>
<tr><td>Ariadne</td></tr>
<tr><td rowspan="2">Miyako
1935</td><td>John P. Grier</td></tr>
<tr><td>La Chica</td></tr>
<tr><td rowspan="8">Raise You
1946 栗毛</td><td rowspan="4">Case Ace
1934 鹿毛</td><td rowspan="2">**Teddy**
1913</td><td>Ajax</td></tr>
<tr><td>Rondeau</td></tr>
<tr><td rowspan="2">Sweetheart
1920</td><td>Ultimus</td></tr>
<tr><td>Humanity</td></tr>
<tr><td rowspan="4">Lady Glory
1934 黒鹿毛</td><td rowspan="2">American Flag
1922</td><td>Man o'War</td></tr>
<tr><td>Lady Comfey</td></tr>
<tr><td rowspan="2">Beloved
1927</td><td>Whisk Broom</td></tr>
<tr><td>Bill and Coo</td></tr>
<tr><td rowspan="16">Gold Digger
1962 鹿毛
FNo.[13-c]</td><td rowspan="8">Nashua
1952 鹿毛</td><td rowspan="4">Nasrullah
1940 鹿毛</td><td rowspan="2">Nearco
1935</td><td>Pharos</td></tr>
<tr><td>Nogara</td></tr>
<tr><td rowspan="2">Mumtaz Begum
1932</td><td>Blenheim</td></tr>
<tr><td>Mumtaz Mahal</td></tr>
<tr><td rowspan="4">Segula
1942 黒鹿毛</td><td rowspan="2">Johnstown
1936</td><td>Jamestown</td></tr>
<tr><td>La France</td></tr>
<tr><td rowspan="2">Sekhmet
1929</td><td>Sardanapale</td></tr>
<tr><td>Prosopopee</td></tr>
<tr><td rowspan="8">Sequence
1946 黒鹿毛</td><td rowspan="4">Count Fleet
1940 黒鹿毛</td><td rowspan="2">Reigh Count
1925</td><td>Sunreigh</td></tr>
<tr><td>Contessina</td></tr>
<tr><td rowspan="2">Quickly
1930</td><td>Haste</td></tr>
<tr><td>Stephanie</td></tr>
<tr><td rowspan="4">Miss Dogwood
1939 黒鹿毛</td><td rowspan="2">Bull Dog
1927</td><td>**Teddy**</td></tr>
<tr><td>Plucky Liege</td></tr>
<tr><td rowspan="2">Myrtlewood
1932</td><td>Blue Larkspur</td></tr>
<tr><td>Frizeur</td></tr>
</table>

Teddy 4 × 5

1 北米のクラシック路線で強さを発揮！

レイズアネイティヴからネイティヴダンサーへさかのぼる米国の主流血統で、**トラックレコードを２度更新したスピードを産駒に伝えた。**当初は米国の短距離ダート向きと思われていたが、いまや各国のクラシック戦線をにぎわす存在。**日本ではキングカメハメハ、欧州ではドバウィが牽引役となっている。**米国の雑多な血を多く受け継ぎ、繁殖牝馬の持つ才能を引き出す。**欧州適性の高いタイプ、日本の芝適性が高いタイプ、米国ダート適性の高い産駒**を出し、世界的な大種牡馬となった。

ミスタープロスペクターのプロフィール

成績 タイトル	３～4歳／米14戦７勝（1200～1400m）。カーターH（米GⅡ）２着、ダート1200（6F）のトラックレコード2回。	
種牡馬成績	北米LS（1987～1988年）	
血統	父：レイズアネイティヴ　母：ゴールドディガー（ナスルーラ系）	
日本の主な活躍馬	1990～	マーベラスクラウン、エルコンドルパサー、サウスヴィグラス、アグネスデジタル
	2000～	キングカメハメハ、スイープトウショウ、アドマイヤムーン、ブラックエンブレム、アパパネ、エイシンフラッシュ、ルーラーシップ、ロードカナロア、ホッコータルマエ
	2010～	ローブディサージュ、ラブリーデイ、レッドファルクス、ドゥラメンテ、ファインニードル、レイデオロ、アーモンドアイ、オメガパフューム、チュウワウィザード、サートゥルナーリア、タイトルホルダー、スターズオンアース

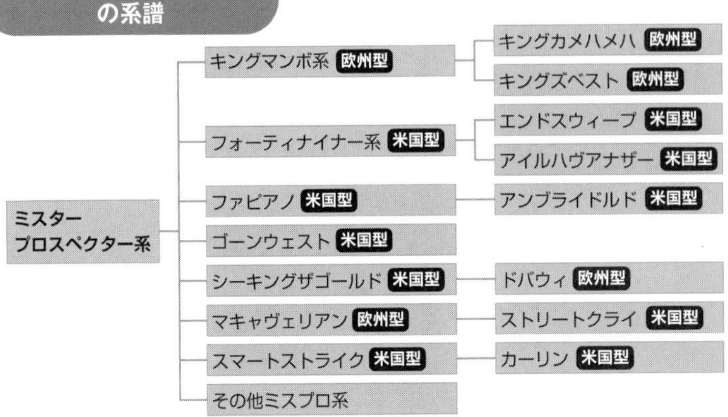

ミスタープロスペクター系①
キングマンボ系

早熟の短距離血統という父系のイメージをくつがえし、成長力やスタミナを発揮してヨーロッパにおけるミスタープロスペクター系を確立した父系。日本でもキングカメハメハを中心に後継馬が充実し、サンデーサイレンス系に対抗しうる父系となりつつある。

一流マイラーの良血が日本では万能型として開花

キングマンボの母ミエスクは欧米マイル界で大活躍した歴史的名牝。母の父ヌレイエフは仏リーディングサイアーの実績を持つ。キングマンボ自身は血統も競走成績もマイラーだが、**1990年代に日本調教馬の名を世界に知らしめたエルコンドルパサーなど、中距離で活躍した産駒も少なくない**。

欧米のマイル路線で育まれた血統は、日本ではキングカメハメハを通じて花開き、日本におけるミスタープロスペクター系の主流を形成している。**母馬の特徴を引き出しやすいことと、乗りやすく順応性の高い馬を出しやすい性格が相まって多彩なカテゴリーで活躍馬を出す。**

キングマンボ系の系統図

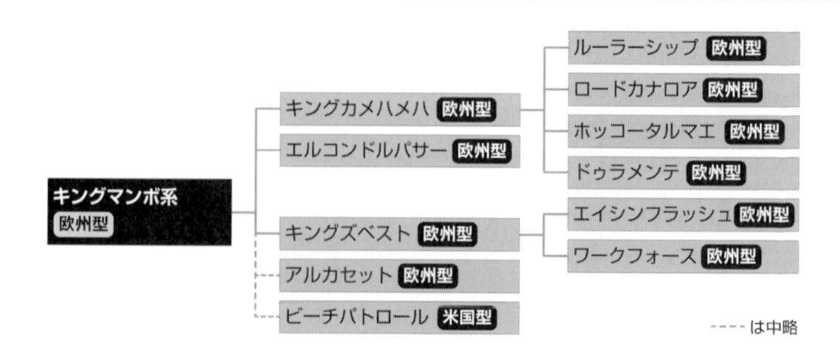

▶キングマンボ系の特徴

- 日本の芝・ダート、どちらにも高い適性を示す。
- 母系との配合によってダート向き、1200m向きの産駒も出す。
- 順応性の高い馬、乗りやすい馬も出しやすい。

1 キングマンボ(Kingmambo) 欧州型

3歳でマイルＧⅠを3勝し、ムーランドロンシャン賞で母子制覇を達成した。産駒はマイル向きのスピードや欧州芝向きの馬力をダートや芝中距離向きの能力に変える柔軟性を持ち、キングカメハメハはミスタープロスペクター系初の日本ダービー馬となった。求められる能力が異なるヨーロッパと日本の両方の芝で結果を出し、母の父としてもスズカマンボ（天皇賞春)、ビッグアーサー（高松宮記念)、デュークオブマーマレード（キングジョージ)、ルーラーオブザワールド（英ダービー）などを出している。

サンデーサイレンス系種牡馬と比較すると、母系によってはダート適性、スプリント適性に優れた産駒を出しやすい。**極端なスローペースやハイペースでは、キングマンボ系産駒がサンデーサイレンス系産駒を上回るパフォーマンスを見せることもある。**

出生国・出生年・毛色	米国・1990年・鹿毛
競走年齢／競走成績（勝ち鞍の距離）	2～3歳／英仏13戦5勝（1200～1600m）。仏2000G、セントジェームズパレスS、ムーランドロンシャン賞など。
父／母（母の父系）	ミスタープロスペクター／ミエスク（ヌレイエフ系～ノーザンダンサー系）

2 キングカメハメハ 欧州型

キングマンボの直仔で、自身はNHKマイルカップ、日本ダービーの変則2冠を達成した。種牡馬としてはサンデーサイレンス系牝馬との配合で大成功し、2010～2011年にリーディングサイアーとなった。それ以降は同2位が続いたが、後継馬にも恵まれ、母の父としても3冠牝馬デアリングタクト、ダービー馬ワグネリアン、マイルＧⅠ2勝のインディチャンプ、有馬記念のブラストワンピース、桜花賞・ヴィクトリアマイルのソダシ、エリザベス女王杯のモズカッチャンを出した。

母系によって多彩な適性を示す産駒を出し、スプリンターやダート馬もディープインパクトに比べて出しやすい。2015年2月1日には京都競馬場で7勝（1場での新記録)、東京競馬場で4勝し、1日11勝の新記録を樹立した。

出生国・出生年・毛色	日本・2001年・鹿毛
競走年齢／競走成績（勝ち鞍の距離）	2～3歳／日8戦7勝（1600～2400m）。日本ダービー、NHKマイルCなど。日リーディングサイアー（2010～2011年）。JRA最優秀3歳牡馬（2004年）。
父／母（母の父系）	キングマンボ／マンファス（ノーザンダンサー系）
距離／芝ダート傾向	▶平均勝ち距離：芝2061m／ダート1802m ▶芝／ダート：49%／51% ディープインパクトに比べ、母系によって多彩な種牡馬を出す。基本的に、サンデーサイレンスの血を持たないダート適性の高い血統との配合馬はダート馬が出やすい。代表産駒のホッコータルマエも、サンデーサイレンスの血を持たない。芝短距離適性の高い血統との配合馬からは、スプリンターも出る。代表産駒にロードカナロア。そして、父サンデーサイレンス×エアグルーヴから生まれたアドマイヤグルーヴとの配合で、ドゥラメンテが誕生した。 配合相手に関係なく、種牡馬としての特徴をディープインパクトと比べると、ダート適性と加速力勝負に分がある。順応性が高く、立ち回りが上手な産駒も多い。キングカメハメハ自身が800mの距離延長で日本ダービーを優勝した。ただし、ドゥラメンテは母の気難しさを引き継いだため、爆発力はある反面、乗りにくい産駒も多い。

2-1 ルーラーシップ 欧州型

香港ＧⅠの勝利で、祖母ダイナカール、母エアグルーヴに続く３代ＧⅠ制覇を達成した。日本屈指の名牝系出身で、サンデーサイレンスの血を持たないことは種牡馬として大きなアドバンテージ。2016年ファーストクロップリーディングサイアーとなり、初年度産駒のキセキが菊花賞を制した。

芝中距離以上が本質の適性だが、ダートをこなす産駒も出る。母の父の影響を受けやすく、芝で走るのはサンデーサイレンス系との配合や、米国血統のスピードを強化された馬。**腰に力がついて勝てるようになると、次のレースでも馬券圏内に走る可能性が高くなる。**産駒は重賞では１・２着よりも３着のほうが多く、ＧⅠではとくに２・３着が多い。

出生国・出生年・毛色	日本・2007年・鹿毛
競走年齢／競走成績（勝ち鞍の距離）	2～5歳／日香首20戦8勝（1800～2400m）。クイーンエリザベスⅡC、宝塚記念2着など。
父／母（母の父系）	キングカメハメハ／エアグルーヴ（グレイソヴリン系～ナスルーラ系）

距離／芝ダート傾向	▶平均勝ち距離:芝1838m／ダート1603m ▶芝／ダート:66%／36% 母の父の影響を受けやすい。重賞での2・3着づけ。とくにGIでは2・3着づけも有効。前走先行(3コーナー7番手以内。中段より前が目安)で勝った馬は次走も注目。

2-2 ロードカナロア 欧州型

母は短距離で５勝。３歳後半に急成長し、ＧＩ初挑戦となった高松宮記念３着以外はすべてのレースで連対を確保。安田記念で初距離のマイルを克服し、大きな勲章を得た。スプリンター育成に実績のある安田隆行厩舎の所属馬だったため、現役時代はスプリント戦を中心に出走した。**しかし、父系の特徴から、母系の特性や育成次第では中距離でも実績を残せるだろう。**牝馬３冠＋ジャパンカップ２勝のアーモンドアイは別格としても、マイルCSのステルヴィオ、ホープフルSのサートゥルナーリアなどを輩出した。

サンデーサイレンス系の種牡馬に比べれば、スプリント適性、ダート適性の高い産駒が出る。**狙いは1400m以下。中でも狙いは1200m重賞。繁殖相手に恵まれているうえに、同じように繁殖牝馬に恵まれている上位種牡馬より、スプリント適性の高い馬が出る確率は高い。**とりあえず芝1200m重賞でロードカナロア産駒を押さえておけば、高額配当が当たることもしばしば見られる。キャリアを強みにする馬も多く、６歳以降も同じカテゴリーの重賞で何度も馬券になる。

出生国・出生年・毛色	日本・2008年・鹿毛
競走年齢／競走成績(勝ち鞍の距離)	2～5歳／日香19戦13勝(1200～1600m)。香港スプリント2回、安田記念、スプリンターズS2回、高松宮記念など。
父／母(母の父系)	キングカメハメハ／レディブラッサム (ストームバード系～ノーザンダンサー系)
距離／芝ダート傾向	▶平均勝ち距離:芝1534m／ダート1460m ▶芝／ダート:63%／37% 母の血統や育成次第で中距離馬も出る。芝1200m重賞では、とりあえず買う。ダート1400m以下で適性の高い馬も出やすい。

2-3 ホッコータルマエ 欧州型

ダートＧⅠ10勝のうち、９勝が地方でのもの。重賞５連勝、川崎記念３連覇などの大記録を達成し、中央ではチャンピオンズＣ（前身はジャパンＣダート）の初代勝ち馬として名を残す。ドバイワールドＣにも３度挑戦した。**産駒の特徴として、牡馬はダートで距離延長を好む馬が多い。牝馬はダート 1400 m以下で、穴でハマることが多々ある。**

出生国・出生年・毛色	日本・2009年・鹿毛
競走年齢／競走成績（勝ち鞍の距離）	3～7歳／日首39戦17勝（1600～2100m）。チャンピオンズC、東京大賞典２回、JBCクラシック、帝王賞２回、川崎記念３回、かしわ記念など。JRA最優秀ダートホース（2014年）、NARグランプリダートグレード競走特別賞（2013～2015年）
父／母（母の父系）	キングカメハメハ／マダムチェロキー（レッドゴッド系～ナスルーラ系）
距離／芝ダート傾向	▶平均勝ち距離：芝1200m／ダート1674m ▶芝／ダート：4%／96%

2-4 ドゥラメンテ 欧州型

2015年の２冠馬。母はエリザベス女王杯連覇のアドマイヤグルーヴ、祖母はオークスと天皇賞秋に勝ったエアグルーヴ、曾祖母はオークス馬ダイナカールで、東京芝の中長距離に実績のある牝系にリーディング級種牡馬を配合したJRA屈指の主流血統。タイトルホルダー（菊花賞など）、スターズオンアース（オークスなど）らのＧⅠ馬を出したが、わずか５世代の産駒を残して早世。ディープインパクトにも匹敵するポテンシャルを秘め、育成、配合のノウハウも得られてきただけに惜しまれる。

芝の中距離・根幹距離に、勢いのある状態で出走すれば期待以上に走る。前走５着以内の芝 2000m、2400 mで注目。新馬戦も、芝 1800 m以上での好走率が高い。

出生国・出生年・毛色	日本・2012年・鹿毛
競走年齢／競走成績（勝ち鞍の距離）	2～4歳／日首９戦５勝（1800～2400m）。日本ダービー、皐月賞、ドバイシーマC２着、宝塚記念２着など。JRA最優秀３歳牡馬（2015年）。
父／母（母の父系）	キングカメハメハ／アドマイヤグルーヴ（サンデーサイレンス系）

距離／芝ダート傾向	▶平均勝ち距離：芝1926m／ダート1654m ▶芝／ダート：59%／41%

2-5 リオンディーズ 欧州型

デビュー２戦目で朝日杯FSに勝ち、皐月賞・日本ダービーで５着となったあと、屈腱炎を発症して早々に引退した。母は日米のオークスに勝ったシーザリオ、半兄にエピファネイア（ジャパンC、菊花賞）、半弟にサートゥルナーリア（ホープフルS、皐月賞）。主な産駒にダイヤモンドSのテーオーロイヤル。**シーザリオの血を持つため、種牡馬としてのポテンシャルも高い。母の父の影響を受けやすいキングマンボ系なので、母によっては短距離やダートで走る馬も出る。**

出生国・出生年・毛色	日本・2013年・黒鹿毛
競走年齢／競走成績（勝ち鞍の距離）	２～３歳／日５戦２勝（1600～2000m）。朝日杯FS。JRA最優秀２歳牡馬（2015年）。
父／母（母の父系）	キングカメハメハ／シーザリオ（サンデーサイレンス系）
距離／芝ダート傾向	▶平均勝ち距離：芝1614m／ダート1371m ▶芝／ダート：44%／56%

3 エルコンドルパサー 欧州型

キングマンボの初年度産駒で、母の父に欧州の名血サドラーズウェルズを持ち、凱旋門賞で僅差の２着。このときに凱旋門賞を勝っていれば、同レースの制覇がここまで「日本の悲願」といわれることもなかったかもしれない。母の父サドラーズウェルズが示すように、凱旋門賞に高い適性を持つ欧州型のスタミナ血統。**同じ父を持つキングカメハメハよりも、馬力とスタミナに優れる種牡馬。**

母はスペシャル＝リサデル全姉妹の３×２という強いインブリードを持つ。わずか３世代の産駒から３頭のＧＩ馬を出し、母の父としても、クリソライト（コリアC）＆マリアライト（宝塚記念、エリザベス女王杯）＆リアファル（菊花賞３着）の３きょうだいを出す。父はそれぞれゴールドアリュール、ディープインパクト、ゼンノロブロイで、異なる父のよさを引き出してみせた。

出生国・出生年・毛色	米国・1995年・黒鹿毛
競走年齢／競走成績（勝ち鞍の距離）	2～4歳／日仏11戦8勝（1400～2400m）。NHKマイルC、ジャパンC、サンクルー大賞など。JRA最優秀3歳牡馬（1998年）、JRA年度代表馬・最優秀4歳以上牡馬（1999年）。
父／母（母の父系）	キングマンボ／サドラーズギャル（サドラーズウェルズ系～ノーザンダンサー系）

4 アルカセット（Alkaased） 欧州型

米国生まれだが、母が独1000G2着馬だったため、英国の厩舎に所属。初勝利が3歳夏、初重賞勝ちが5歳5月の遅咲きだったが、サンクルー大賞勝ちのGⅠ馬として2005年のジャパンCに参戦し、ハーツクライの猛追をハナ差しのぎ、日本レコードで優勝した。そのまま日本で種牡馬入りし、2011年に英国に戻った。

出生国・出生年・毛色	米国・2000年・鹿毛
競走年齢／競走成績（勝ち鞍の距離）	2～5歳／英仏日16戦6勝（2400～2450m）。サンクルー大賞、ジャパンCなど。
父／母（母の父系）	キングマンボ／チェサプラナ（ニジンスキー系～ノーザンダンサー系）

5-1 エイシンフラッシュ 欧州型

父キングズベスト（英2000G、おいにサドラーズウェルズ＆ガリレオ兄弟）は、本馬と同年にワークフォースを出して名を上げた。母ムーンレディは、独セントレジャーS（芝2800m）など6勝。母の父プラティニは独リーディングサイアーに6度輝いたズルムー産駒。

ダービー史上最速の上がり3ハロン32秒7をマークし、6勝中5勝で上がり3ハロン最速を記録。**中距離レースで極端なペースになった際のスプリント勝負に強いキングマンボ系の特徴を継ぐ。ほかのキングマンボ系と同様、サンデーの力を借りれば日本適性がさらに強化される。**

産駒のヴェラアズールが2022年のジャパンカップを優勝。スローペースで、鞍上はムーア騎手だった。ヴェラアズールの母系にGⅠ馬を複数出したアドマイヤサンデー（父サンデーサイレンス）がいる。

出生国・出生年・毛色	日本・2007年・黒鹿毛
競走年齢／競走成績（勝ち鞍の距離）	2～6歳／日香首27戦6勝（1800～2400m）。日本ダービー、天皇賞秋など。
父／母（母の父系）	キングズベスト／ムーンレディ（ハンプトン系）
距離／芝ダート傾向	▶平均勝ち距離：芝1787m／ダート1589m ▶芝／ダート：72%／28%

5-2 ワークフォース（Workforce） 欧州型

父キングズベストは英2000G勝ち馬で、2010年に日英ダービー馬（本馬とエイシンフラッシュ）を送り出した。ワークフォースはキャリア3走目の英ダービーをレコード勝ちし、5走目で凱旋門賞に勝利（2着ナカヤマフェスタ）。

2012年から日本で繋養（けいよう）されたが、2016年にアイルランドに輸出。主な産駒にディバインフォース（ステイヤーズS）。

出生国・出生年・毛色	英国・2007年・鹿毛
競走年齢／競走成績（勝ち鞍の距離）	2～4歳／英仏9戦4勝（1400～2400m）。英ダービー、凱旋門賞など。欧州最優秀3歳牡馬（2010年）。
父／母（母の父系）	キングズベスト／ソヴィエトムーン（サドラーズウェルズ系～ノーザンダンサー系）

6 ビーチパトロール（Beach Patrol） 米国型

父は米国におけるキングマンボの代表産駒で、ベルモントSなどＧⅠ5勝。日本で走った産駒はダートを主戦場としているが、本馬はデビューから芝路線を歩み、3歳夏のセクレタリアトSでＧⅠ初制覇。BCターフ2着を含めＧⅠで4度の2着がある。

出生国・出生年・毛色	米国・2013年・黒鹿毛
競走年齢／競走成績（勝ち鞍の距離）	2～5歳／米19戦5勝（1600～2400m）。セクレタリアトS、ジョーハーシュターフクラシック、アーリントンミリオンSなど。
父／母（母の父系）	レモンドロップキッド／バッシュフルバーティー（ファピアノ～ミスタープロスペクター系）

ミスタープロスペクター系②
フォーティナイナー系

ミスタープロスペクター系の資質をよく受け継ぎ、スピードがあって仕上がりの早い産駒を出す種牡馬が多い。北米や中南米でも父系を伸ばしている。日本ではエンドスウィープ系が短距離を中心に存在感を示すが、アドマイヤムーン系を除くとダートが主戦場となっている。

スプリント戦、ダート戦の才能はサンデー系を脅かす

フォーティナイナーはミスタープロスペクターの直仔。1996年にフォーティナイナー自身が日本に輸入されると、ダート、芝の短距離戦で存在感を発揮。**産駒は仕上がりが早く、テンからスピード勝負になるダート戦、芝のスプリント戦に強い。**スプリント戦での性能はディープインパクトをはじめ、サンデーサイレンス系の種牡馬をもしのぐ。

エンドスウィープは芝ダートの両方で活躍馬を出し、ダートではサウスヴィグラス、芝ではアドマイヤムーンが好成績を挙げている。1200mＧⅠを２勝したレッドファルクスの父スウェプトオーヴァーボードも、フォーティナイナー系。米２冠馬アイルハヴアナザーは母の父ロベルトの影響が強く、ダートの中距離向きの産駒も多い。

フォーティナイナー系の系統図

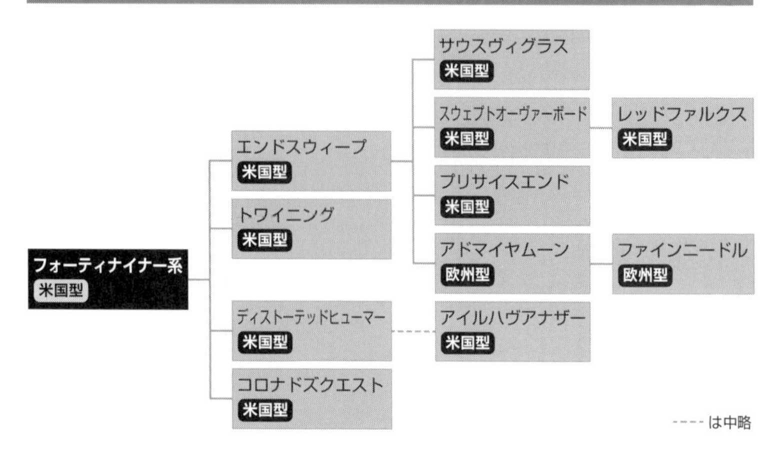

▶フォーティナイナー系の特徴

- 仕上がりが早く、2歳戦に強い。
- ダート戦、スプリント戦での筋力勝負は、サンデー系以上の性能を持つ。
- 世代を経た後継種牡馬は、母系によってはスタミナ馬も出す。

1 フォーティナイナー(Forty Niner) 米国型

重賞4連勝を含み6戦5勝した北米2歳チャンピオンで、3歳時もGⅠ2勝した。日本輸入後にエディターズノート（ベルモントS）らが活躍し、直仔のエンドスウィープ、トワイニング（産駒にジャパンダートダービーのノンコノユメ）、コロナドズクエスト（産駒に北海道スプリントC連覇のセレスハント）らが相次いで導入された。

産駒の勝ち鞍のダート比率は8割超。母の父として、2009～2019年までブルードメアサイアー・ランキング20位以内をキープしている。

フォーティナイナー

- エンドスウィープ（1991年）
- トワイニング（1991：北米GⅡピーターパンS）
  - ノンコノユメ（2012年：フェブラリーS）
- エディターズノート（1993年：ベルモントS）
- コロナドズクエスト（1995年：ハスケル招待H）
  - セレスハント（2005年：北海道スプリントC）
- ディストーテッドユーモア（1993年：北米GⅡチャーチルダウンズH）
- マイネルセレクト（1999年：JBCスプリント）
- ユートピア（2000年：マイルCS南部杯2回）

出生国・出生年・毛色	米国・1985年・栗毛
競走年齢／競走成績（勝ち鞍の距離）	2～3歳／米19戦11勝（1200～2000m）。ハスケル招待H、トラヴァーズS、ブリーダーズフューチュリティ、シャンペンS、フューチュリティSなど。北米最優秀2歳牡馬（1987年）。
父／母（母の父系）	ミスタープロスペクター／ファイル（リボー系～セントサイモン系）

2 エンドスウィープ(End Sweep) 米国型

日本導入後は3世代を遺しただけで急死したが、どの世代も5割を超える勝ち上がり率（勝ち馬頭数／出走頭数）を誇り、アルーリングアクトとアルーリングボイスが小倉2歳Sで母子制覇を達成するなど、2歳戦に強い。

トータルではダートの勝ち鞍が多い（約7割）が、重賞勝利23勝中20勝が芝でのもの。母の父としても、芝の中距離馬を出している。

スウェプトオーヴァーボード産駒が母系によって芝短距離適性の高い産駒も出すのに比べて、プリサイスエンド産駒はダート色が強い。

エンドスウィープ
- スウェプトオーヴァーボード（1997年：メトロポリタンH）
  - レッドファルクス（2011年：スプリンターズS2回）
  - オメガパフューム（2015年生：東京大賞典）
- プリサイスエンド（1997年）
  - カフジテイク（2012年：根岸S）
- アルーリングアクト（1997年・牝：小倉3歳S）

出生国・出生年・毛色	米国・1991年・鹿毛
競走年齢／競走成績（勝ち鞍の距離）	2～3歳／米加18戦6勝(1200～1400m)。ジャージーショアS(GⅢ)など。
父／母（母の父系）	フォーティナイナー／ブルームダンス(ノーザンダンサー系)

2-1 サウスヴィグラス 米国型

エンドスウィープの米国時代の産駒。母の父スタードナスクラは北米チャンピオンスプリンター。この父系には珍しく、6歳で重賞初勝利し、7歳暮れにGⅠ勝ちした晩成型。産駒も高齢まで活躍する馬が多い。

2007年にNAR（地方競馬）のファーストシーズン・リーディングサイアーとなり、ダート界の人気種牡馬の地位を確立。NARリーディングサイアー4回。JRAでも、ダート専用ながらリーディングサイアー・ランキングで2016年から20位以内をキープも2018年に死亡。

出生国・出生年・毛色	米国・1996年・栗毛
競走年齢／競走成績（勝ち鞍の距離）	2～7歳／日33戦16勝（1000～1400m）。JBCスプリント、根岸S2回、北海道スプリントC2回など。
父／母（母の父系）	エンドスウィープ／ダーケストスター（ナスルーラ系）
距離／芝ダート傾向	▶平均勝ち距離：ダート1170m ▶芝／ダート：9%／91% 勝ち星の60%以上がダート1200m以下。このカテゴリーでは人気馬の信頼度が高く、人気薄でも穴を出していた。ムラのある気性だが能力の高い馬が多く、前走6着以下に惨敗した馬の期待値は高かった。とくに湿ったダートや内枠から外枠変わりなどの条件変更で一変するパターンも多かった。

ダート短距離で大きな存在感を発揮したサウスヴィグラス。地方競馬なら中距離重賞も狙えた。

2-2 スウェプトオーヴァーボード(Swept Overboard) 米国型

母は5.5～8.5F（1100～1700m）で10勝、母の父はケイアイドウソジン（ダイヤモンドS）の母の父。米GⅠ2勝（1200m、1600m）はともにレコード勝ちで、芝GⅢ（1100m）にも勝利。**短距離王のレッドファルクス、東京大賞典4連覇のオメガパフューム、ステイヤーズSのリッジマン、アイビスSDのパドトロワなど、配合相手の個性を引き出す種牡馬。**

出生国・出生年・毛色	米国・1997年・芦毛
競走年齢／競走成績（勝ち鞍の距離）	2～5歳／米20戦8勝（1100～1600m）。メトロポリタンH、エインシェントタイトルHなど。
父／母（母の父系）	エンドスウィープ／シアーアイス（ダマスカス系～マイナー系）

2-3 レッドファルクス 米国型

スウェプトオーヴァーボードの代表産駒。母の全姉に1998年の最優秀2歳牝馬で、重賞5勝のスティンガーがいる。5歳までは芝・ダート兼用馬だったが、CBC 賞勝ちを機に芝に専念。強烈な末脚を武器に、スプリンターズS連覇を果たした。

出生国・出生年・毛色	日本・2011年・芦毛
競走年齢/競走成績（勝ち鞍の距離）	2～7歳/日香29戦10勝（1200～1400m）。スプリンターズS2回など。JRA最優秀短距離馬（2017年）。
父/母（母の父系）	スウェプトオーヴァーボード/ベルモット（サンデーサイレンス系）

2-4 プリサイスエンド(Precise End) 米国型

カナダでデビューし、加米の2歳GⅡで3着2度。3歳4月のベイショアSで重賞初制覇を飾る。GⅠ勝利こそないが、9戦すべて3着以内の堅実な戦績を残した。米国で種牡馬入りし、2005 年に来日。日本での重賞初勝利は 2010 年、グロリアスノアの根岸S。

出生国・出生年・毛色	米国・1997年・黒鹿毛
競走年齢/競走成績（勝ち鞍の距離）	2～3歳/米加9戦4勝（1000～1700m）。ベイショアS（米GⅢ）など。
父/母（母の父系）	エンドスウィープ/プリサイスリー（セントサイモン系）

2-5 アドマイヤムーン 欧州型

エンドスウィープのラストクロップ。曾祖母ケイティーズは愛1000G 馬で、産駒にヒシアマゾン（JRA 最優秀2歳・3歳・4歳以上牝馬）、孫にスリープレスナイト（JRA 最優秀短距離馬）がいる。

クラシックでは2冠馬メイショウサムソンの引き立て役にまわったが、4歳3月のドバイ・デューティーフリーに勝利。宝塚記念、ジャパンカップも勝って JRA 年度代表馬に選出された。国内のレースで上がり最速を8度マークするも、33 秒台は2度だけで、パワーでねじふせるタイプの末脚を武器とした。

出生国・出生年・毛色	日本・2003年・鹿毛
競走年齢/競走成績（勝ち鞍の距離）	2～4歳/日香首17戦10勝（1500～2400m）ドバイ・デューティーフリー、ジャパンC、宝塚記念など。JRA年度代表馬・最優秀4歳以上牡馬（2007年）。
父/母（母の父系）	エンドスウィープ/マイケイティーズ（サンデーサイレンス系）

距離／芝ダート傾向	▶平均勝ち距離:芝1300m／ダート1633m ▶芝／ダート:70%／30% 母系に芝の活躍馬が多い牝系で、サンデーサイレンスの血も持つことから、自身の現役時代は芝レースで活躍。ジャパンカップ、宝塚記念、ドバイDFなど芝の大レースで優勝した。産駒も8割近くが芝で勝利しているが、これはフォーティナイナー系としては異例。フォーティナイナー系らしさを継いでいるのは、芝1200mのGI高松宮記念を優勝したセイウンコウセイ、ファインニードルなど、スプリント戦に強い産駒を出すこと。2018年のシルクロードSでは3頭しか出ていなかった同馬の産駒が1～3着を独占して、20万馬券。的中票数5000票近くの大半は、血統ファンが払い戻した(?)といわれている。自身がそうであったように、芝中距離向きの血を含み、タメの効く産駒を出せば、芝中距離重賞で活躍する産駒が出る可能性も秘める。

2-6 ファインニードル 欧州型

アドマイヤムーンの代表産駒で、母は仏伊で重賞2勝。母の父は英2000G勝ち馬。4歳秋のセントゥルSで初めての重賞勝ちを飾り、5歳春の高松宮記念でGＩ初制覇。これにより、ドバイの王族馬主・ゴドルフィンの日本における初めてのGＩ馬となる。

自身はスプリント戦で活躍したが、母系のスタミナを引き継いだ産駒も出やすい。

出生国・出生年・毛色	日本・2013年・鹿毛
競走年齢／競走成績（勝ち鞍の距離）	2～5歳／日香28戦10勝(1200～1400m)。スプリンターズS、高松宮記念など。JRA最優秀短距離馬(2018年)。
父／母（母の父系）	アドマイヤムーン／ニードルクラフト (ネヴァーベンド系～ナスルーラ系)

3 トワイニング(Twining) 米国型

3歳1月から5連勝でGⅡに2勝し、7月のドワイヤーSで2着。連対率100%のまま種牡馬入りし、1999年に日本に輸入された。代表産駒は2歳から10歳まで息の長い活躍を見せたノンコノユメ（フェブラリーS)。半姉アルセアの産駒に阪神3歳牝馬Sのヤマニンパラダイス、同じく半姉バラダの孫に皐月賞馬ノーリーズンがいる。

出生国・出生年・毛色	米国・1991年・栗毛
競走年齢／競走成績（勝ち鞍の距離）	3歳／米6戦5勝（1400～1800m）。ピーターパンS（米GⅡ）、ウィザーズS（米GⅡ）。
父／母（母の父系）	フォーティナイナー／コートリーディー（ネヴァーベンド系～ナスルーラ系）

4 ディストーテッドヒューマー(Distorted Humor) 米国型

レコード勝ちもある快足馬だが、４度挑んだＧＩでは３着が最高。オーストラリアで種牡馬となったあとに米国に戻り、２冠馬ファニーサイド、BCクラシックのドロッセルマイヤーなどを出し、種牡馬としての評価を高めた。母の父としてアロゲート（ドバイワールドCなどＧＩ４勝）、モーニン（フェブラリーＳ）を出している。

出生国・出生年・毛色	米国・1993年・栗毛
競走年齢／競走成績（勝ち鞍の距離）	3～5歳／米23戦8勝（1200～1600m）。チャーチルダウンズH（米GⅡ）、コモンウェルスBCS（米GⅡ）など。北米リーディングサイアー（2011年）。
父／母（母の父系）	フォーティナイナー／ダンチヒビューティ（ダンチヒ系～ノーザンダンサー系）

4-1 アイルハヴアナザー(I'll Have Another) 米国型

父フラワーアリー（トラヴァーズＳ）はミスタープロスペクターの３×３を持ち、半弟にトーセンラー（マイルCS）＆スピルバーグ（天皇賞秋）の兄弟がいる。母の父アーチはクリスエス（シンボリクリスエスの父）産駒で、母はヤマニンパラダイス（阪神３歳牝馬Ｓ）の全姉。父母ともに日本に馴染みのある血統構成だ。

米２冠達成後、日本で種牡馬となった。2016年ファーストクロップ・リーディングサイアー・ランキングで、ルーラーシップに次ぐ２位。種牡馬デビューが日本となった米２冠馬にはサンデーサイレンスとウォーエンブレムという優れた先例がある。ただし、いまのところ、**父のパワーと母系のロベルト系のスタミナを強く引き継ぐダート中距離型が多い**。

ディストーテッドヒューマー（1993年）

　フラワーアリー（2002年：トラヴァーズS）

　　アイルハヴアナザー（2009年：ケンタッキーダービー）

出生国・出生年・毛色	米国・2009年・栗毛
競走年齢／競走成績（勝ち鞍の距離）	2～3歳／米7戦5勝（1100～2000m）。ケンタッキーダービー、プリークネスSなど。北米最優秀3歳牡馬（2012年）。
父／母（母の父系）	フラワーアリー／アーチスギャルイーデス（ロベルト系～ターントゥ系）
距離／芝ダート傾向	▶平均勝ち距離：芝1650m／ダート1500m ▶芝／ダート：芝30%／ダート70% 母系にスタミナのかたまりであるロベルト系とリボー系の血。同系のサウスヴィグラスよりも、ロベルト系のブライアンズタイムにもう少しスピードを強化したタイプとイメージしたほうが近いか。とくに牡馬は、スタミナとパワーに優れた馬を出しやすい。ダート1800mが得意な馬が多く、とくに前走1600m以下を使っていた馬の距離延長や、前走芝だった馬が狙い目。坂を3度上る中山ダート1800m出走にも注目。スプリント戦のフォーティナイナーの特徴を継ぐのは牝馬がほとんどで、芝ダート問わず1200m以下で穴を出す馬が多い。牡馬はダート1200mの人気薄2～3着で買い。

5 コロナドズクエスト（Coronado's Quest） 米国型

２歳時は重賞３連勝を含む６戦５勝。３歳時もウッドメモリアルSから、重賞５連勝で２つのＧⅠに勝った。米国で種牡馬入りしたあと、2003年に日本に輸入され、北海道SCを連覇したセレスハントを出した。母の父としては、プロキオンS勝ちのメイショウカズサを出したが、2006年春に急死。米国時代の代表産駒は、ＧⅠ３勝のソサエティセレクション。

出生国・出生年・毛色	米国・1995年・栗毛
競走年齢／競走成績（勝ち鞍の距離）	2～3歳／米17戦10勝（1100～2000m）。トラヴァーズS、ハスケル招待Hなど。
父／母（母の父系）	フォーティナイナー／ラヒングルック（ダマスカス系～マイナー系）

ミスタープロスペクター系③

ファピアノ

ファピアノはミスタープロスペクターの2年目産駒。自身はマイラーだったが、子孫は中距離に強く、成長力もあり、スピードの持続力も高い。高速の芝レースが行われているアルゼンチンでも実績を残し、日本では母系に入ってサンデーサイレンス系のスピードを強化する父系として注目を集めている。

米3冠馬を出して活気づく米国クラシック血統

ファピアノとその代表産駒アンブライドルド（ケンタッキーダービー、BCクラシック）は、種牡馬としての将来を嘱望（しょくぼう）されながら若くして亡くなった。その穴を埋めたのがアンブライドルズソングで、アンブライドルドの子孫から37年ぶりの米3冠馬アメリカンファラオが、アンブライドルズソングの仔から2017年創設の世界最高賞金レースであるペガサス・ワールドカップの初代勝ち馬アロゲートなど歴史的名馬を出した。現在はアメリカにおけるミスタープロスペクター系の主流の1つとなっている。

日本ではエンパイアメーカーの産駒がダート競馬で優れたパフォーマンスを発揮したが、2015年にアメリカからのオファーで帰米した。**コントレイル（牡馬3冠などＧⅠ５勝）、スワーヴリチャード（大阪杯、ジャパンC）も母の父はアンブライドルズソング。繁殖牝馬としてもファピアノの血は、スピードとスケールを強化する血として注目**を集めている。

ファピアノの系統図

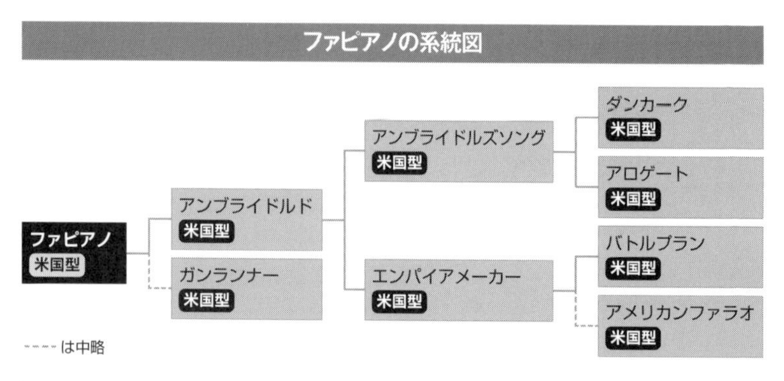

▶ファピアノの特徴

- 米国のクラシック血統らしく、日本でも高速ダートでとくに注目。
- 繁殖牝馬にファピアノの血を持つ馬は、サンデーサイレンス系との配合でスピードが強化される。

1 ファピアノ(Fappiano) 米国型

母の父ドクターファーガーは零細血脈ながらアメリカが誇る快足馬で、ダート1マイル（1600m）1分32秒20の世界レコードホルダーである。4世代目産駒アンブライドルドがケンタッキーダービーを勝って間もなく、12歳で死亡したが、父系の拡大に一定の役割を果たした。

出生国・出生年・毛色	米国・1977年・鹿毛
競走年齢／競走成績（勝ち鞍の距離）	2～4歳／米17戦10勝(1200～1800m)。メトロポリタンHなど。
父／母（母の父系）	ミスタープロスペクター／キラロー(マイナー系)

2 アンブライドルズソング(Unbridled's Song) 米国型

父はアンブライドルド。アンブライドルドは種牡馬として、グラインドストーン、レッドバレット、エンパイアメーカーで米3冠を制覇した。日本では、母の父としてトーホウジャッカル（菊花賞、父スペシャルウィーク）、ダノンプラチナ（朝日杯FS、父ディープインパクト）、そしてコントレイル（3冠、父ディープインパクト）、スワーヴリチャード（ジャパンC、父ハーツクライ）と、サンデーサイレンス系種牡馬との配合で成功している。

ファピアノ
- アンブライドルド（1987年：ケンタッキーダービー）
  - アンブライドルズソング（1993年：BCジュヴェナイル）
    - ダンカーク（2006年：ベルモントS2着）
    - アロゲート（2013年：ドバイWC）
  - グラインドストーン（1993年：ケンタッキーダービー）
  - レッドバレッド（1997年：プリークネスS）
  - エンパイアメーカー（2000年：ベルモントS）

出生国・出生年・毛色	米国・1993年・芦毛
競走年齢／競走成績（勝ち鞍の距離）	2～4歳／米12戦5勝（1200～1800m）。BCジュヴェナイル、フロリダダービーなど。北米リーディングサイアー（2017年）。
父／母（母の父系）	アンブライドルド／トローリーソング（グレイソヴリン系～ナスルーラ系）

2-1 ダンカーク(Dunkirk) 米国型

3歳1月のデビュー戦から連勝し、重賞初挑戦のフロリダダービー2着。不良馬場のケンタッキーダービーは大敗したが、ベルモントSでも2着に入った。2013年に北米2歳新種牡馬チャンピオンとなり、2014年に輸入。2018年のNARファーストシーズンチャンピオンサイアーとなった。**時計が出る馬場状態のダートを得意とする産駒が多い。**

出生国・出生年・毛色	米国・2006年・芦毛
競走年齢／競走成績（勝ち鞍の距離）	3歳／米5戦2勝（1400～1800m）。ベルモントS2着、フロリダダービー2着。
父／母（母の父系）	アンブライドルズソング／シークレットステータス（ボールドルーラー系～ナスルーラ系）
距離／芝ダート傾向	▶平均勝ち距離：芝1133m／ダート1782m ▶芝／ダート：15%／85%

2-2 アロゲート(Arrogate) 米国型

アンブライドルズソングの晩年の最高傑作。BCクラシック、ペガサス・ワールドC、ドバイ・ワールドCなど、高額賞金レースを勝ちまくった。父系の曾祖父ファピアノ、母の祖父フォーティナイナーを通じてミスタープロスペクターの4×4、曾祖母がネイティヴダンサーの4×3を持ち、ネイティヴダンサーの影響が強い。

出生国・出生年・毛色	米国・2013年・芦毛
競走年齢／競走成績（勝ち鞍の距離）	3～4歳／米首11戦7勝（1700～2000m）。ドバイ・ワールドC、ペガサス・ワールドC、BCクラシックなど。北米最優秀3歳牡馬（2016年）。
父／母（母の父系）	アンブライドルズソング／バブラー（フォーティナイナー系～ミスタープロスペクター系）

3 エンパイアメーカー(Empire Maker) 米国型

母トゥサードは米GⅠ勝ち馬で、GⅠ馬5頭の母となった名牝である。産駒の仕上がりが遅い、活躍馬に牝馬が多いなどの理由で日本に輸出されたが、アメリカに残した産駒が大ブレイク。孫アメリカンファラオが37年ぶりに米3冠馬（史上12頭目）となり、切望されて帰国した。

日本での産駒は勝ち鞍の8割がダートだが、エンパイアメーカー直仔のバトルプラン産駒も日本のダートで穴馬券を連発。人気薄、とくに湿ったダートや外枠で積極的に狙いたい。

エンパイアメーカー
- バトルプラン（2005年：北米GⅡニューオーリンズH）
  - ブレスジャーニー（2014年：GⅢ東京スポーツ杯2歳S）
- パイオニアオブザナイル（2006年：サンタアニタダービー）
  - アメリカンファラオ（2012年：米3冠、BCクラシック）
  - クラシックエンパイア（2014年：BCジュヴェナイル）

出生国・出生年・毛色	米国・2000年・黒鹿毛
競走年齢／競走成績（勝ち鞍の距離）	２～３歳／米８戦４勝（1600～2400m）。ベルモントS、ウッドメモリアルS、フロリダダービーなど。
父／母（母の父系）	アンブライドルド／トゥサード（ノーザンダンサー系）

3-1 バトルプラン(Battle Plan) 米国型

母は1994年米２牝馬チャンピオン、半姉サーフサイドは2000年の３歳牝馬チャンピオン。３～４歳時は各１戦のみながら、長期休養をはさんだ４連勝でGⅡに勝利。初挑戦のGⅠでも２着を確保したが、脚部不安で引退。2018年に来日し、ブレスジャーニー（サウジアラビアRC)、ライオンボス（アイビスSD）らを輩出した。

出生国・出生年・毛色	米国・2005年・鹿毛
競走年齢／競走成績（勝ち鞍の距離）	3～5歳／米6戦4勝（1600～1800m）。ニューオリンズH（米GⅡ）など。
父／母（母の父系）	エンパイアメーカー／フランダース（ミスタープロスペクター系）

3-2 アメリカンファラオ(American Pharoah) 米国型

父パイオニアオブザナイルはサンタアニタダービー馬だが、その父エンパイアメーカー産駒の中では地味な存在。母系の近親にも、活躍馬はいないが、史上初めて米3冠とBCクラシックの4冠を制覇した名馬となった。馬名登録時に「pharaoh」のスペルを誤ったため、「ファラオ」ではなく「フェイロー」や「フェイロア」と発音されることもある。

産駒はアメリカのダートよりも、オーストラリアやヨーロッパの芝、日本の砂のほうで実績を挙げている。

出生国・出生年・毛色	米国・2012年・鹿毛
競走年齢／競走成績（勝ち鞍の距離）	2～3歳／米11戦9勝（1400～2400m）。米3冠、BCクラシックなど。北米最優秀2歳牡馬（2014年）、北米年度代表馬・北米最優秀3歳牡馬（2015年）。
父／母（母の父系）	パイオニアオブザナイル／リトルプリンセスエマ（ストームバード系～ノーザンダンサー系）

4 ガンランナー(Gun Runner) 米国型

父はファピアノのひ孫にあたるアルゼンチン産馬で、4歳で米国に移籍し、GＩ3勝を含む6連勝を飾った。6世代目の本馬は3歳11月のクラークHでGＩ初制覇。4歳時のドバイワールドCこそアロゲートの2着だったが、以後は翌年のペガサスワールドCまでGＩ5連勝。2021年に米2歳リーディングサイアーとなり、種牡馬としての評価も高い。

日本では、時計が出る馬場状態を得意とする産駒が多いだろう。芝短距離向きの馬も一定数出る。揉まれずに走れる状況がよい。

出生国・出生年・毛色	米国・2013年・栗毛
競走年齢／競走成績（勝ち鞍の距離）	2～5歳／米首19戦12勝（1600～2000m）。BCクラシック、ペガサスワールドC、ホイットニーS、スティーヴンフォスターH、ウッドワードS、クラークHなど。北米年度代表馬・最優秀古牡馬（2017年）。
父／母（母の父系）	キャンディライド／クワイエットジャイアント（ストームバード系～ノーザンダンサー系）

ミスタープロスペクター系④
ゴーンウェスト

ミスタープロスペクターの9年目産駒。自身は米国ダート1800mのGI勝ち馬だが、芝ダートを問わず一流マイラーを多く出した。日本でもダートで良積を残すほか、芝でもダートでもゴーンウェストを父系に持つ産駒からレコードホルダーを出した。

ゴーンウェストの系統図

ゴーンウェスト 米国型
- ザフォニック 欧州型
- スパイツタウン 米国型

▶ゴーンウェストの特徴

- 芝ダートを問わず、スピード勝負に強い。
- スパイツタウンはスプリント力を、ザフォニックは欧州適性を高めやすい。

1 ゴーンウェスト(Gone West) 米国型

母の父は米3冠馬セクレタリアト。芝ダートを問わず一流マイラーを多く出し、日本では直仔種牡馬のケイムホームがインティ（フェブラリーS）を輩出。代表産駒のスパイツタウン、グランドスラム（産駒にジャパンダートダービーのカフェオリンポス）、イルーシヴクオリティ(孫にスプリンターズSのタワーオブロンドン）を父系に持つ産駒からも活躍馬が出ている。

母の父として、アポロケンタッキー(東京大賞典)、ジャスティン(カペラS)、アフリカンゴールド(京都記念)などを出した。産駒のミスターグリーリーはベストウォーリア(マイルCS南部杯2回)の、イルーシヴクオリティはショウナンアデラ（阪神JF）の母の父となっている。

出生国・出生年・毛色	米国・1984年・鹿毛
競走年齢／競走成績（勝ち鞍の距離）	2～3歳／米17戦6勝(1300～1800m)。ドワイヤーSなど。
父／母（母の父系）	ミスタープロスペクター／セクレタム (ボールドルーラー系～ナスルーラ系)

2 ザフォニック(Zafonic) 欧州型

ゴーンウェストの代表産駒。牝系から欧州型の能力をとり込み、英2000Gのコースレコードを35年ぶりに更新するなど、ヨーロッパの芝で名マイラーとして活躍。母の父は英愛ダービー馬ザミンストレル。

直仔イフラージ（英GⅡ3勝）の系統からアルマンゾル（2016年欧州最優秀3歳牡馬）が出て、注目を集めている。5代血統表には父系のゴーンウェストに加え、マジェスティックプリンス、シャーペンアップの名が見え、ネイティヴダンサー系が3本入っていることが特徴だ。

出生国・出生年・毛色	米国・1990年・鹿毛
競走年齢／競走成績（勝ち鞍の距離）	2～3歳／英仏7戦5勝（1200～1600m）。英2000G、デューハーストSなど。欧州最優秀2歳牡馬（1992年）。
父／母（母の父系）	ゴーンウェスト／ザイザフォン（ノーザンダンサー系）

3 スパイツタウン(Speightstown) 米国型

ゴーンウェストの代表産駒で、母は加2歳GⅠ馬。順調さを欠きながらも、4歳までに10戦5勝。5歳3月からGⅡ3勝を含む4連勝し、BCスプリントでGⅠ初制覇を飾った。日本で走った産駒にモズスーパーフレア（高松宮記念）、リエノテソーロ（全日本2歳優駿）、マテラスカイ（プロキオンS）など。**JRAでもゴーンウェストを父系に持つ産駒が、芝・ダートの両方でレコードホルダーとなった。**

出生国・出生年・毛色	米国・1998年・栗毛
競走年齢／競走成績（勝ち鞍の距離）	2～5歳／米16戦10勝（1200～1400m）。BCスプリントなど。北米最優秀短距離馬（2004年）。
父／母（母の父系）	ゴーンウェスト／シルケンキャット（ストームバード系～ノーザンダンサー系）

距離・条件	レコード更新馬	年	レース	タイム	父
芝1200m	タワーオブロンドン	2019	セントウルS	1.06.7	レイヴンズパス
芝1400m	タワーオブロンドン	2019	京王杯SC	1.19.4	レイヴンズパス
D 1200m	マテラスカイ	2020	クラスターC	1.08.5＊	スパイツタウン
D 1400m	マテラスカイ	2018	プロキオンS	1.20.3	スパイツタウン

※タイレコードを含む。＊は日本レコード。2022年末現在、マテラスカイのD1400 mを除いて更新されている。

ミスタープロスペクター系⑤
シーキングザゴールド

ミスタープロスペクターの10世代目産駒。アメリカの雑多な血を持つミスタープロスペクター系らしく、産駒は牝系の特徴次第で短距離から中距離、ダートまでこなす多彩な産駒を出した。牝馬の活躍馬も多いのが特徴。現在は、代表種牡馬のドバウィがヨーロッパで活躍中。

シーキングザゴールドの系統図

シーキングザゴールド 米国型 ---- ドバウィ 欧州型 —— マクフィ 欧州型

---- は中略

▶シーキングザゴールドの特徴

- 牝系の特徴次第で、短距離から中距離、ダートまでこなす。
- 現在の日本では、芝のスプリント戦、ダートで影響力の強い血である。

1 シーキングザゴールド(Seeking the Gold) 米国型

ミスタープロスペクター×バックパサー（父トムフール）は、ウッドマンと同じ配合。アメリカの雑多な血を持つミスタープロスペクター系らしく、**産駒は牝系の特徴次第で短距離から中距離までこなす多彩な産駒を出した。牝馬の活躍馬も多いのが特徴。**

代表産駒ドバイミレニアム（1996年生）は、ドバイ・ワールドカップ、ジャックルマロワ賞などＧＩ４勝。祖母フォールアスペン（1994米年度代表馬）から発展した名牝系出身で、おじにティンバーカントリーがいる。良血種牡馬として期待されたが、わずか1世代56頭を遺して急死した。日本ではスプリンターズＳで、産駒のマイネルラヴ、シーキングザパールが１・２フィニッシュを決めたことがある。

今なお日本では芝のスプリント戦、ダートで影響力の強い血である。

出生国・出生年・毛色	米国・1985年・鹿毛
競走年齢／競走成績（勝ち鞍の距離）	2～4歳／米15戦8勝（1200～2000m）。ドワイヤーS、スーパーダービーなど。
父／母（母の父系）	ミスタープロスペクター／コンゲーム（ストックウェル系～マイナー系）

2 ドバウィ(Dubawi) 欧州型

急死したスーパーサイアー、ドバイミレニアムの貴重な後継種牡馬。祖母の半弟にハイライズ（英ダービー）、近親にインザウイングス（BCターフ）。母の父ディプロイの半兄にウォーニング（クイーンエリザベスII S）、半弟にコマンダーインチーフ（英愛ダービー）がいる。

数多くのＧＩ馬を出して、2015年には仏リーディングサイアー、2022年には英愛のリーディングサイアーとなった。

出生国・出生年・毛色	愛国・2002年・鹿毛
競走年齢／競走成績（勝ち鞍の距離）	２～3歳／英愛仏８戦５勝（1200～1600m）。愛2000G、ジャックルマロワ賞、愛ナショナルSなど。伊リーディングサイアー（2010年）、仏リーディングサイアー（2015年）、英愛リーディングサイアー（2022年）。
父／母（母の父系）	ドバイミレニアム／ゾマラダー（ネヴァーベント系～ナスルーラ系）

2-1 マクフィ(Makfi) 欧州型

デビュー２戦目で仏GⅢに勝ち、英2000 Gでは９番人気の低評価を覆してＧＩ初勝利。３歳８月のジャックルマロワ賞では断然人気のゴルディコヴァを差し切り、祖父ドバイミレニアム、父ドバウィと３代制覇を達成。初年度産駒から仏2000G勝ちのメイクビリーヴを輩出し、日本でもオールアットワンスがアイビスSDに勝利した。

日本では、馬力と加速力勝負での強さを発揮しやすい芝1200 m以下、ダート1400 mで穴を出す産駒が多い。

出生国・出生年・毛色	英国・2007年・鹿毛
競走年齢／競走成績（勝ち鞍の距離）	2～3歳／英仏6戦4勝（1400～1600m）。英2000G、ジャックルマロワ賞など。
父／母（母の父系）	ドバウィ／デラール（ダンチヒ系～ノーザンダンサー系）
距離／芝ダート傾向	▶平均勝ち距離：芝1367m／ダート1527m ▶芝／ダート：19%／81%

ミスタープロスペクター系⑥

マキャヴェリアン

ミスタープロスペクターの直仔種牡馬で、現役時代はフランスの短距離GⅠを2勝した。近親に凱旋門賞馬バゴらがおり、中距離適性を示す産駒も出ている。後継種牡馬はドバイ・ワールドC勝ちのストリートクライ。

マキャヴェリアンの系統図

マキャヴェリアン 欧州型 ―― ストリートクライ 米国型

▶マキャヴェリアンの特徴

- 牝馬の活躍馬も多く、母系に入って底力と瞬発力を強化する。
- サンデーサイレンスと親和性が高いのが強み。

1 マキャヴェリアン（Machiavellian）欧州型

父はミスタープロスペクター。近親にバゴらがいる牝系から欧州適性をとり込みつつ、3歳初戦まで4連勝。産駒は早熟マイラーかと思われたが、アムルタワケル、ストリートクライがドバイ・ワールドカップに勝ち、中距離適性を示した。

日本では直仔のGⅠ級こそいないが、**母系に入って底力と瞬発力を強化する。とくにサンデーサイレンスと親和性が高いのが強み。**マキャヴェリアン産駒のハルーワスウィートが産んだヴィルシーナ（ヴィクトリアマイル2連覇、父ディープインパクト）、シュヴァルグラン（ジャパンC、父ハーツクライ）、ヴィブロス（秋華賞・ドバイターフ、父ディープインパクト）はすべて父がサンデー系。

出生国・出生年・毛色	米国・1987年・黒鹿毛
競走年齢／競走成績（勝ち鞍の距離）	2～3歳／英愛仏7戦4勝（1200～1400m）。モルニ賞、サラマンドル賞など。仏最優秀2歳牡馬（1989年）。
父／母（母の父系）	ミスタープロスペクター／クードフォリー（ヘイロー系～ターントゥ系）

ハルーワソングの牝系図（抜粋）

ハルーワソング USA（牝 1996 栗毛 Nureyev）
- ハルーワスウィート（牝 2001 栗毛 Machiavellian） 5勝
  - ヴィルシーナ（牝 2009 青毛 ディープインパクト） ヴィクトリアマイル2回など5勝
    - ブラヴァス（牡 2016 鹿毛 キングカメハメハ） 新潟記念など5勝
    - ディヴィーナ（牝 2018 鹿毛 モーリス） 4勝
  - シュヴァルグラン（牡 2012 栗毛 ハーツクライ） ジャパンCなど7勝、種牡馬
  - ヴィブロス（牝 2013 青毛 ディープインパクト） 秋華賞、ドバイターフなど2勝、2017年JRA最優秀4歳以上牝馬
  - グランヴィノス（牡 2020 青鹿毛 キタサンブラック） 1勝
- フレールジャック（牡 2008 鹿毛 ディープインパクト） ラジオNIKKEI賞など4勝
- マーティンボロ（牡 2009青鹿毛 ディープインパクト） 中日新聞杯、新潟記念など7勝

2 ストリートクライ（Street Cry） 米国型

父はマキャヴェリアン、母は愛オークス馬、母の父トロイは英愛ダービー馬。シャトル種牡馬として成功。産駒は距離不問で、芝もダートもオールウェザーもこなし、加速力を武器とする。

日本ではダート馬か、芝の短距離馬が多いが、配合次第で芝の中距離もこなせる可能性はある。オーストラリアのウインクスは、2015年5月から33連勝（1300～2040m）を記録。年度代表馬にも四季連続で選ばれた。

出生国・出生年・毛色	愛国・1998年・黒鹿毛
競走年齢／競走成績（勝ち鞍の距離）	2～3歳／米首12戦5勝（1300～2000m）。ドバイワールドCなど。
父／母（母の父系）	マキャヴェリアン／ヘレンストリート （ストックウェル系～マイナー系）

ミスタープロスペクター系⑦
スマートストライク

ミスタープロスペクターの直仔種牡馬。競走成績は平凡だが、母は加オークス馬で、半姉にダンススマートリー（加3冠、BC ディスタフ）などがいるカナダの名牝系出身。BC 勝ち馬を同時に輩出し、種牡馬としての評価を高めた。ケンタッキーダービーとの相性がよい。

スマートストライクの系統図

スマートストライク 米国型 ―― カーリン 米国型

▶スマートストライクの特徴

- ケンタッキーダービーと相性がよく、複数回穴を開けている。
- トップスピードを強化する血で、日本の芝競馬でも重要なスパイスを担う。

1 スマートストライク(Smart Strike) 米国型

種牡馬としての評価を決定づけたのは2007年9月30日、ベルモント競馬場で実施されたブリーダーズカップで、産駒のカーリン（ダート2000m）、イングリッシュチャンネル（芝2400m）、ファビュラスストライク（ダート1200m）が異なるカテゴリーの3つのＧⅠに勝ったこと。**その後も産駒の勝ち上がり率の高さで人気種牡馬の座を維持した。**

ケンタッキーダービーとも相性のよい血で、日本でも馬券が発売された2019年の同レースでは単勝66倍のカントリーハウスが優勝した。また、2022年のケンタッキーダービーを、単勝95倍で優勝したリッチストライクも父系にスマートストライクを持つ（カーリンの孫）。この馬券を的中させた日本のファンは（筆者含め）、この血の相性をレース前に見抜いていた血統ファンが多いとの噂。

トップスピードを強化する血で、日本の芝競馬でも重要なスパイスを担う。母の父としては、桜花賞とオークスを勝ったスターズオンアース、当時のレコードタイムで安田記念を優勝したストロングリターンを出した。

出生国・出生年・毛色	加国・1992年・鹿毛
競走年齢／競走成績（勝ち鞍の距離）	3～4歳／米8戦6勝（1400～1700m）。フィリップHアイズリンHなど。北米リーディングサイアー（2007～2008年）。
父／母（母の父系）	ミスタープロスペクター／クラッシーンスマート（ターントゥ系）

2 カーリン（Curlin） 米国型

スマートストライクの後継種牡馬。いとこにレッドスパーダ（京王杯SC）がおり、母の父デピュティミニスター（ヴァイスリージェント系）は1997～1998年の北米リーディングサイアー。2年連続年度代表馬に選出され、敗れた5戦のうち1つは芝のマンノウォーS 2着、もう1つはオールウェザーのBCクラシック4着。

出生国・出生年・毛色	米国・2004年・栗毛
競走年齢／競走成績（勝ち鞍の距離）	3～4歳／米首16戦11勝（1400～2000m）。BCクラシック、ドバイワールドCなど。北米年度代表馬・最優秀3歳牡馬（2007年）、北米年度代表馬・最優秀古牡馬（2008年）。
父／母（母の父系）	スマートストライク／シェリフズデピュティ（ヴァイスリージェント系～ノーザンダンサー系）

CHECK!

2019年5月4日 チャーチルダウンズ GIケンタッキーダービー（ダート2000m）

順位	馬名	性齢	人気	タイム	血統のポイント
1	カントリーハウス	牡3	14	2:03.93	父ルッキンアットラッキー（父スマートストライク）
2	コードオブオナー	牡3	11	3/4	父ノーブルミッション（欧州型サドラーズウェルズ系）

2019年にJRAでの単勝14番人気（現地アメリカでは18番人気）の大穴で勝ったカントリーハウスは、父にスマートストライクを持つルッキンアットラッキー産駒。2022年にJRAでの単勝19番人気（現地アメリカでは20番人気）で勝ったリッチストライクも、父の父にスマートストライクを持つキーンアイス産駒。なお、2019年も2022年も父系にスマートストライクを持つ馬は、それぞれカントリーハウスとリッチストライクしか出走していなかった。ケンタッキーダービーでスマートストライク系が大穴を出す要因は、ケンタッキーダービーまでにスマートストライクにピッタリと適性が合うレースがないことと、成長も晩成傾向のためだ。このことは、筆者が当時のレース前から「亀谷競馬サロン」などで発信しており、実際に血統を重視する日本のファンも馬券を購入している。そのため、日本のほうがアメリカよりもオッズが低くなる現象も生じた。

ミスタープロスペクター系⑧
その他

ミスタープロスペクターの誕生から約 50 年が経ち、現在では多くの分枝が生まれている。ここからはミスタープロスペクター系の傍流父系として、ミスワキやウッドマンなど、父系を形成するほどではなかったものの、日本に一定の影響を及ぼした馬をまとめて紹介する。

多様な才能を日本流にアレンジ

日本におけるミスタープロスペクター系の当初のイメージは、**仕上がりが早く、スピードがあり、芝なら短距離からマイル、ダートなら中距離までこなすが、底力に欠けるというもの**。

1990 年代の輸入ラッシュで導入された父系の多くはすでに埋もれてしまったが、世界的な隆盛の中で常に新たな種牡馬が供給されている。

その他のミスタープロスペクター系の系譜

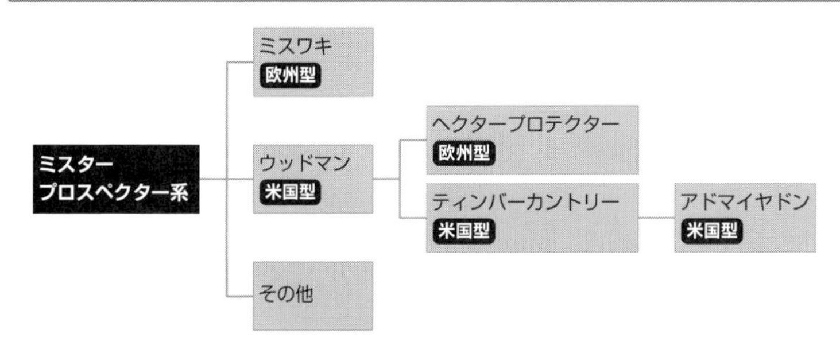

1 ミスワキ(Miswaki) 欧州型

父はミスタープロスペクター。母の父バックパサーはマルゼンスキーの母の父で、世界的にも母の父として評価が高い種牡馬。自身は仏ＧⅠ1勝のスプリンターだが、母系のスタミナ色の影響を受け、欧米の中長距離路線で活躍馬を輩出した異能の存在。

代表産駒は、世界の名繁殖牝馬アーバンシー。アーバンシー自身も凱旋門賞を勝ち、その産駒には英愛リーディングサイアーのガリレオやシーザスターズがいる。**母の父としても偉大な功績を残し、宝塚記念勝ち馬で今もなお語り継がれる金鯱賞で圧勝劇を演じたサイレンススズカの母の父でもある。**欧州型ミスタープロスペクター系の先駆けといえる。

出生国・出生年・毛色	米国・1978年・栗毛
競走年齢／競走成績（勝ち鞍の距離）	2～3歳／米仏英13戦6勝(1000～1600m)。サラマンドル賞など。
父／母（母の父系）	ミスタープロスペクター／ホープスプリングセターナル(ストックウェル系～マイナー系)

2 ウッドマン(Woodman) 米国型

ミスタープロスペクター×トムフール（バックパサーの父）の配合はミスワキと似ているが、母（愛2歳GⅢ2勝）の影響から仏米で2歳リーディングサイアーを獲得。日本では父としても、母の父としてもスプリンターズS（ヒシアケボノとアストンマーチャン）を勝った。ただし、**単なるスピード血統ではなく、多様なカテゴリーで活躍馬を出す。**

出生国・出生年・毛色	米国・1983年・栗毛
競走年齢／競走成績（勝ち鞍の距離）	2～3歳／英愛5戦3勝(1200～1600m)。アングルシーS(愛GⅢ)など。
父／母（母の父系）	ミスタープロスペクター／プレイメイト(ストックウェル系～マイナー系)

2-1 ヘクタープロテクター(Hector Protector) 欧州型

父はウッドマン。半弟に仏2000Gを兄弟制覇したシャンハイ、全妹にボスラシャム（欧州最優秀2歳牝馬）がいる超良血馬。

母系の血に含まれる欧州型の芝適性が強く、芝の勝ち鞍がダートを上回る。母の父として、ブラックエンブレム（秋華賞）、マジェスティバイオ（中山大障害、中山グランドジャンプ）を出している。

出生国・出生年・毛色	米国・1988年・栗毛
競走年齢／競走成績（勝ち鞍の距離）	2～3歳／英仏12戦9勝(1000～1600m)。仏2000G、ジャックルマロワ賞など。
父／母（母の父系）	ウッドマン／コルヴェヤ(ネヴァーベンド系～ナスルーラ系)

2-2 ティンバーカントリー(Timber Country) 米国型

父はウッドマン。母フォールアスペンの産駒は、出走13頭中9頭が重賞勝ち馬となった世界的な名牝系。おいにドバイミレニアム（ドバイワールドC、ドバウィの父）がいる。日本では、芝・ダート・障害でGI馬を出した。

産駒にアドマイヤドン（朝日杯FS、フェブラリーSなど）、母の父としてコパノリッキー(フェブラリーS 2回などGI級11勝）を出した。**馬力を高いレベルで強化する。**

出生国・出生年・毛色	米国・1992年・栗毛
競走年齢／競走成績（勝ち鞍の距離）	2～3歳／米12戦5勝(1300～1900m)。BCジュヴェナイル、プリークネスS、シャンペンSなど。北米最優秀2歳牡馬(1994年)。
父／母（母の父系）	ウッドマン／フォールアスペン(ストックウェル系～マイナー系)

3 アフリート(Afleet) 米国型

父はミスタープロスペクター。アメリカに残したノーザンアフリートは、フリートアレックス（プリークネスS、ベルモントS）の父となっている。日本では、初期に桜花賞馬プリモディーネなど芝のGI馬を出したが、**実績は断然ダート。母の父としても息の長い影響力を及ぼした。**

出生国・出生年・毛色	加国・1984年・栗毛
競走年齢／競走成績（勝ち鞍の距離）	3～4歳／米15戦7勝(1200～1800m)。ジェロームHなど。
父／母（母の父系）	ミスタープロスペクター／ポライトレディ(ストックウェル系～マイナー系)

4 ガルチ(Gulch) 米国型

父はミスタープロスペクター。母ジャミーラは58戦して米GI 3勝のタフネス。母の父ランバンクシャスはダート1700mのコースレコードホルダー。マイルを超える距離でも善戦したが、本質はスプリント色の濃いマイラー。代表産駒はサンダーガルチ（ケンタッキーダービー、ベルモントS）など。

出生国・出生年・毛色	米国・1984年・鹿毛
競走年齢／競走成績（勝ち鞍の距離）	2～4歳／米32戦13勝（1000～1800m）。BCスプリント、ウッドメモリアルSなど。北米最優秀短距離馬（1988年）。
父／母（母の父系）	ミスタープロスペクター／ジャミーラ（ハイペリオン系～ハンプトン系）

5 ジェイドロバリー（Jade Robbery） 欧州型

父はミスタープロスペクター。母の半兄にヌレイエフ、半姉の仔にサドラーズウェルズがいる良血馬。日本で供用されたミスタープロスペクター種牡馬として初めてリーディングサイアー・ランキング上位に入り、その後の同系種牡馬の呼び水となった。

産駒はマイル前後の軽いダートが得意で、２歳戦から走れて勝ち上がり率も高く、古馬になっても活躍できた産駒が多い。

出生国・出生年・毛色	米国・1987年・黒鹿毛
競走年齢／競走成績（勝ち鞍の距離）	2～3歳／仏7戦2勝（1400～1600m）。仏グランクリテリウムなど。
父／母（母の父系）	ミスタープロスペクター／ナンバー（ニジンスキー系～ノーザンダンサー系）

6 スキャン（Scan） 米国型

母ヴィデオは名種牡馬カーリアンの全妹。ミスタープロスペクター×ニジンスキーはジェイドロバリーと同配合だが、スキャンは米国型の資質を伝え、明らかに主戦場はダート。

母の父としての産駒の上級馬は東京ダートを得意とし、根岸Sや武蔵野Sでの好走例（メイショウマシュウ、ワイドバッハ、カフジテイクなど）が多い。

出生国・出生年・毛色	米国・1988年・鹿毛
競走年齢／競走成績（勝ち鞍の距離）	2～3歳／米16戦5勝（1400～1800m）。ジェロームH、ペガサスHなど。
父／母（母の父系）	ミスタープロスペクター／ヴィデオ（ニジンスキー系～ノーザンダンサー系）

7 アグネスデジタル 米国型

父クラフティプロスペクターはＧⅠでは２着が最高だったが、祖母の半兄にブラッシンググルーム（仏2000G）がいる良血種牡馬。

芝ＧⅠ４勝、ダートＧⅠ２勝した二刀流で、距離もダート1200mから芝2000mまでこなし、天皇賞秋では重馬場を克服。マイルＧⅠで２度もレコード勝ちしたオールラウンダー。種牡馬としては、父のレベルには及ばないが、ヤマニンキングリーは札幌記念（芝2000m）とシリウスＳ（ダート2000m）に勝利してマルチぶりを示した。

出生国・出生年・毛色	米国・1997年・栗毛
競走年齢／競走成績（勝ち鞍の距離）	２～６歳／日香首32戦12勝（1200～2200m）。天皇賞秋、マイルCS、安田記念、フェブラリーS、香港C、マイルCS南部杯など。JRA最優秀４歳以上牡馬（2001年）。
父／母（母の父系）	クラフティプロスペクター／チャンシースクウォー（ダンチヒ系～ノーザンダンサー系）

8 ウォーエンブレム（War Emblem） 米国型

父アワエンブレムは、アメリカのレース名にその名を残す名牝パーソナルエンスン（米13戦全勝、ＧⅠ８勝）の子。母の父ロードアトウォーはアルゼンチンの名マイラーで、アメリカ移籍後にＧⅠを２勝した。

サンデーサイレンスの父系やノーザンダンサーの血を持たないため、ポスト・サンデーサイレンスと期待されたが、牝馬に興味を示さず、初年度産駒はわずか４頭だった。ただし、７世代の約120頭からＧⅠ馬２頭を含む７頭の重賞ウイナーを出し、少数ながら質は高い。

出生国・出生年・毛色	米国・1999年・青鹿毛
競走年齢／競走成績（勝ち鞍の距離）	２～３歳／米13戦７勝（1600～2000m）。ケンタッキーダービー、プリークネスS、ハスケル招待Hなど。北米最優秀３歳牡馬（2002年）。
父／母（母の父系）	アワエンブレム／スウィーテストレディ（フェアウェイ系～マイナー系）

大系統❹

ターントゥ系

ターントゥ系はヘイルトゥリーズンとサーゲイロードの系統に大別され、前者はヘイロー系とロベルト系、後者はサーアイヴァーの系統とハビタット系に大別。

ターントゥの5代血統表

ターントゥ(1951年生 鹿毛 愛国産)

<table>
<tr><td rowspan="16">Royal Charger
1942 栗毛</td><td rowspan="8">Nearco
1935 黒鹿毛</td><td rowspan="4">Pharos
1920 黒鹿毛</td><td rowspan="2">Phalaris
1913</td><td>Polymelus</td></tr>
<tr><td>Bromus</td></tr>
<tr><td rowspan="2">Scapa Flow
1914</td><td>Chaucer</td></tr>
<tr><td>Anchora</td></tr>
<tr><td rowspan="4">Nogara
1928 鹿毛</td><td rowspan="2">Havresac
1915</td><td>Rabelais</td></tr>
<tr><td>Hors Concours</td></tr>
<tr><td rowspan="2">Catnip
1910</td><td>Spearmint</td></tr>
<tr><td>Sibola</td></tr>
<tr><td rowspan="8">Sun Princess
1937 鹿毛</td><td rowspan="4">Solario
1922 鹿毛</td><td rowspan="2">Gainsborough
1915</td><td>Bayardo</td></tr>
<tr><td>Rosedrop</td></tr>
<tr><td rowspan="2">Sun Worship
1912</td><td>Sundridge</td></tr>
<tr><td>Doctrine</td></tr>
<tr><td rowspan="4">Mumtaz Begum
1932 鹿毛</td><td rowspan="2">Blenheim
1927</td><td>Blandford</td></tr>
<tr><td>Malva</td></tr>
<tr><td rowspan="2">Mumtaz Mahal
1921</td><td>The Tetrarch</td></tr>
<tr><td>Lady Josephine</td></tr>
<tr><td rowspan="16">Source Sucree
1940 黒鹿毛
FNo.[1-w]</td><td rowspan="8">Admiral Drake
1931 黒鹿毛</td><td rowspan="4">Craig an Eran
1918 鹿毛</td><td rowspan="2">Sunstar
1908</td><td>Sundridge</td></tr>
<tr><td>Doris</td></tr>
<tr><td rowspan="2">Maid of the Mist
1906</td><td>Cyllene</td></tr>
<tr><td>Sceptre</td></tr>
<tr><td rowspan="4">Plucky Liege
1912 鹿毛</td><td rowspan="2">Spearmint
1903</td><td>Carbine</td></tr>
<tr><td>Maid of the Mint</td></tr>
<tr><td rowspan="2">Concertina
1896</td><td>St. Simon</td></tr>
<tr><td>Comic Song</td></tr>
<tr><td rowspan="8">Lavendula
1930 黒鹿毛</td><td rowspan="4">Pharos
1920 黒鹿毛</td><td rowspan="2">Phalaris
1913</td><td>Polymelus</td></tr>
<tr><td>Bromus</td></tr>
<tr><td rowspan="2">Scapa Flow
1914</td><td>Chaucer</td></tr>
<tr><td>Anchora</td></tr>
<tr><td rowspan="4">Sweet Lavender
1923 栗毛</td><td rowspan="2">Swynford
1907</td><td>John o'Gaunt</td></tr>
<tr><td>Canterbury Pilgrim</td></tr>
<tr><td rowspan="2">Marchetta
1907</td><td>Marco</td></tr>
<tr><td>Hetie Sorrel</td></tr>
</table>

Pharos 3 × 3、Speamint 5 × 4、Sundridge 5 × 5

1 米国から欧州、日本へと分枝を伸ばす

ターントゥは種牡馬としてヘイルトゥリーズン、サーゲイロード（米3冠馬セクレタリアトの半兄）という２頭の大物を出した。**日本ではヘイルトゥリーズン産駒のヘイローとロベルトの系統が好成績を残し、現在はヘイロー産駒のサンデーサイレンス系が突出。**

ヘイルトゥリーズンの系統が広がったのはJRAが芝馬場の整備技術を発達させ、世界一の直線スピードを発揮できる馬場をつくったことと、その適性に優れていたことが大きい。

ターントゥのプロフィール

成績 タイトル	2～3歳／米8戦6勝（1000～1800m）。サラトガスペシャルS、フラミンゴS、ガーデンステートSなど。	
種牡馬成績	北米2歳LS（1958年）	
血統	父：ロイヤルチャージャー　母：ソースサクリー（マイナー系）	
日本の主な活躍馬	～1989	ホウヨウボーイ、ニホンピロウイナー、シャダイカグラ、ヤマニンゼファー、ライスシャワー
	1990～	ナリタブライアン、チョウカイキャロル、マヤノトップガン、フラワーパーク、サニーブライアン、シルクジャスティス、タイキシャトル、ファレノプシス、グラスワンダー、シルクプリマドンナ、シンボリクリスエス、タイムパラドックス、ダンツフレーム、タニノギムレット、ノーリーズン
	2000～	スクリーンヒーロー、ウオッカ、ヴィクトリー、フリオーソ、アーネストリー、レインボーダリア
	2010～	エピファネイア、ゴールドアクター、モーリス、ルヴァンスレーヴ、デアリングタクト、エフフォーリア

*サンデーサイレンス系（→P.202）に含まれるものを除く。

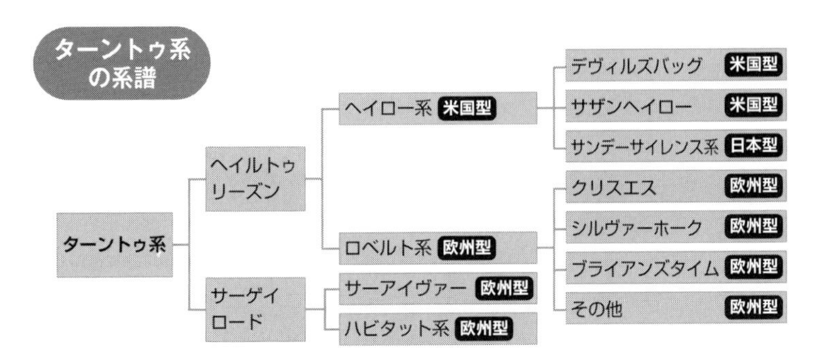

ターントゥ系①

ヘイロー系

ターントゥの代表産駒ヘイルトゥリーズンは1960年の北米2歳チャンピオン。わずか13頭の初年度産駒から5頭のステークスウイナーが出て人気種牡馬となり、1970年にボールドルーラーの8連覇を阻止して、北米リーディングサイアーとなった。父系を発展させたのは1968年生まれのヘイローとロベルト。

日本に大きな影響を与え続ける父系

ヘイルトゥリーズン産駒は仕上がりの早さとスピードが武器で、直仔ヘイローは母系のよさをとり込む包容力で北米リーディングサイアー（1983年・1989年）を獲得した。ただし、ヘイロー系の欧州・米国での広がりにおいては、ノーザンダンサー系やミスタープロスペクター系ほどには至っていない。**今後はヘイローの代表産駒サンデーサイレンスの系統を欧州、米国でも根づかせることが日本のホースマンたちの腕の見せどころである。**

ヘイロー系の系統図

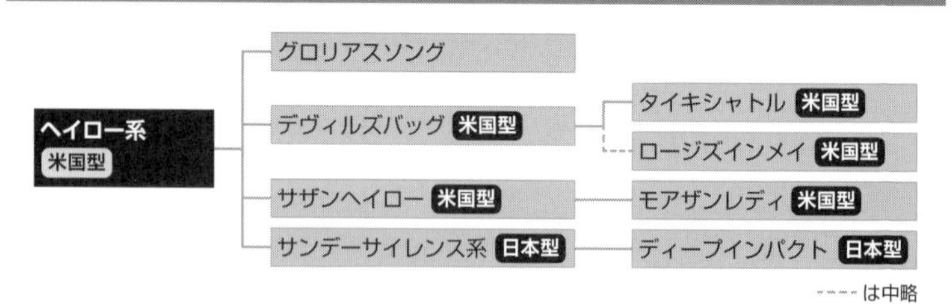

▶ヘイロー系の特徴

- 米国発祥のスピード血統で、母系と育成によっては、芝の直線で伸びも強化できる。
- タイキシャトルはカーリアンの血をとり込み、芝マイル適性を強化。その産駒メイショウボーラーは母系の影響で、父よりもダート短距離にシフト。
- サンデーサイレンスは、アルゼンチンの高速中距離適性の高い血を母系からとり込む。
- ロージズインメイは、母系からスタミナとパワーを強化。

1 ヘイロー(Halo) 米国型

ノーザンダンサーと同じ祖母を持ち、半兄にファーザーズイメージ(産駒に皐月賞馬ハワイアンイメージ)がいる。種牡馬になると名牝グロリアスソング(北米最優秀古馬牝馬)やサンデーサイレンスを出し、1983年・1989年に北米リーディングサイアーとなった。

気性が激しいことで知られ、それが産駒のゴール前の伸び(ガッツ)の源泉になっている。

出生国・出生年・毛色	米国・1969年・黒鹿毛
競走年齢/競走成績(勝ち鞍の距離)	2～5歳/米31戦9勝(1200～2400m)。ユナイテッドネーションズHなど。北米リーディングサイアー(1983年、1989年)。
父/母(母の父系)	ヘイルトゥリーズン/コスマー(ストックウェル系～マイナー系)

2 グロリアスソング(Glorious Song)

1980年の北米古牝馬チャンピオン。全弟にデヴィルズバッグ(タイキシャトルの父)がいる。繁殖牝馬として、ラーイ(父ブラッシンググルーム)、シングスピール(父インザウイングス:ジャパンCなどGI4勝)を出し、孫にダノンシャンティ(NHKマイルC)、ハルーワソング(ヴィルシーナ、シュヴァルグラン、ヴィブロスの祖母)がいる。

日本適性の高いヘイロー系繁殖牝馬。もしもサンデーサイレンスがいなければ、日本でもいま以上に注目度が上がっていたことだろう。グロリアスソングを持つ馬はサンデーサイレンスとの配合ではクロスが発生し、多くの活躍馬を出した。

出生国・出生年・毛色	加国・1976年・鹿毛
競走年齢/競走成績(勝ち鞍の距離)	2～5歳/米加34戦17勝(1200～2000m)。スピンスターS、サンタマルガリータH、トップフライトH、ラカニャーダSなど。北米最優秀古牝馬(1980年)。
父/母(母の父系)	ヘイロー/バラード(ハンプトン系)

3 デヴィルズバッグ(Devil's Bag) 米国型

全姉にグロリアスソング。母の父エルバジェはステイヤーだが、勝利時の着差合計が51馬身というスピード馬で、「セクレタリアトの再来」と評された。良血種牡馬らしく、**芝ダートで優れたマイラーを輩出**。

出生国・出生年・毛色	米国・1981年・鹿毛
競走年齢／競走成績（勝ち鞍の距離）	2～3歳／米9戦8勝（1400～1700m）。シャンペンS、ローレルFなど。北米最優秀2歳牡馬（1983年）。
父／母（母の父系）	ヘイロー／バラッド（ハンプトン系）

3-1 タイキシャトル 米国型

父デヴィルズバッグは北米最優秀古馬牝馬グロリアスソングの全弟。その父のスピードを受け継いだ**世界水準のマイラー**で、日本の貴重なスピード血統を築いた。母は愛1000G馬で、いとこにピースオブワールド（阪神JF）がいる。海外遠征をはさんでＧⅠ６連勝し、３歳時にはダートのユニコーンＳにも勝ち、**米国血統らしいスピードの持続力にも優れる。グロリアスソングと同じく、母系に入って日本向きのスピード能力を強化。**母の父としてレーヌミノル（桜花賞）、ストレイトガール（ヴィクトリアマイル連覇など）、ワンアンドオンリー（日本ダービー）を出している。

出生国・出生年・毛色	米国・1994年・栗毛
競走年齢／競走成績（勝ち鞍の距離）	3～4歳／日仏13戦11勝（1200～1600m）。ジャックルマロワ賞、マイルCS2回、安田記念、スプリンターズSなど。JRA最優秀短距離馬（1997年）、JRA年度代表馬・最優秀4歳以上牡馬・最優秀短距離馬（1998年）。
父／母（母の父系）	デヴィルズバッグ／ウェルシュマフィン（ニジンスキー系～ノーザンダンサー系）

3-2 ロージズインメイ(Roses in May) 米国型

父デヴィルヒズデューはデヴィルズバッグの代表産駒で、米中距離ＧⅠ５勝。ロージズインメイは３歳５月にデビューして、５歳でドバイ・ワールドカップに勝った晩成馬。

スピード父系のイメージは影を潜め、母の父であるプリンスキロ系のスタミナと馬力を強く受け継ぐ。**セールスポイントは、パワーとスタミナ。**後継種牡馬ドリームバレンチの母はスプリンターで、同系のメイショウボーラーのようなタイプ。

出生国・出生年・毛色	米国・2000年・青鹿毛
競走年齢／競走成績（勝ち鞍の距離）	3～5歳／米首13戦8勝（1700～2000m）。ドバイワールドCなど。
父／母（母の父系）	デヴィルヒズデュー／テルアシークレット（セントサイモン系）
距離／芝ダート傾向	▶平均勝ち距離：ダート1683m ▶芝／ダート：芝14%／ダート86% 芝もダートも、上がりがかかる前残りの展開、馬場を得意とする。これは母の父であるプリンスキロ系の影響もあるが、タフな前残りに強い馬を育成するラフィアン系の生産馬が多いことも影響していそう。

4 サザンヘイロー(Southern Halo) 米国型

重賞未勝利ながら種牡馬としてアルゼンチンで大成功し、1994年から8年連続でリーディングサイアーとなる。母の父として、マルペンサ（アルゼンチンGⅠ3勝、サトノダイヤモンドの母）を出した。「南半球のサンデーサイレンス」との期待から、日本でも2003年に1年供用。

出生国・出生年・毛色	米国・1983年・鹿毛
競走年齢／競走成績（勝ち鞍の距離）	3～4歳／米愛24戦5勝（1400～1800m）。アルゼンチンリーディングサイアー（1994～2001年、2003年、2007年）。
父／母（母の父系）	ヘイロー／ノーザンシー（ノーザンダンサー系）

4-1 モアザンレディ(More Than Ready) 米国型

サザンヘイローの代表産駒。2歳時に5連勝でGⅡを勝ち、3歳8月にGⅠ初勝利。代表産駒はBCスプリント連覇のロイエイチ、2019年米芝牝馬チャンピオンのユニ。日本で走った産駒にジャングロ（ニュージーランドT）。カフェファラオ（フェブラリーS）の母の父。

世界トップレベルのスプリント王国オーストラリアでも主流系統。仕上がりが早く、高いレベルのスプリント力を強化する。

出生国・出生年・毛色	米国・1997年・黒鹿毛
競走年齢／競走成績（勝ち鞍の距離）	2～3歳／米17戦7勝（900～1400m）。キングズビショップSなど。
父／母（母の父系）	サザンヘイロー／ウッドマンズガール（ミスタープロスペクター系）

ターントゥ系②
ロベルト系

英ダービー馬ロベルトに始まる父系は、日本ではリアルシャダイとブライアンズタイムの大成功で注目され、グラスワンダー、シンボリクリスエスが続いた。グラスワンダーの系統からはスクリーンヒーロー〜モーリスが、シンボリクリスエスの系統からはエピファネイアが活躍中。

大一番でアッといわせる底力を秘めた父系

とにかくスタミナと馬力が豊富。使いながら良化するタイプが多く、芝ダートや距離も問わないが、パワフルさが勝りすぎて、日本の芝ではスピード負けする産駒も多い。**潜在的な底力を秘め、大一番でハマると、思わぬ強敵を倒すことがある。**スタミナやパワーという個性を産駒によく伝える特徴もある。

ロベルト系の系統図

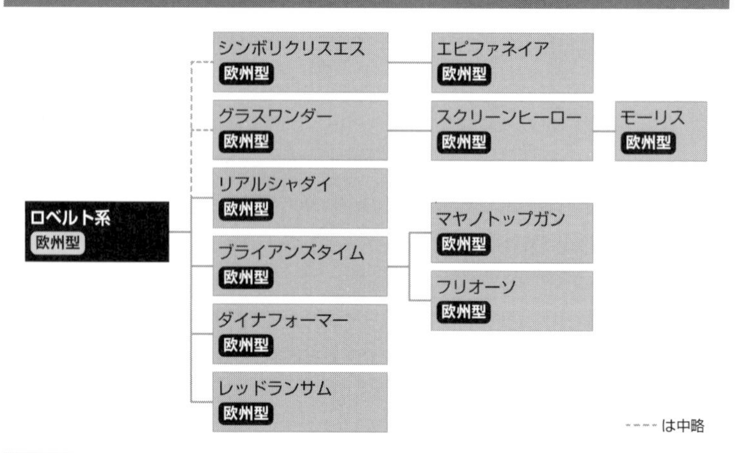

▶ロベルト系の特徴

- スタミナとパワーに優れ、一昔前のタフな芝は得意だった。
- 相手強化の厳しい流れで潜在能力が引き出される。
- 現在の馬場ではスタミナを活かしきれない馬も多いが、タフな馬場になるとまとめて穴を出すこともある。

●母の父がロベルト系の馬も、タフな馬場や相手強化によって潜在能力が引き出されやすい。

1 ロベルト(Roberto) 欧州型

母ブラマリーは米GⅠ馬で、母の父ナシュアは北米年度代表馬。

種牡馬としては、リボー系牝馬と相性がよく、多数の活躍馬を出した。しかし、後継種牡馬として成功したのはせいぜいGⅡ勝ちかそれ以下ばかりなのが、この父系の不思議なところ。**馬力とスタミナを強化し、あらゆる繁殖牝馬から大物を出す意外性も秘める。**

出生国・出生年・毛色	米国・1969年・鹿毛
競走年齢／競走成績（勝ち鞍の距離）	2～4歳／愛英仏14戦7勝(1200～2400m)。英ダービー、コロネーションCなど。英愛最優秀3歳牡馬(1972年)。
父／母（母の父系）	ヘイルトゥリーズン／ブラマリー(ナスルーラ系)

2 シンボリクリスエス 欧州型

父クリスエスはロベルト産駒。日本ダービーはタニノギムレットの2着だったが、3歳・4歳時に天皇賞秋と有馬記念を連覇し、ジャパンカップ（中山開催）にも勝った。

ロベルト系からパワーとスタミナを受け継ぐが、母の父のボールドルーラー系からスピードと持続力も引き継ぐため、ロベルト系の中ではスピード持続型。休み明けから走りやすいフレッシュさも持ち合わせている。

2009～2014年まで、リーディングサイアー10位以内を維持した。代表産駒にエピファネイア。母の父としてレイデオロ、オーソリティ、ソングライン。直仔よりも孫世代にGⅠ馬が多い。

出生国・出生年・毛色	米国・1999年・黒鹿毛
競走年齢／競走成績（勝ち鞍の距離）	2～4歳／日15戦8勝(1600～2500m)。天皇賞秋2回、有馬記念2回など。JRA年度代表馬(2002～2003年)、JRA最優秀3歳牡馬(2002年)、JRA最優秀4歳以上牡馬(2003年)。
父／母（母の父系）	クリスエス／ティーケイ(ボールドルーラー系～ナスルーラ系)
距離／芝ダート傾向	▶平均勝ち距離:芝1900m／ダート1767m ▶芝／ダート:50%／50%

2-1 エピファネイア 欧州型

母は日米オークスに勝ったシーザリオ（父スペシャルウィーク）。半弟にリオンディーズ（父キングカメハメハ）、サートゥルナーリア（父ロードカナロア）がいる。皐月賞・日本ダービーは2着だったが、菊花賞と4歳秋のジャパンCに勝利。3冠牝馬デアリングタクト、2021年の年度代表馬エフフォーリア、阪神JFのサークルオブライフと3世代連続でＧＩ馬を輩出した。

緩い流れへの強さと、気持ちの前向きさが持ち味。芝の新馬戦の好走率はとくに高い。芝の根幹距離と距離延長が得意な反面、距離短縮の短距離は苦手。フレッシュで好調なときに走りやすいので、前走着順が悪い人気馬は巻き返しを過度に期待しないほうがよい。

出生国・出生年・毛色	日本・2010年・鹿毛
競走年齢／競走成績（勝ち鞍の距離）	2～5歳／日首香14戦6勝（1800～3000m）。ジャパンC、菊花賞など。
父／母（母の父系）	シンボリクリスエス／シーザリオ（サンデーサイレンス系）
距離／芝ダート傾向	▶平均勝ち距離：芝1765m／ダート1669m ▶芝／ダート：84%／16%

3 シルヴァーホーク（Silver Hawk） 欧州型

母はＧＩマイラー。自身の重賞タイトルはＧⅢだけだが、愛ダービー2着、英ダービー3着がある。日本ではグラスワンダーがスクリーンヒーロー、モーリスへと父系をつなぎ、母の父としてはブラックホーク（安田記念＝9番人気）＆ピンクカメオ（NHKマイルC＝17番人気）兄妹を出した。**「人気薄で一発」のロベルトの血は、ここにも受け継がれている。**

出生国・出生年・毛色	米国・1979年・鹿毛
競走年齢／競走成績（勝ち鞍の距離）	2～3歳／英愛8戦3勝（1200～1600m）。クレイヴンS（英GⅢ）など。
父／母（母の父系）	ロベルト／グリヴィタス（ストックウェル系～マイナー系）

3-1 グラスワンダー 欧州型

3～4歳時のグランプリ3連覇など、1600～2500 mのＧⅠを4勝した外国産馬。全妹ワンダーアゲインは米ＧⅠ2勝、近親にディサイファ（札幌記念）。

2021年にひ孫のピクシーナイトがスプリンターズＳに勝ち、直系牡馬4代によるJRA ＧⅠ制覇を初めて達成した。

出生国・出生年・毛色	米国・1995年・栗毛
競走年齢／競走成績（勝ち鞍の距離）	2～5歳／日15戦9勝（1400～2500m）。有馬記念2回、宝塚記念、朝日杯3歳Ｓなど。JRA最優秀2歳牡馬（1997年）、JRA特別賞（1999年）。
父／母（母の父系）	シルヴァーホーク／アメリフローラ（ダンチヒ系～ノーザンダンサー系）

3-2 スクリーンヒーロー 欧州型

母の父サンデーサイレンス、祖母の父ノーザンテースト。日本競馬に欠かせない王道血統を牝系からとり込み、高速化する日本の芝への対応力を見せて、父ロベルト系の血を日本につないだ。

初年度産駒のモーリスは1600～2000m（マイルＧⅠ4勝、天皇賞秋、香港Ｃ）で、ゴールドアクターは2200m以上（有馬記念）で、それぞれ能力全開。ロベルト系らしく、産駒の勝ち星はダートと芝が半々。**下級条件でダートの勝ち星が多いのは、ロベルト系の特徴でもある。芝中長距離は上がりのかかるレースのほうが得意。**牝馬やヘイローをクロスした配合馬からは短距離も出る。ノーザンテーストとロベルトの影響で、キャリアを重ねて強くなる馬も多い。

出生国・出生年・毛色	日本・2004年・栗毛
競走年齢／競走成績（勝ち鞍の距離）	2～5歳／日23戦5勝（1800～2600m）。ジャパンCなど。JRA最優秀4歳以上牡馬。
父／母（母の父系）	グラスワンダー／ランニングヒロイン（サンデーサイレンス系）
距離／芝ダート傾向	▶平均勝ち距離：芝1707m／ダート1512m ▶芝／ダート：70%／30%

3-3 モーリス 欧州型

メジロ牧場が長く守った牝系の出身で、４歳１月以後は７連勝を含む11戦９勝２着２回で連対率100％。この間に日香のマイルＧⅠ５レースと天皇賞秋に勝利。初年度産駒からピクシーナイト（スプリンターズＳ）、ジェラルディーナ（エリザベス女王杯）を輩出した。

マズ（ドゥームベン10000Ｓ）、ヒトツ（オーストラリアンダービー）と、オーストラリアでもＧⅠ馬が複数出た。**ほかの上位種牡馬と比べて上がりがかかるレース、直線が短いレースを好む産駒が多い。**

出生国・出生年・毛色	日本・2011年・鹿毛
競走年齢／競走成績（勝ち鞍の距離）	2〜5歳／日香18戦11勝（1400〜2000m）。天皇賞秋、安田記念、マイルCS、香港C、チャンピオンズマイル、香港マイルなど。JRA年度代表馬・最優秀短距離馬（2015年）、JRA特別賞（2016年）。
父／母（母の父系）	スクリーンヒーロー／メジロフランシス（サドラーズウェルズ系〜ノーザンダンサー系）
距離／芝ダート傾向	▶平均勝ち距離：芝1692m／ダート1452m ▶芝／ダート：70%／30%

4 リアルシャダイ(Real Sadai) 欧州型

２年目産駒からシャダイカグラ（桜花賞）を出し、ヘイルトゥリーズン系の導入ブームを誘発。1993年にはノーザンテーストを抑えて、リーディングサイアーとなった。1995年の天皇賞春では産駒が１〜３着（ライスシャワー、ステージチャンプ、ハギノリアルキング）を独占。後継馬は残せなかったが、母の父としてもトウカイポイント（マイルCS）、イングランディーレ（天皇賞春）、アドマイヤジュピタ（天皇賞春）を輩出。芝3000m以上のＧⅠで存在感を示した。

出生国・出生年・毛色	米国・1979年・黒鹿毛
競走年齢／競走成績（勝ち鞍の距離）	2〜3歳／仏8戦2勝（2400〜2700m）。ドーヴィル大賞（仏GⅡ）など。日リーディングサイアー（1993年）。
父／母（母の父系）	ロベルト／デザートヴィクスン（マッチェム系）

5 ブライアンズタイム(Brian's Time) 欧州型

☑ ダート一流馬ながら、ダービー馬を輩出

ロベルト産駒の中では異能のダート一流馬。追い込み一手の脚質で2着や3着も多かったが、フロリダダービーでは断然人気の2歳チャンピオンであるフォーティナイナーを破る大金星を挙げ、大一番におけるロベルトの一発を受け継いでいることを示した。

初年度産駒のナリタブライアンが3冠＋有馬記念に勝って大ブレイク。ブライアンズタイムの系統から4頭のダービー馬（ナリタブライアン、サニーブライアン、タニノギムレット、ウオッカ）が出ている。

リーディングサイアーでトップ10以内を維持した期間はサンデーサイレンスの14年連続を上回る16年（1994～2009年）。産駒の連続重賞勝利年数でも17年連続のサンデーサイレンスを抜き、パーソロンに並ぶ18年を記録。連続記録が絶えたあとも重賞勝ち馬を出すなど、長年にわたって活躍し続けた。

☑ 晩年はダート種牡馬として活躍

晩年は芝の高速化と、繁殖の質によって上がり勝負の競馬に対応できない分、ダートでの活躍馬が増加し、NARでも顕彰馬に選出された。

母の父としても秋華賞馬ティコティコタック（10番人気）、菊花賞馬スリーロールス（8番人気）、天皇賞馬ビートブラック（14番人気）、皐月賞馬ディーマジェスティ（8番人気）など、人気薄のＧＩホースを数多く出した。**「大一番での大穴」の破壊力は、母系に入っても発揮。**

出生国・出生年・毛色	米国・1985年・黒鹿毛
競走年齢／競走成績（勝ち鞍の距離）	2～4歳／米21戦5勝(1400～1800m)。フロリダダービー、ペガサスHなど。
父／母（母の父系）	ロベルト／ケーリズデイ(リボー系～セントサイモン系)

5-1 マヤノトップガン 欧州型

ダート短距離から芝中距離に転じて5走目の菊花賞に勝ち、有馬記念も連勝。1歳上の3冠馬ナリタブライアンとのマッチレースとなった1996年阪神大賞典は、屈指の名レースとして知られる。産駒は目黒記

念3勝（チャクラ、キングトップガン、ムスカテール）。

出生国・出生年・毛色	日本・1992年・栗毛
競走年齢／競走成績（勝ち鞍の距離）	3～5歳／日21戦8勝（1200～3200m）。有馬記念、菊花賞、天皇賞春、宝塚記念など。JRA年度代表馬・最優秀3歳牡馬（1995年）。
父／母（母の父系）	ブライアンズタイム／アルプミープリーズ（レッドゴッド系～ナスルーラ系）

5-2 フリオーソ 欧州型

ブライアンズタイムのNARにおける代表産駒。２～８歳まで第一戦で活躍し、JRAの人気馬相手に完勝した2010年帝王賞などＧＩ６勝・２着10回。JRAでも2011年のフェブラリーＳで、トランセンドの２着に入った。主な産駒に東京ダービーのヒカリオーソ。**NAR（地方）適性の高い産駒が出やすい。**

出生国・出生年・毛色	日本・2004年・栗毛
競走年齢／競走成績（勝ち鞍の距離）	2～8歳／日39戦11勝（1400～2400m）。帝王賞2回、川崎記念、かしわ記念、ジャパンダートダービー、全日本2歳優駿など。NAR年度代表馬（2007～2008年、2010～2011年）、NAR2歳最優秀馬（2006年）、NAR3歳最優秀馬（2007年）、NAR4歳以上最優秀馬（2008～2010年）、NAR4歳以上最優秀牡馬（2011～2012年）。
父／母（母の父系）	ブライアンズタイム／ファーザ（ミスタープロスペクター系）
距離／芝ダート傾向	▶平均勝ち距離：ダート1422m ▶芝／ダート：0%／100%

5-3 ウオッカ

2007年の日本ダービーで史上初の父娘制覇と64年ぶりの牝馬の優勝（３頭目）を成しとげたほか、牡馬を相手にＧＩをいくつも勝った歴史的名牝。母系は日本古来の名門フローリスカップ系から派生したワカシラオキ系で、５代までにノーザンダンサーを持たない。

引退後はシーザスターズ（ダンチヒ系）、フランケル（サドラーズウェルズ系）、インヴィンシブルスピリット（ダンチヒ系）など、ノーザンダンサー系のビッグネームと交配された。

出生国・出生年・毛色	日本・2004年・鹿毛
競走年齢／競走成績 （勝ち鞍の距離）	2～6歳／日首26戦10勝（1600～2400m）。日本ダービー、ジャパンC、天皇賞秋、安田記念2回、ヴィクトリアマイル、阪神JFなど。JRA最優秀2歳牝馬（2006年）、特別賞（2007年）、JRA年度代表馬（2008～2009年）、最優秀4歳以上牝馬（2008～2009年）。
父／母（母の父系）	タニノギムレット／タニノシスター （ネヴァーベント系～ナスルーラ系）

6 ダイナフォーマー（Dynaformer） 欧州型

同じ父を持つ同い年のブライアンズタイムは、米GＩ勝ちがある母のいとこ。ともにロベルト×リボー系（しかも全兄弟同士）で血統構成はごく近い。代表産駒はケンタッキーダービー馬バーバロ。母の父としてグランシルク（京成杯AH）、アンドラステ（中京記念）を出す。

出生国・出生年・毛色	米国・1985年・黒鹿毛
競走年齢／競走成績 （勝ち鞍の距離）	2～4歳／米30戦7勝（1400～2400m）。ディスカヴァリーH（米GⅡ）、ジャージーダービー（米GⅡ）など。
父／母（母の父系）	ロベルト／アンドヴァーウェイ （リボー系～セントサイモン系）

7 レッドランサム（Red Ransom） 欧州型

キャリア3戦ながら、デビュー戦をレコード勝ちしたスピードが評価されて米英豪で供用。産駒にセントライト記念のロックドゥカンブ、ドバイワールドCのエレクトロキューショニスト、クイーンアンSのインティカブ（エリザベス女王杯連覇のスノーフェアリーの父）。

出生国・出生年・毛色	米国・1987年・鹿毛
競走年齢／競走成績 （勝ち鞍の距離）	2～3歳／米3戦2勝（1000～1200m）。
父／母（母の父系）	ロベルト／アラビアⅡ （ダマスカス系～マイナー系）

ターントゥ系③

サーゲイロード

ターントゥ系のうち、サーゲイロードの系統は主にヨーロッパで広がった。サーゲイロードの系統は、さらにサーアイヴァーの系統とハビタット系に大別できる。ハビタット系からはニホンピロウイナーが出ているが、直系父系は残っておらず、現在の日本への影響は限定的。

各地の特性をとり込んで生き残るローカル父系

サーゲイロードの系統は、かつての日本でスピード血統として鳴らしたハビタット系と、オーストラリア限定で広がるサートリストラムの系統が父系として続いている。

サーゲイロードの系統図

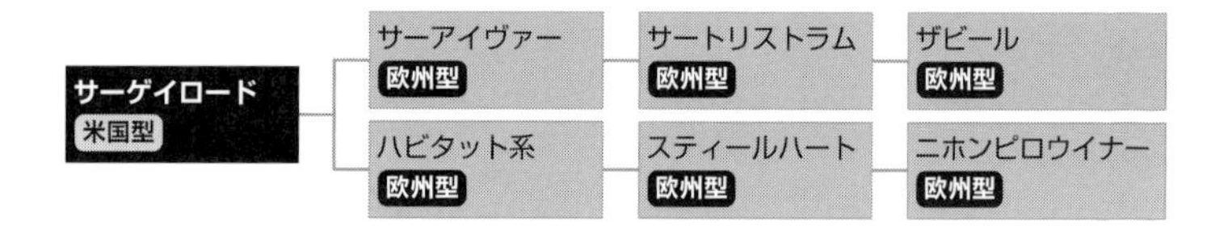

▶サーゲイロードの特徴

- 1980年代にハビタット系のニホンピロウイナーが活躍。
- 上級馬は2000mまでこなしたが、本質はスプリンター。
- サートリストラムの系統は健在だが、日本への影響は限定的。
- オーストラリアでは、サートリストラムの血がいまも影響を及ぼす。

1 サーゲイロード(Sir Gaylord) 米国型

サーゲイロードはターントゥの直仔で、米3冠馬セクレタリアトの半兄。サーアイヴァーとハビタットを出し、ヘイルトゥリーズンと並ぶターントゥの有力後継馬となった。サーアイヴァーは米国産馬として久しぶりに英ダービーを勝ち、マイラーとして活躍したハビタットはヨーロッパのスピード血統として成功した。

出生国・出生年・毛色	米国・1959年・黒鹿毛
競走年齢／競走成績（勝ち鞍の距離）	2～3歳／米18戦10勝（1100～1800m）。サブリングSなど。
父／母（母の父系）	ターントゥ／サムシングロイヤル（セントサイモン系）

2 サートリストラム（Sir Tristram） 欧州型

サーアイヴァーを父系に持つのが、オーストラリアの主流父系の源であるサートリストラム。競走成績は凡庸だが、**ハイペリオンの近親であり、バランスのとれた血統構成が評価されてオセアニアで大成功**。

ハイペリオンの個性を引き継いだ馬がマッチするオーストラリアで6回、ニュージーランドで7回、リーディングサイアーとなった。現在では、オセアニア競馬史上最高の種牡馬ともいわれている。

出生国・出生年・毛色	愛国・1971年・鹿毛
競走年齢／競走成績（勝ち鞍の距離）	2～4歳／英愛仏米19戦2勝（1600～1800m）。豪リーディングサイアー（1983年、1985～1987年、1989～1990年）。
父／母（母の父系）	サーアイヴァー／イゾルト（セントサイモン系）

2-1 ザビール（Zabeel） 欧州型

祖母の半妹に凱旋門賞馬デトロワ。半弟バリシニコフ（父ケンマール）もオーストラリアンG勝ち馬。豪リーディングサイアーを2度獲得し、代表産駒は豪年度代表馬オクタゴナル。母の父として宝塚記念2着の香港馬ワーザー、弥生賞のマイネルチャールズを出す。

出生国・出生年・毛色	新国・1986年・鹿毛
競走年齢／競走成績（勝ち鞍の距離）	3～5歳／豪19戦7勝（1200～2040m）。オーストラリアンGなど。豪リーディングサイアー（1998～1999年）。
父／母（母の父系）	サートリストラム／レディジゼル（ヌレイエフ系～ノーザンダンサー系）

2-2 ロンロ（Lonhro） 欧州型

父オクタゴナルは豪州でＧⅠ 10勝した1995／1996年の年度代表

馬。自身もオセアニアの主流血統であるサートリストラム系の後継馬で、1100〜2200mで走り、4〜5歳時にＧⅠ10勝を挙げた。2003／2004年度代表馬に選出され、オセアニア史上初めて父子で年度代表馬となった。種牡馬としても、2010／2011年シーズンに豪州リーディングサイアーとなっている。

出生国・出生年・毛色	豪州・1998年・黒鹿毛
競走年齢／競走成績（勝ち鞍の距離）	2〜6歳／豪35戦26勝（1100〜2000m）。ATCジョージメインSなど。豪リーディングサイアー（2011年）。
父／母（母の父系）	オクタゴナル／シャディア（ミスタープロスペクター系）

3 スティールハート(Steel Heart) 欧州型

父ハビタットの名を高めた名スプリンターで、英国短距離路線の王道レースを圧勝した。**父系も母系も短距離系で、日本向きのスピード血脈と期待されたとおり、優れたマイラーを数多く出した。**

出生国・出生年・毛色	愛国・1972年・黒鹿毛
競走年齢／競走成績（勝ち鞍の距離）	2〜3歳／英愛仏独12戦5勝（1000〜1200m）。ミドルパークSなど。
父／母（母の父系）	ハビタット／エイワン（ハイペリオン系〜ハンプトン系）

3-1 ニホンピロウイナー 欧州型

スティールハートの代表産駒で、ターントゥ系の日本への適性の高さを最初に示した種牡馬となった。母の父はチャイナロック（ハイセイコーの父）で、おじにキタノカチドキ（皐月賞、菊花賞）、おばにリードスワロー（エリザベス女王杯）兄妹がいる。

グレード制が導入され、距離体系の整備が始まった時期に登場した**「史上最強マイラー」で、1200〜2000mまでこなした。**ターントゥ系の本質的なスピードを伝えたが、直系子孫は残っていない。

出生国・出生年・毛色	米国・1980年・黒鹿毛
競走年齢／競走成績（勝ち鞍の距離）	2〜5歳／日26戦16勝（1200〜2000m）。マイルCS2回、安田記念など。JRA最優秀短距離馬（1983〜1985年）。
父／母（母の父系）	スティールハート／ニホンピロエバート（ハイペリオン系〜ハンプトン系）

- **サーゲイロード（1959年）**
  - サーアイヴァー（1965年：英ダービー）
  - ハビタット（1966年：ムーンランドロンシャン賞）
    - スティールハート（1972年：ミドルパークS）
      - ニホンピロウイナー（1980年：マイルGI3勝）
        - ヤマニンゼファー（1988年：安田記念2回）
        - フラワーパーク（1992年・牝：高松宮杯、スプリンターズS）
        - メガスターダム（1999年：GⅢ中京記念、GⅢラジオたんぱ2歳S）

ニホンピロウイナーの血は僅差の勝負に強い!?

これまでJRAのＧＩでは数多くの名勝負が繰り広げられ、写真判定が明暗を分けたケースも数多い。判定にもっとも時間を要したのは1996年のスプリンターズＳだと思われるが、勝ったフラワーパーク（父ニホンピロウイナー）と２着エイシンワシントン（父オジジアン）の着差は１cmといわれた。

同じくニホンピロウイナー産駒のヤマニンゼファーは、1993年の天皇賞秋を写真判定のハナ差で勝利。また、中距離を得意としたメガスターダムは、2001年のラジオたんぱ杯２歳Ｓをハナ差で勝ち、2005年の松籟ステークス（2400m）では１着同着となっている。

ターントゥ系はサンデーサイレンス系ばかりが目立っているが、ロベルト系のスクリーンヒーロー（写真）など、あなどれない種牡馬が多い。

大系統❺

サンデーサイレンス系

サンデーサイレンスはノーザンダンサーもミスタープロスペクターも持たない血統で配合の自由度が高く、日本の血統地図を書き換える大種牡馬となった。

サンデーサイレンスの5代血統表

サンデーサイレンス(1986年生 青鹿毛 米国産)

Halo 1969 黒鹿毛	Hail to Reason 1958 黒鹿毛	Turn-to 1951 鹿毛	Royal Charger 1942	Nearco
				Sun Princess
			Source Sucree 1940	Admiral Drake
				Lavendula
		Nothirdchance 1948 鹿毛	Blue Swords 1940	**Blue Larkspur**
				Flaming Swords
			Galla Colors 1943	Sir Gallahad
				Rouge et Noir
	Cosmah 1953 鹿毛	Cosmic Bomb 1944 黒鹿毛	Pharamond 1925	Phalaris
				Selene
			Banish Fear 1932	**Blue Larkspur**
				Herodiade
		Almahmoud 1947 栗毛	**Mahmoud** 1933	Blenheim
				Mah Mahal
			Arbitrator 1937	Peace Chance
				Mother Goose
Wishing Well 1975 鹿毛 FNo.[3-e]	Understanding 1963 栗毛	Promised Land 1954 芦毛	Palestinian 1946	Sun Again
				Dolly Whisk
			Mahmoudess 1942	**Mahmoud**
				Forever Yours
		Pretty Ways 1953 黒鹿毛	Stymie 1941	Equestrian
				Stop Watch
			Pretty Jo 1948	Bull Lea
				Fib
	Mountain Flower 1964 鹿毛	Montparnasse 1956 黒鹿毛	Gulf Stream 1943	Hyperion
				Tide-way
			Mignon 1946	Fox Cub
				Mi Condesa
		Edelweiss 1959 鹿毛	Hillary 1952	Khaled
				Snow Bunny
			Dowager 1948	Free France
				Marcellina

Blue Larkspur 5 × 5、Mahmoud 4 × 5

1 日本の高速馬場にマッチ

サンデーサイレンスはダート主流のアメリカで活躍した一流馬だが、主に欧州型の繁殖牝馬との配合によって日本独自の芝向きの馬を出しやすい種牡馬であった。

日本は速い時計の出やすい独特の路盤をしており、独自の野芝（札幌と函館は洋芝）で行われる。**海外の同距離のレースと比べて、走破タイム、とくに上がりタイムはかなり速い。また、日本の芝コースは、道中では脚をタメて直線でスピードを発揮するレースパターンのほうが速い時計を出しやすい。**これがサンデーサイレンス系に抜群にマッチした。

サンデーサイレンスのプロフィール

成績 タイトル	2～4歳／米14戦9勝(1200～2000m)。ケンタッキーダービー、プリークネスS、BCクラシックなど。北米年度代表馬・北米最優秀3歳牡馬(1989年)。	
種牡馬成績	日LS(1995～2007年)、日BMS(2006～2017年)。	
血統	父:ヘイロー　母:ウィシイングウェル(マイナー系)	
日本の主な活躍馬	～1995	フジキセキ、ダンスパートナー、タヤスツヨシ、バブルガムフェロー、サイレンススズカ、ステイゴールド、スペシャルウィーク
	1999～	エアシャカール、アグネスタキオン、マンハッタンカフェ、ゴールドアリュール、デュランダル
	2000～	スティルインラヴ、ネオユニヴァース、アドマイヤグルーヴ、ゼンノロブロイ、ヘヴンリーロマンス、ダイワメジャー、ハーツクライ、ディープインパクト、シーザリオ、カネヒキリ、ドリームジャーニー、ダイワスカーレット、エスポワールシチー、スマートファルコン、ブエナビスタ、オルフェーヴル、ゴールドシップ、ジェンティルドンナ
	2010～	キズナ、コパノリッキー、キタサンブラック、サトノダイヤモンド、スワーヴリチャード、リスグラシュー、フィエールマン、ラッキーライラック、ラヴズオンリーユー、グランアレグリア、コントレイル、シャフリヤール、イクイノックス、ドウデュース

サンデーサイレンス系の系譜

サンデーサイレンス系 日本型
- ディープインパクト Tサンデー
- ハーツクライ Tサンデー
- ステイゴールド Tサンデー
- ダイワメジャー Pサンデー
- フジキセキ Pサンデー
- アグネスタキオン Pサンデー
- ゴールドアリュール Dサンデー
- ネオユニヴァース Dサンデー

2 能力適性によって、3タイプに分けられる

いまや、日本の芝競馬は「サンデーサイレンスの血をベースにどのようにアレンジするか？」の時代が続いている。

そこで本書では、父サンデーサイレンス系の種牡馬を能力適性から見て**Tサンデー系（芝の中長距離向き）、Pサンデー系（芝の短距離〜マイル向き）、Dサンデー系（ダート向き）、どれにも属さないLサンデー系、そしてサンデーサイレンス系の中でも特別な能力（父も超えた能力）を持つディープインパクト系**に分けて解説する。

サンデーサイレンス系の能力適性による分類

系統	分類	種牡馬	種牡馬
サンデーサイレンス系	Tサンデー系	ステイゴールド	ゼンノロブロイ
		ハーツクライ	ヴィクトワールピサ＊
		マンハッタンカフェ	オルフェーヴル＊
	Pサンデー系	ダイワメジャー	デュランダル
		キンシャサノキセキ＊	マツリダゴッホ
		フジキセキ	ディープブリランテ＊
	Dサンデー系	ゴールドアリュール	カネヒキリ＊
		ネオユニヴァース	
	Lサンデー系	ブラックタイド	ディープスカイ＊
		マーベラスサンデー	メイショウオウドウ
	ディープ系	ディープインパクト	シルバーステート＊
		キズナ＊	サトノダイヤモンド＊
		ミッキーアイル＊	コントレイル＊

＊はサンデーサイレンスの孫世代。

3 後継種牡馬はアウトブリードが主流

サンデーサイレンスは12世代で901頭の勝ち馬を出し、重賞311勝（うちＧⅠ71勝）を挙げた。直仔のダービー馬6頭を含め、70頭以上が種牡馬となった。

主な後継種牡馬のうち、アグネスタキオン、フジキセキ、ネオユニヴァース、マンハッタンカフェは5代までのインブリードがなく、ノーザンダンサーもミスタープロスペクターも持っていない。

ステイゴールド、スペシャルウィーク、ディープインパクトは４代前にノーザンダンサーを持ち、ゼンノロブロイは３代前にミスタープロスペクターを持つものの、５代までのインブリードはない。

サンデーサイレンス系の強みは「血の雑多性」

・アグネスタキオン ・フジキセキ ・ネオユニヴァース ・マンハッタンカフェ	➡ ５代までインブリードがなく、ノーザンダンサーも、ミスタープロスペクターもない。
・ステイゴールド ・スペシャルウィーク ・ディープインパクト	➡ ５代までにインブリードがない。

4 サンデーサイレンスはなぜ成功したのか

サンデーサイレンスは北米リーディングサイアー×米ＧⅡ勝ち馬という配合で、母系に活躍馬がほとんどいない。良血馬イージーゴア（父アリダー）のライバルとして米２冠やBCクラシックに勝利したが、アメリカの主流血脈の薄さがアメリカの生産界では敬遠されたことと、社台ファームの吉田照哉氏とサンデーサイレンスの生産牧場ストーンファームとの親密な関係によって日本に導入された。

1990年代初頭の日本ではノーザンテーストに代表されるノーザンダンサー系が勢いを失いつつある時期で、リアルシャダイ、トニービン、ブライアンズタイムらが台頭。そこに割って入ったサンデーサイレンスは、**日本の主流血統を受け継ぐ繁殖牝馬の資質を引き出す能力を活かして一時代を築いた**。しかも、ノーザンダンサーもミスタープロスペクターも持たない血統ゆえ、配合の自由度も高い。

特筆すべきは血統構成が似ていて、お互いにライバルとなるはずの後継種牡馬たちによってサンデーサイレンス系と呼べる父系を築いている点だ。これは日本の近代競馬において、初めての快挙である。

5 サンデーサイレンスの配合の特徴

サンデーサイレンス自体の適性を血統で評価するならば、ダート芝兼用血統で、中距離よりは短いところに距離適性がある。しかし、**サンデーサイレンスはヘイロー系の中でも突出した筋力、心肺能力、遺伝力**

を持っていた。加えて、欧州型繁殖牝馬と配合した場合、最後の直線までエネルギーを温存すれば爆発的な直線スピードを発揮できる個性を持っていた。これが直線までエネルギーを温存しやすい日本の馬場に、抜群に合ったのである。

とはいえ、ディープインパクトやハーツクライが誕生したのは、サンデーサイレンスが日本に来てから10年近く経ってから。それまで日本でもっとも成功を収めたノーザンテーストを父に持つ繁殖牝馬とサンデーサイレンスの配合馬からは、芝2200m以上のGⅠ勝ち馬は出なかった。**より日本競馬に適し、とくに芝2400mで直線スピードを発揮できるサンデーサイレンス産駒を生み出すために、繁殖牝馬との配合ノウハウや産駒の育成ノウハウを培うのに、10年近くの歳月を要したともいえる**。

ディープインパクト（写真）はサンデーサイレンスの9世代目産駒。種牡馬として、日本ダービー7勝を含め東京芝2400mGⅠを15勝している（2022年末現在）。

サンデーサイレンス系①
ディープインパクト系

名手・武豊騎手が“空を飛んでいるみたい”と絶賛した走りで、多くのファンを魅了したディープインパクト。14戦12勝（GI7勝）という輝かしい戦績を残してターフを去り、13年連続リーディングサイアーに輝いたサンデーサイレンスの最高傑作として、その実績に違わぬ種牡馬成績を残した。

1 ディープインパクト ディープ系

ディープインパクトの3代母ハイクレアはエリザベス女王の所有馬で、世界的名牝系を形成。欧州の歴史的名馬バーイードも、ハイクレア牝系である。**母ウインドインハーヘアは独GⅠ馬、母の父アルザオはリファール産駒と、母系には欧州型のスタミナ血脈が凝縮されている。**

牡馬にしては小柄だが、牡馬クラシック3冠を含むGⅠ7勝を挙げ、父の最高傑作と評された。日本中の期待を背負って挑んだ2006年の凱旋門賞は3着入線に終わった（のちに失格）。

2012年から11年連続リーディングサイアー。母の父としても、キセキ（菊花賞、父ルーラーシップ）、ジェラルディーナ（エリザベス女王杯、父モーリス）、ドルチェモア（朝日杯FS、父ルーラーシップ）を送り出し、母の父としても見逃せない存在だ。

出生国・出生年・毛色	日本・2002年・鹿毛
競走年齢／競走成績（勝ち鞍の距離）	2～4歳／日仏14戦12勝（2000～3200m）。3冠、天皇賞春、宝塚記念、ジャパンC、有馬記念など。JRA年度代表馬（2005～2006年）、JRA最優秀3歳牡馬（2005年）、JRA最優秀4歳以上牡馬（2006年）。日リーディングサイアー（2012～2022年）。
父／母（母の父系）	サンデーサイレンス／ウインドインハーヘア （リファール系～ノーザンダンサー系）
距離／芝ダート傾向	▶平均勝ち距離：芝1895m／ダート1800m ▶芝／ダート：87%／13% 芝中長距離での直線スピードは父をもしのぐ。日本の主流スピードが問われる芝1600m、2000m、2400mの根幹距離や、直線スピードを発揮しやすい馬場では世界最高峰の種牡馬。勢いのあるフレッシュな状態で出走すれば、自身の天井まで競走能力を発揮する前向きさを持つ。逆にいえば、ダートやスプリント戦、勢いを失った際の巻き返しは期待薄。米国型との配合では3歳で完成することが多く、その後キャリアを重ねるほどにパワー型になりやすい。欧州型との配合では、タフな馬場や使いながら体力を強化されるタイプが出やすい。

短距離型の牝馬との配合でスピードを補う

☑機動性の高いスピードと小柄な体格を補う

現役時代に芝2000m以上で活躍したディープインパクトは、スピード型の血統構成を持つ繁殖牝馬との配合による成功例が多い。代表例はストームキャットやフレンチデピュティで、ニックスと認識されている。

近年は米国型ミスタープロスペクター系、米国型ノーザンダンサー系、ヘイロー系、欧州型の芝短距離適性を持つ繁殖牝馬との配合も増えている。これは機動性の高いスピードを加味し、小柄な体格を補いたい生産者の意向の表れ。**興味深いのは、種牡馬としてサンデーサイレンスとディープインパクトでは、成功する繁殖牝馬のパターンに違いがあること。**ディープインパクトの成功配合の1つである母の父ストームキャットは、サンデーサイレンスとの配合ではGⅠ馬を出しておらず、母の父ダンチヒ系との配合でも芝1600m以上GⅠの勝ち馬はいない。

☑ディープ、ハーツはより欧州色が高められた血統

ディープインパクトとハーツクライは、サンデーサイレンスと比べれば、より日本色、欧州色が高められた血統である。したがって、日本、ひいては世界で通用する繁殖牝馬と産駒の育成パターンも、サンデーサイレンスとは違ったものになるのだろう。

また、欧州で活躍するディープインパクト産駒と、日本のダービーで活躍するディープインパクト産駒の配合パターンも対照的であった。**日本でダービーを勝ったディープ産駒で、欧州最高峰の種牡馬サドラーズウェルズの血を持つ馬は1頭もいない。ところが、欧州のクラシックGⅠを勝ったディープインパクト産駒のスノーフォール（英愛オークス、母の父ガリレオ）、サクソンウォリアー（英2000G、母の父ガリレオ）はともにサドラーズウェルズを持っていたのである。**

2 ダノンバラード ディープ系

ディープインパクトの初年度産駒。ラジオNIKKEI杯2歳Sで、父の産駒重賞初勝利を飾る。母は交流重賞2勝馬で、曾祖母バラードの産

駒にグロリアスソングがいる名牝系。日本で種牡馬となったあと、伊英を経て2019年から日本で供用。産駒にフェアリーSのキタウイング。

上がりのかかる芝や、ダート適性が高いタイプのディープ系種牡馬。体力の完成も早く、2・3歳戦も強い。

出生国・出生年・毛色	日本・2008年・黒鹿毛
競走年齢／競走成績（勝ち鞍の距離）	2～6歳／日26戦5勝（1800～2200m）。AJCC（GⅡ）、宝塚記念2着など。
父／母（母の父系）	ディープインパクト／レディバラード（ミスタープロスペクター系）

3 ジェンティルドンナ

2022年末現在、ディープインパクト産駒の最高賞金獲得馬は、並みいる牡馬を抑えてこの馬である。母は英2歳GⅠ馬で、母の父ベルトリーニは英GⅢ勝ちのスプリンター。ダービー馬ワンアンドオンリー、皐月賞馬ノーリーズンらが出るコートリーディー系出身で、日本との親和性が高い。この馬の成功が、ディープインパクトに短距離系牝馬を配合することが増えた一因にもなっている。

牝馬3冠だけでも偉業だが、3歳牝馬として初めてジャパンカップに勝ち、史上初めて連覇を果たした。牝馬でジャパンカップと有馬記念に勝ったのも史上初で、どちらもディープインパクトとの父娘制覇である。やわらかさを保つということと、斤量のアドバンテージも含む俊敏さで抜きん出ることでも、牝馬という点は有利だったといえる。2022年には、3番仔のジェラルディーナ（父モーリス）がエリザベス女王杯に勝利。

出生国・出生年・毛色	日本・2009年・鹿毛
競走年齢／競走成績（勝ち鞍の距離）	2～5歳／日首19戦10勝（1600～2500m）。牝馬3冠、ジャパンC2回、有馬記念、ドバイ・シーマクラシックなど。JRA年度代表馬（2012年、2014年）、JRA最優秀3歳牝馬（2012年）、JRA最優秀4歳以上牝馬（2013～2014年）。
父／母（母の父系）	ディープインパクト／ドナブリーニ（ダンチヒ系～ノーザンダンサー系）

4 キズナ ディープ系

半姉に桜花賞などＧⅠ３勝のファレノプシス（父ブライアンズタイム)、おじに1993年JRA年度代表馬ビワハヤヒデ、1994年の３冠馬ナリタブライアン兄弟。毎日杯、京都新聞杯を連勝し、３走目から手綱をとった武豊にダービー５勝目をもたらした。凱旋門賞はトレヴの４着（２着オルフェーヴル)。産駒にエリザベス女王杯のアカイイト、安田記念のソングライン、阪神大賞典のディープボンドなど。

牝馬は芝マイル前後、牡馬はダート中距離や芝2200m以上に適性を示す産駒が多い。崩れにくい真面目さと体力のある産駒が出やすい。

出生国・出生年・毛色	日本・2010年・青鹿毛
競走年齢／競走成績（勝ち鞍の距離）	2〜5歳／日仏14戦7勝(1800〜2400m)。日本ダービー、ニエル賞(仏GⅡ)など。JRA最優秀3歳牡馬(2013年)。
父／母（母の父系）	ディープインパクト／キャットクイル (ストームバード系〜ノーザンダンサー系)
距離／芝ダート傾向	▶平均勝ち距離:芝1764m／ダート1676m ▶芝／ダート:60%／40%

5 ミッキーアイル ディープ系

３代母ステラマドリッドは米ＧⅠ４勝（ひ孫にエリザベス女王杯連覇のラッキーライラック)、いとこにアエロリット（NHKマイルＣ)。マイルＧⅠを２勝し、スプリンターズＳと高松宮記念で２着。初年度産駒から京王杯SCのメイケイエールが出ている。

大型馬が出やすく、牡馬はダート短距離、牝馬は芝短距離を得意とする馬が多い。２歳戦から３歳の早い時期に、体力のアドバンテージを活かしやすい。

出生国・出生年・毛色	日本・2011年・鹿毛
競走年齢／競走成績（勝ち鞍の距離）	2〜5歳／日香20戦8勝(1400〜1600m)。NHKマイルC、マイルCSなど。JRA最優秀短距離馬(2016年)。
父／母（母の父系）	ディープインパクト／スターアイル(ダンチヒ系〜ノーザンダンサー系)
距離／芝ダート傾向	▶平均勝ち距離:芝1379m／ダート1403m ▶芝／ダート:49%／51%

6 エイシンヒカリ ディープ系

3歳4月にデビュー後、5連勝目のアイルランドTで大外によれながら逃げ切ったレースで強烈な印象を残した。4歳暮れの香港CでＧⅠ初制覇、5歳5月の仏ＧⅠイスパーン賞を圧勝してワールドサラブレッドランキング1位を獲得。めいに桜花賞3着のスマイルカナがいる。**牝馬の芝短距離、とくに重い馬場で注目。**

出生国・出生年・毛色	日本・2011年・芦毛
競走年齢／競走成績（勝ち鞍の距離）	3〜5歳／日英仏香15戦10勝（1800〜2000m）。イスパーン賞、香港Cなど。
父／母（母の父系）	ディープインパクト／キャタリナ（ストームバード系〜ノーザンダンサー系）
距離／芝ダート傾向	▶平均勝ち距離：芝1384m／ダート1520m ▶芝／ダート：72%／28%

7 サトノアラジン ディープ系

母は米ＧⅡ勝ち馬、全姉ラキシスはエリザベス女王杯勝ち馬。重賞3着が続いて春のクラシックには出走できず、菊花賞に挑むも6着。マイル路線に転じた4歳時から成績が安定し、5歳春の京王杯SCで重賞初制覇をはたす。6歳春に7番人気の低評価を覆して、安田記念に見事勝利した。

牡馬はダート中距離、牝馬は芝マイル前後に適性を示す産駒が多い。その点で同じ父×母の父のキズナに近い。

出生国・出生年・毛色	日本・2011年・鹿毛
競走年齢／競走成績（勝ち鞍の距離）	2〜6歳／日香29戦8勝（1400〜2000m）。安田記念など。
父／母（母の父系）	ディープインパクト／マジックストーム（ストームバード系〜ノーザンダンサー系）
距離／芝ダート傾向	▶平均勝ち距離：芝1378m／ダート1756m ▶芝／ダート：36%／64%

8 リアルスティール ディープ系

3代母ミエスクはBCマイル連覇などＧⅠ10勝の名牝で、祖母はキングマンボの全妹。自身の全妹にラヴズオンリーユー（オークス、BCフィリー&メアターフ、香港C）。クラシック皆勤も皐月賞・菊花賞が2着、ダービー4着と惜敗。4歳春のドバイターフでＧⅠ初制覇。

本格化に時間のかかる産駒が多いが、直線が長く、速い上がりが要求される芝中距離を得意とする産駒が出やすい。ダート適性が高い馬も出す。

出生国・出生年・毛色	日本・2012年・鹿毛
競走年齢／競走成績（勝ち鞍の距離）	2～6歳／日首17戦4勝（1800m）。ドバイターフなど。
父／母（母の父系）	ディープインパクト／ラヴズオンリーミー（ストームバード系～ノーザンダンサー系）

9 グレーターロンドン ディープ系

母の父ドクターデヴィアスは1992年の英ダービー馬。母は桜花賞2着、半姉にオークス馬ダイワエルシエーロ、おいに菊花賞馬キセキ。3歳時に発症した蹄葉炎（ていようえん）を克服し、GⅢ中京記念のレコード勝ちを最後に引退。初年度産駒から小倉2歳Sのロンドンプランが出ている。

牝系の血統とスピードが優秀なディープ系種牡馬で、直線スピードに優れた産駒が安定して出やすく、配合相手が短距離馬なら短距離適性の高い馬も出る。

出生国・出生年・毛色	日本・2012年・鹿毛
競走年齢／競走成績（勝ち鞍の距離）	3～6歳／日15戦7勝（1600～1800m）。中京記念（GⅢ）など。
父／母（母の父系）	ディープインパクト／ロンドンブリッジ（ヘロド系）

10 サトノダイヤモンド ディープ系

母はアルゼンチンＧⅠ3勝、母の父は同国のリーディングサイアーという血統から、セレクトセールでは2億円超え。3歳春は皐月賞3着、日本ダービー2着も、その後は神戸新聞杯から翌春の阪神大賞典まで菊花賞、有馬記念を含む重賞4連勝をはたした。

母系のパワーを引き継いだ産駒が多く、基本的にはキズナに近い。キズナに比べれば、牝馬の短距離馬も出やすい。

出生国・出生年・毛色	日本・2013年・鹿毛
競走年齢／競走成績（勝ち鞍の距離）	2～5歳／日仏18戦8勝（1800～3000m）。有馬記念、菊花賞など。JRA最優秀3歳牡馬（2016年）。
父／母（母の父系）	ディープインパクト／マルペンサ（ダンチヒ系～ノーザンダンサー系）

日本ダービーはハナ差2着も、その後、菊花賞と有馬記念を連勝したサトノダイヤモンド。母系のパワーを引き継いだ産駒が多く、適性はキズナに近い。

11 シルバーステート ディープ系

母は仏GⅢ2勝、いとこに皐月賞2着のシックスセンス。2連勝後の3歳春に屈腱炎を発症し、1年7ヵ月の長期休養。復帰後2連勝したが屈腱炎が再発し、引退した。「未完の大器」として生産界の注目を集め、初年度産駒から桜花賞2着のウォーターナビレラを出す。**上がりがかかる先行有利の芝が得意。牝馬のほうが芝短距離馬を出しやすい。**

出生国・出生年・毛色	日本・2013年・青鹿毛
競走年齢／競走成績（勝ち鞍の距離）	2～4歳／日5戦4勝（1600～2000m）。
父／母（母の父系）	ディープインパクト／シルヴァースカヤ（ロベルト系～ターントゥ系）
距離／芝ダート傾向	▶平均勝ち距離：芝1763m／ダート1400m ▶芝／ダート：78%／22%

12 ディーマジェスティ ディープ系

母の半兄に英ダービー馬ジェネラス、マイラーズＣのオースミタイクーン、全妹に英オークス馬イマジンがいる。共同通信杯を６番人気、皐月賞を８番人気で連勝し、クラシックホースになる。１番人気で臨んだ日本ダービーはマカヒキの３着、セントライト記念を勝って挑んだ菊花賞はサトノダイヤモンドの４着だった。**上がりのかかる芝を得意とする産駒のほうが多い。**

出生国・出生年・毛色	日本・2013年・鹿毛
競走年齢／競走成績（勝ち鞍の距離）	2～4歳／日11戦4勝（1800～2200m）。皐月賞など。
父／母（母の父系）	ディープインパクト／エルメスティアラ（ロベルト系～ターントゥ系）

13 コントレイル ディープ系

祖母はBCジュヴェナイルフィリーズなどＧⅠ２勝。デビューから７連勝で、父と同じく無敗の３冠馬となった「最高傑作」。アーモンドアイ、デアリングタクトと対決した2020年ジャパンＣは２着惜敗も、翌年雪辱を果たした。初年度種付料は1200万円で、産駒は2024年デビュー。

芝の根幹距離を走る産駒が多く出ることだろう。米国色が強い繁殖牝馬との配合で生まれた牡馬からは、ダート向きの産駒が出る可能性もある。

出生国・出生年・毛色	日本・2017年・青鹿毛
競走年齢／競走成績（勝ち鞍の距離）	2～4歳／日11戦8勝（1800～3000m）。牡馬3冠、ジャパンC、ホープフルSなど。JRA最優秀2歳牡馬（2019年）、JRA最優秀3歳牡馬（2020年）、JRA最優秀4歳以上牡馬（2021年）。
父／母（母の父系）	ディープインパクト／ロードクロサイト（ミスタープロスペクター系）

サンデーサイレンス系②

ハーツクライ

日本国内で唯一ディープインパクトに先着した馬。サンデーサイレンス×トニービンというリーディングサイアー同士の配合で、リーディングサイアーの上位の常連をキープ。ディープインパクトと同じく、繁殖牝馬を短距離系にシフトし、産駒の傾向に変化を見せた。

1 ハーツクライ Tサンデー

☑ディープに近く、東京芝2400mで高いパフォーマンス

母は新潟記念、新潟大賞典の勝ち馬。母の父トニービンは1994年のリーディングサイアーで、サンデーサイレンス×トニービンの配合からはアドマイヤベガ（日本ダービー）、アドマイヤグルーヴ（エリザベス女王杯2回）、リンカーン（阪神大賞典、京都大賞典、日経賞）などが誕生している。

自身はＧＩ２着３回のうっぷんを有馬記念で晴らし、ドバイ・シーマクラシックも連勝。キングジョージでも差のない３着に好走した。**母系にリファールを持ち、東京芝2400mで高いパフォーマンスを発揮した点はディープインパクトに近く、産駒や相性のよい繁殖牝馬も共通する傾向がある。**

代表産駒にドウデュース（日本ダービー、朝日杯FS）、ジャスタウェイ（安田記念、天皇賞秋、ドバイ・デューティーフリー）、ワンアンドオンリー（日本ダービー）、ヌーヴォレコルト（オークス）、シュヴァルグラン（ジャパンＣ）、ヨシダ（米国ターフクラシックＳ）、リスグラシュー（有馬記念、宝塚記念などＧＩ４勝）、スワーヴリチャード（大阪杯、ジャパンＣ）、サリオス（朝日杯FS）。

☑ハーツ産駒は得意条件なら繰り返し走る

ディープインパクト産駒との違いは、得意条件なら何度も好走する馬が多いこと（スワーヴリチャード、シュヴァルグラン）。その代わり、苦手条件は好調期でも投げ出しやすい。これは好調期ならやや苦手条件でも頑張る代わりに、ピークを過ぎると得意条件でも走らないディープ

産駒とは異なる傾向といえる。また、昇級戦もディープインパクト産駒のほうが期待値は断然高かった。

出生国・出生年・毛色	日本・2001年・鹿毛
競走年齢／競走成績（勝ち鞍の距離）	3～5歳／日首英19戦5勝（2000～2500m）。有馬記念、ドバイ・シーマクラシックなど。JRA最優秀4歳以上牡馬（2005年）。
父／母（母の父系）	サンデーサイレンス／アイリッシュダンス（グレイソヴリン系～ナスルーラ系）
距離／芝ダート傾向	▶平均勝ち距離：芝1946m／ダート1684m ▶芝／ダート：70%／30% 母の父トニービンの影響もあり、本質は東京芝を得意とする。晩年の産駒は、短距離型や米国型との配合が増えたこともあり、3歳前半までの勝ち星も増えた。ただし、ハーツクライの晩成＆長距離指向を補う配合が増えたとはいえ、本質は芝2200m以上の古馬混合戦を得意とする種牡馬である。内枠が得意な産駒も多い。

2 ジャスタウェイ Pサンデー

祖母シャロンは米ＧⅠなど重賞５勝。母の父ワイルドアゲインはBCクラシック勝ち馬で、産駒にトランセンド（ジャパンＣダート連覇、フェブラリーＳ）。２歳時から重賞路線を歩み、圧巻は４歳秋から中山記念をはさんでの日首ＧⅠ３連勝。主な産駒にホープフルＳのダノンザキッドがいる。

気持ちが前向きなので２歳戦から走れる産駒も出やすいが、体質に身が入るのは３歳秋以降。とくに母の父欧州型と配合された産駒に、その傾向が強い。古馬混合の1400ｍ前後で注目。ダートでは、芝血統が走りやすい馬場状態のダート中長距離を走る産駒も出る。

出生国・出生年・毛色	日本・2009年・鹿毛
競走年齢／競走成績（勝ち鞍の距離）	2～5歳／日仏首22戦6勝（1600～2000m）。天皇賞秋、安田記念、ドバイDFなど。JRA最優秀4歳以上牡馬（2014年）。
父／母（母の父系）	ハーツクライ／シビル（ニアークティック系～マイナー系）
距離／芝ダート傾向	▶平均勝ち距離：芝1776m／ダート1642m ▶芝／ダート：58%／42%

サンデーサイレンス系③
ステイゴールド

国内GⅠで惜敗を繰り返し、ブロンズ・シルバーコレクターと呼ばれたが、2001年のドバイ・シーマクラシックに勝利（当時はGⅡ）。さらにその年末、デビュー50戦目の香港ヴァーズで念願のGⅠウイナーとなった。種牡馬としても晩年に個性的な大物を出して、サンデーサイレンス系隆盛の一翼を担っている。

1 ステイゴールド Tサンデー

母の全兄にサッカーボーイ（マイルCSなどGⅠ2勝）、全妹にレクレドール（ローズS）がいる。めいのショウナンパンドラ（ジャパンカップ、秋華賞）を除くと、ステイゴールドと同じくGⅠにあと一歩というレースが多い一族である。

6歳まで走っている間にサンデーサイレンス系の大物種牡馬が増え、種牡馬としてのスタートは恵まれたものとはいえなかった。しかし、「ステイゴールド×メジロマックイーン」が黄金配合となり、ドリームジャーニーやオルフェーヴル、ゴールドシップが出てブレイク。リーディング上位の常連種牡馬に脱皮した。

ノーザンテーストを持つ中長距離型のサンデー系である点で、サンデー系の中での希少性が高い。ノーザンテーストを持たないディープインパクトやハーツクライに比べると、**昭和の芝中長距離競馬に強い血が母系に宿る個性が魅力。キャリアを強みに変え、得意条件では前走凡走していても巻き返しやすい。**サンデー系種牡馬の中では、凱旋門賞の連対馬をもっとも多く出した種牡馬でもある。

代表産駒にオルフェーヴル（3冠などGⅠ6勝）、ゴールドシップ（有馬記念、皐月賞などGⅠ6勝）、インディチャンプ（安田記念、マイルCS）、ステイフーリッシュ（GⅡドバイゴールドC）。

出生国・出生年・毛色	日本・1994年・黒鹿毛
競走年齢／競走成績（勝ち鞍の距離）	2～7歳／日首香50戦7勝（2000～2500m）。香港ヴァーズ、ドバイ・シーマクラシック（当時首GⅡ）など。JRA特別賞（2001年）。
父／母（母の父系）	サンデーサイレンス／ゴールデンサッシュ（ファイントップ系～ハンプトン系）

距離／芝ダート傾向	▶平均勝ち距離：芝2000m／ダート1400m ▶芝／ダート：90%／10% 母系にノーザンテーストの血が流れる。1970年代から日本に根づいている日本の昭和牝系。ディープインパクトやハーツクライに比べて、「昭和競馬」の適性に優れる。具体的には馬場が荒れて昔のような馬場になった状態、昔のような小回りの流れ、昔のようなハードトレーニングや間隔を詰めたローテーションの適応力などで、いずれも適性はディープインパクトやハーツクライよりも上。日本の悲願といわれるようになった凱旋門賞への適性も高い。

ディープインパクトと相反する個性

父譲りの気性の激しさは産駒に長所として伝わり、種牡馬7年目の2011年からリーディングサイアーの上位をキープ。

芝の中長距離を得意とする点はディープインパクトと同じだが、直線が短い内回りコースや急坂でも鋭い脚を使えるのが特徴。そこから、「ディープインパクト産駒の凡走＝ステイゴールド産駒の好走」という構図が描ける。得意の中山や阪神の中距離ではステイゴールド産駒同士、父子同士（ステイゴールド産駒とドリームジャーニー産駒など）の決着も見られる。コンスタントに活躍馬を出す父系ではなく、ときに大物が出ると見たほうがよさそう。

VS ディープインパクト

- 重い芝やスタミナを消耗してからの底力を問われる馬力勝負に強い。
- 凱旋門賞の好走歴は、ディープインパクト産駒のものを上回る。
- 欧州的な馬力を問われる消耗戦になった場合、ディープインパクト産駒が人気を裏切り、ステイゴールド産駒が穴をあける。
- 気まぐれな気性を受け継ぎやすい。

2 オルフェーヴル Tサンデー

全兄にドリームジャーニー（宝塚記念、有馬記念）。東日本大震災の影響で皐月賞が東京開催となった2011年に、牡馬3冠と有馬記念に勝利。凱旋門賞で連続2着も、引退レースの有馬記念（2勝目）を8馬身差で圧勝。産駒に皐月賞馬エポカドーロ、大阪杯のラッキーライラック、BCディスタフ（米GⅠ）のマルシュロレーヌなど。

ほかのステイゴールドを父系に持つ種牡馬よりも、芝1800m以上で速い上がりが要求されるレースが得意。ダートで走る産駒は、母の父米国型が多い。海外対応力の高い産駒も出る。

出生国・出生年・毛色	日本・2008年・栗毛
競走年齢／競走成績（勝ち鞍の距離）	2～5歳／日仏21戦12勝（1600～3000m）。3冠、有馬記念2回、宝塚記念、凱旋門賞2着2回など。JRA年度代表馬・最優秀3歳牡馬（2011年）、JRA最優秀4歳以上牡馬（2012～2013年）。
父／母（母の父系）	ステイゴールド／オリエンタルアート（マイバブー系～ヘロド系）
距離／芝ダート傾向	▶平均勝ち距離：芝1935m／ダート1780m ▶芝／ダート：57%／43%

3 ゴールドシップ Tサンデー

ドリームジャーニー・オルフェーヴル兄弟と同配合の活躍馬で、ステイゴールドとメジロマックイーンのニックスを決定づけた。グランプリに好成績を残した点も共通している。産駒にオークス馬ユーバーレーベン、目黒記念のウインキートスなど。

上がりのかかる中長距離を得意とする産駒が多い。未勝利戦の芝2400m以上は上がりがかかりやすく、ここで勝ち上がる産駒も多い。

出生国・出生年・毛色	日本・2009年・芦毛
競走年齢／競走成績（勝ち鞍の距離）	2～6歳／日仏28戦13勝（1800～3200m）。皐月賞、菊花賞、有馬記念、天皇賞春、宝塚記念2回など。JRA最優秀3歳牡馬（2012年）。
父／母（母の父系）	ステイゴールド／ポイントフラッグ（マイバブー系～ヘロド系）
距離／芝ダート傾向	▶平均勝ち距離：芝2018m／ダート1833m ▶芝／ダート：81%／19%

サンデーサイレンス系④
ダイワメジャー

半妹にGⅠ4勝のダイワスカーレットがいる名牝スカーレットインク系の生まれ。初勝利はダートながら、皐月賞勝ちでクラシックホースとなった。先行力とスピードの持続力を武器に1600〜2000mで重賞8勝（GⅠ5勝）を挙げ、種牡馬としても短距離〜マイルGⅠ馬を出す。

1 ダイワメジャー Pサンデー

母は重賞4勝。半妹にダイワスカーレット（有馬記念などＧⅠ4勝）がいて、祖母スカーレットインクを祖とする一大牝系を築きつつある。ダイワメジャー自身は大型馬で、初勝利はダートだが、1600〜2000mで重賞8勝した名マイラー。

産駒もマイラーが多いが、サンデーサイレンス系特有の切れ味ではなく、父と同じように先行して抜け出すパワーとスピードの持続力を武器とする。2歳戦や平場の短距離での成績も堅実で、平場のダート1400mをこなす馬も出しやすい。

サンデーサイレンス×ノーザンテーストという配合はデュランダル（マイルCS 2連覇、スプリンターズS）、アドマイヤマックス（高松宮記念）と同じで、マイル以下の活躍馬が多い。**ただし、スプリント戦ではタメて差せる馬場のほうが合う産駒が多い。**ディープインパクトやハーツクライと同様、母の父としても優秀。

出生国・出生年・毛色	日本・2001年・栗毛
競走年齢／競走成績（勝ち鞍の距離）	2〜6歳／日首28戦9勝（1600〜2000m）。皐月賞、天皇賞秋、マイルCS2回、安田記念など。JRA最優秀短距離馬（2006〜2007年）。
父／母（母の父系）	サンデーサイレンス／スカーレットブーケ （ノーザンテースト系〜ノーザンダンサー系）
距離／芝ダート傾向	▶平均勝ち距離：芝1489m／ダート1453m ▶芝／ダート：67%／33% サンデーサイレンス系の中では2歳戦、ダート1400mの適性が高い産駒を出しやすく、これは勝ち星を稼ぐうえでのセールスポイントの1つ。牝馬も2〜3歳限定の短距離で走る産駒が多い。芝1600m、とくにゴール前で負荷のかかるコース（阪神芝、中山芝）が得意。芝1600〜2000mで走る馬は、母の父が欧州型かノーザンダンサー系が多い。

2 カレンブラックヒル Pサンデー

母の父グランドストーンはケンタッキーダービー馬。半弟にユニコーンSのレッドアルヴィス（父ゴールドアリュール）。デビューから5連勝でニュージーランドT、NHKマイルC、毎日王冠に勝利。4歳時は勝てなかったが、5歳でダービー卿CT、6歳で小倉大賞典に勝利した。

母母父ストームキャットで、また母系に流れるファピアノの影響も強く、とくに母の父米国型の牡馬はダート短距離馬も多い。母の父欧州型の牝馬は、芝短距離馬が出やすくなる。

出生国・出生年・毛色	日本・2009年・黒鹿毛
競走年齢／競走成績（勝ち鞍の距離）	3～6歳／日22戦7勝（1600～1800m）。NHKマイルCなど。
父／母（母の父系）	ダイワメジャー／チャールストンハーバー （ファピアノ～ミスタープロスペクター系）
距離／芝ダート傾向	▶平均勝ち距離：芝1450m／ダート1447m ▶芝／ダート：20%／80%

2012年5月6日 2回東京6日11R GINHKマイルカップ（芝1600m）

順位	馬名	性齢	人気	タイム	血統のポイント
1	カレンブラックヒル	牡3	1	1:34.5	父ダイワメジャー（日本型Pサンデー系） 母の父グラインドストーン（米国型ミスプロ系）
2	アルフレード	牡3	3	3 1/2	父シンボリクリスエス（欧州型ロベルト系） 母の父サンデーサイレンス（日本型サンデー系）
3	クラレント	牡3	15	クビ	父ダンスインザダーク（日本型Tサンデー系） 母の父ダンシングブレーヴ（欧州型リファール系）

良馬場ながら時計のかかる馬場で、勝ち時計はNHKマイルカップでもっとも遅かった。それにもかかわらず、2着以下とは3馬身以上の差がついた特殊なレース。ダイワメジャー産駒でJRAのGⅠを勝ったのは7頭いるが、そのうち5頭が母の父欧州型で、残りの2頭であるレーヌミノルとカレンブラックヒルは母の父米国型。レーヌミノルが勝った2017年桜花賞も雨で時計のかかる馬場で、勝ちタイムは奇しくもカレンブラックヒルが勝ったNHKマイルカップと同じ1分34秒5。

サンデーサイレンス系⑤
フジキセキ

サンデーサイレンスの初年度産駒で、最初の活躍馬。弥生賞の勝利を最後に4戦4勝で引退し、“高嶺の花”となった父の代替種牡馬として多くの繁殖牝馬を集めた。一方、シャトルサイアーとして豪州でも供用され、数は少ないが、サンクラシーク（ドバイ・シーマクラシック）などの活躍馬を出した。

1 フジキセキ Pサンデー

母系はヨーロッパの名馬ミルリーフと同じミランミル系のファミリー(22-d)。母の父ルファビュリューは仏ダービー馬で、仏ブルードメアリーディングサイアー（1980年）。種牡馬として長年、安定した成績を残せたのは、祖母の父を通じて流れ込む異質なマッチェム系の血の影響とも考えられる。

2011年生がラストクロップ。ブルードメアサイアー・ランキングでは、2010年から10位圏内をキープして好調（2021年は12位）。**ダートでの代表産駒にカネヒキリがおり、孫の代になってもフジキセキの血の影響でダート馬になる産駒も出る。**母の父としての代表産駒に、サウンドトゥルー（チャンピオンズカップ、JBCクラシックなど）がいる。

出生国・出生年・毛色	日本・1992年・青鹿毛
競走年齢／競走成績（勝ち鞍の距離）	2～3歳／日4戦4勝（1200～2000m）。朝日杯3歳S、弥生賞など。JRA最優秀2歳牡馬（1994年）。
父／母（母の父系）	サンデーサイレンス／ミルレーサー（セントサイモン系）
距離／芝ダート傾向	▶平均勝ち距離：芝1574m／ダート1504m ▶芝／ダート：芝54%／ダート46% 父サンデーサイレンスよりダート比率が高く、母の父としてはダートの勝ち鞍が多い。勝負どころの反応がよく内枠、内差しで好成績。後方一気ではなく、好位から馬群を割るのが勝ちパターン。牝馬はヴィクトリアマイル、牡馬は阪神Cで好成績。

VS ディープインパクト

- スプリント適性、ダート適性においてはディープインパクトより優れた産駒を出しやすい。
- 好位の競馬、内枠を利した競馬ができる馬を出しやすい。

2 キンシャサノキセキ Pサンデー

父フジキセキがシャトルで渡ったオーストラリアで産まれた。母の父は米2冠馬プレザントコロニー（孫にジャパンCのタップダンスシチー）。短距離路線で活躍し、8歳時の高松宮記念も完勝。産駒にスプリングSのガロアクリーク、ニュージーランドTのルフトシュトローム。

脚をタメる競馬で力を発揮するタイプ。前走より追走ペースが速くなりすぎないステップを好む。基本適性は芝短距離だが、年々ダート向きの産駒が増えている。母の父米国型の牡馬は、ダート中距離が合う馬も多い。前走先行で好走した人気馬は、人気での信頼度が落ちる。

出生国・出生年・毛色	豪州・2003年・鹿毛
競走年齢／競走成績（勝ち鞍の距離）	2～8歳／日31戦12勝（1200～1600m）。高松宮記念2回など。JRA最優秀短距離馬（2010年）。
父／母（母の父系）	フジキセキ／ケルトシャーン（リボー系～セントサイモン系）
距離／芝ダート傾向	▶平均勝ち距離：芝1289m／ダート1403m ▶芝／ダート：21%／79%

3 イスラボニータ Pサンデー

母は米2勝でGⅡ2着。新潟2歳S2着後、皐月賞まで4連勝するも、日本ダービーはワンアンドオンリーの2着。秋はセントライト記念を勝ち、天皇賞秋では2年連続3着。その後もマイルを中心に一線級で活躍を続けた。産駒にファルコンSのプルパレイ、バトルクライ。

母の父欧州型の牡馬は、芝中距離タイプが出やすい。母の父米国型の牝馬は、芝短距離タイプが出やすい。フジキセキの系統でダートを走る産駒も出るが、1400mよりも長い距離に向く産駒が多い。

出生国・出生年・毛色	日本・2011年・黒鹿毛
競走年齢／競走成績（勝ち鞍の距離）	2～6歳／日25戦8勝（1400～2200m）。皐月賞、日本ダービー2着など。JRA最優秀3歳牡馬（2014年）。
父／母（母の父系）	フジキセキ／イスラコジーン（グレイソヴリン系～ナスルーラ系）
距離／芝ダート傾向	▶平均勝ち距離：芝1558m／ダート1474m ▶芝／ダート：56%／44%

サンデーサイレンス系⑥

アグネスタキオン

2000年ラジオたんぱ杯で翌年のダービー馬ジャングルポケット、NHK マイルカップ馬クロフネを完封し、皐月賞まで4戦4勝。故障でそのまま引退した「幻のダービー馬」。種牡馬としても 2008年にリーディングサイアーになっており、11 歳で早世したのが惜しまれる。遺したのは8世代。

1 アグネスタキオン Pサンデー

弥生賞では不良馬場を克服し、同じコースの皐月賞を５秒以上速いタイムで勝った競走能力には底知れないものがあった。母は桜花賞馬、祖母アグネスレディーはオークス馬。全兄アグネスフライトはダービー馬で祖母・母・子３代のクラシック制覇を成しとげた。

後継種牡馬のディープスカイはボールドルーラー系を３本持つことに加え、リボー系のキートゥザミントの血も持つ。**これにより、ダート向きの持続力やパワーが強化された。結果、ダート中長距離や重い芝を得意とする産駒が出やすい。**

アグネスタキオンのスピード能力の継承は芝 1800m のレコードを記録したグランデッツァ、あるいは活躍馬を多く出した繁殖牝馬がスピードに長けた仔を出すことに託されている状況だ。

出生国・出生年・毛色	日本・1998年・栗毛
競走年齢／競走成績（勝ち鞍の距離）	２～３歳／日４戦４勝（2000m）。皐月賞、弥生賞、ラジオたんぱ杯３歳Sなど。日リーディングサイアー（2008年）。
父／母（母の父系）	サンデーサイレンス／アグネスフローラ（ボールドルーラー系～ナスルーラ系）
距離／芝ダート傾向	▶平均勝ち距離：芝1724m／ダート1578m ▶芝／ダート：芝63%／ダート37% 能力の底を見せていないが、種牡馬成績は優秀（2008年日本LS１位）。芝の1600～2000mを得意とした。高速馬場で先行して押し切るスピードが持ち味。母の父としても、先行力とスピードの持続力を伝えている。芝ダートとも、直線が平坦な京都を得意とした。

2 ディープスカイ Lサンデー

父の３世代目産駒で、近親にジャパンＣ・宝塚記念のタップダンスシチー。初勝利まで６戦を要したが、NHKマイルＣと日本ダービーを連勝し、サンデーサイレンスの孫世代として最初のダービー馬となった。代表産駒に京都記念、名古屋大賞典２回のクリンチャー、サウンドスカイ（全日本２歳優駿）、キョウエイギア（ジャパンダートダービー）。

出生国・出生年・毛色	日本・2005年・栗毛
競走年齢／競走成績（勝ち鞍の距離）	２～４歳／日17戦５勝（1600～2400m）。日本ダービー、NHKマイルCなど。JRA最優秀３歳牡馬（2008年）。
父／母（母の父系）	アグネスタキオン／アビ（ダンチヒ系～ノーザンダンサー系）

アグネスタキオン
- ロジック（2003年:NHKマイルC）
- ダイワスカーレット（2004年・牝:有馬記念などGI4勝）
- ディープスカイ（2005年:日本ダービー、NHKマイルC）
  - サウンドスカイ（2013年:全日本2歳優駿）
  - キョウエイギア（2013年:ジャパンダートダービー）
  - クリンチャー（2014年:京都記念）
- キャプテントゥーレ（2005年:皐月賞）
- リトルアマポーラ（2005年・牝:エリザベス女王杯）
- レーヴディソール（2008年・牝：阪神JF）

４戦４勝で皐月賞馬となったアグネスタキオン。故障により、競走能力の底を見せないまま引退したが、2008年には父サンデーサイレンスがそれまで長く保ってきたリーディングサイアーの座に輝いた。

サンデーサイレンス系⑦

ゴールドアリュール

サンデーサイレンスの8世代目産駒。2003年のフェブラリーS勝ち（中山1800mで開催）は、サンデーサイレンスにとって初めてのJRAダートGI勝ちとなった。サンデーサイレンス系のダート大将だが、芝でもダービー5着（1着タニノギムレット）という実績がある。

1 ゴールドアリュール Dサンデー

母系はヌレイエフ、ニジンスキー、ヴェイグリーノーブルが入った重厚なヨーロッパ血統で、母はノーザンダンサーの2×4を持つ。**この母系から馬力を受け継ぎ、独特の適性を問われる日本のダート(砂)中距離に高い適性を示した。**JRAのダートに比べて欧州血統が走りやすいNARにより高い適性を示すのは、欧州色の強い血統背景も影響している。

父に初めてのダートGIタイトルを贈ったフェブラリーSは中山1800mで実施されたもので、ゴールドアリュール自身は東京ダート1600mの出走歴はない。**それでも産駒は東京ダート1600mで行われるフェブラリーSを得意としており、産駒は4勝を挙げた。**

代表産駒にコパノリッキー（フェブラリーS2連覇などGI級11勝)、エスポワールシチー（フェブラリーSなどGI級9勝)、ゴールドドリーム（チャンピオンズCなどGI級5勝)、スマートファルコン（東京大賞典＆JBCクラシック連覇などGI級6勝)、クリソベリル（チャンピオンズCなどGI級4勝)、ナランフレグ（高松宮記念)。

出生国・出生年・毛色	日本・1999年・栗毛
競走年齢／競走成績（勝ち鞍の距離）	2〜4歳／日16戦8勝(1800〜2000m)。フェブラリーS、東京大賞典、ダービーグランプリ、ジャパンダートダービーなど。JRA最優秀ダートホース(2002年)。
父／母（母の父系）	サンデーサイレンス／ニキーヤ(ヌレイエフ系〜ノーザンダンサー系)
距離／芝ダート傾向	▶平均勝ち距離:芝1640m／ダート1557m ▶芝／ダート:13%／87% ダートの場合、平場よりも特別戦のダート1600m以上のほうが優秀な成績を残している。より得意なのはNARのコース全般。

NARとタフな芝に良積のある種牡馬との配合に注目

ゴールドアリュールは2009年以後、総合ダートサイアー・ランキング（中央＋地方）で上位をキープし、2011年以後はキングカメハメハと毎年のようにトップ争いを続けていた。

主な活躍馬のうち、芝の重賞を勝ったフーラブライド（中山牝馬S、愛知杯）、タケミカヅチ（ダービー卿CT）は母系にマルゼンスキーを、エピカリス（UAEダービー2着）やゴールドドリームはニジンスキー（マルゼンスキーの父）をそれぞれ持つ。マルゼンスキーや、代表産駒エスポワールシチーの母の父ブライアンズタイムは、いまよりもタフな馬場だったJRAの芝中長距離戦とNARのダート戦で多数の活躍馬を輩出した共通点がある。後継種牡馬も、NARにより高い適性を見せる馬が多い。

2 エスポワールシチー Dサンデー

父ゴールドアリュール、母の父ブライアンズタイム、祖母の父ブレイヴェストローマン。日本のダート中距離の名血を集めた血統らしく、ダート重賞12勝（うちGⅠ級9勝）。大敗したのは、果敢に挑戦したBCクラシックなど数えるほど。**母の父米国型で、スピードとダート適性を強化された配合馬の好走率が高い。2022年NARリーディングサイアーで、JRAよりもNARに向く産駒が多い。**

出生国・出生年・毛色	日本・2005年・栗毛
競走年齢／競走成績（勝ち鞍の距離）	3～8歳／日米40戦17勝（1200～1900m）。フェブラリーS、ジャパンCダート、JBCスプリント、マイルCS南部杯3回、かしわ記念3回など。JRA最優秀ダートホース（2009～2010年）、NARグランプリダートグレード競走特別賞（2009年、2012年）。
父／母（母の父系）	ゴールドアリュール／エミネントシチー（ロベルト系～ターントゥ系）
距離／芝ダート傾向	▶平均勝ち距離：ダート1520m ▶芝／ダート：4％／96％

3 コパノリッキー Dサンデー

サンデー系のダート大将×ティンバーカントリー（JRA最優秀ダー

トホースであるアドマイヤドンの父）という配合。重賞13勝中11勝がＧⅠ級だが、ＧⅠ初出走＆初勝利を飾った2014年フェブラリーＳは最低人気で単勝２万7210円だった。連覇した翌年は１番人気で210円。**ゴールドアリュールの系統らしく、JRAよりNARの砂を得意とする産駒が多い。ダート短距離で走る馬は、馬体重が大きすぎない牝馬に多い。**

出生国・出生年・毛色	日本・2010年・栗毛
競走年齢／競走成績（勝ち鞍の距離）	2～7歳／日33戦16勝（1400～2000m）。フェブラリーＳ２回、東京大賞典、JBCクラシック２回、帝王賞、マイルCS南部杯２回、かしわ記念３回など。JRA最優秀ダートホース（2015年）、NARグランプリダートグレード競走特別賞（2016～2017年）。
父／母（母の父系）	ゴールドアリュール／コパノニキータ（ミスタープロスペクター系）
距離／芝ダート傾向	▶平均勝ち距離：芝2200m／ダート1536m ▶芝／ダート：3%／97%

フェブラリーＳ２勝を含め、ＧⅠ級11勝を挙げたコパノリッキー。ゴールドアリュールの系統らしく、JRAよりもNARの砂を得意とする産駒が多く出る。

CHECK!

2022年6月19日 3回東京6日11R GⅢユニコーンS（ダート1600m）

順位	馬名	性齢	人気	タイム	血統のポイント
1	ペイシャエス	牡3	7	1:35.2	父エスポワールシチー（日本型Dサンデー系） 母の父ワイルドラッシュ（米国型ニアークティック系）
2	セキフウ	牡3	9	クビ	父ヘニーヒューズ（米国型ストームバード系） 母の父キングマンボ（欧州型キングマンボ系）
3	バトルクライ	牡3	8	クビ	父イスラボニータ（日本型Pサンデー系） 母の父キングカメハメハ（欧州型キングマンボ系）

JRA重賞の中でも、東京ダート1600mはフェブラリーＳを筆頭にゴールドアリュール産駒の活躍が目立っていた舞台。2022年のユニコーンＳは、エスポワールシチー産駒のペイシャエスが７番人気で１着。ゴールドアリュールの系統が同じようにこのコースで活躍できるか注目。

サンデーサイレンス系⑧
ネオユニヴァース

サンデーサイレンス産駒は牡馬クラシックで17勝したが、複数レースを勝ったのは3冠馬ディープインパクト、2冠馬エアシャカール、そしてネオユニヴァースの3頭しかいない。サンデー系後継種牡馬の中では、ゴール前で失速する競馬に強いイギリス型。欧州指向の馬力勝負になりやすいNARでも強さを見せる。

1 ネオユニヴァース Dサンデー

母の父クリスは全欧チャンピオンマイラーだが、母系は欧州型の重厚な血統構成。そのため、サンデーサイレンス産駒であっても切れ味勝負ではなく、重い芝やタフな小回りコースが得意だった。

重馬場で日本ダービーやきさらぎ賞を制したようにパワーが豊富。産駒もダートや洋芝、道悪をこなすものが多い。皐月賞を2勝、札幌2歳Sを3勝しているように2歳戦から走れるが、ネオリアリズムのように古馬になって本格化する産駒もいる。

後継馬ヴィクトワールピサは、父よりも芝中距離での伸びに優れた産駒が多い。

ネオユニヴァース
- アンライバルド(2006年:皐月賞)
  - トウショウドラフタ(2013年:ファルコンS)
- ロジユニヴァース(2006年:日本ダービー)
- ヴィクトワールピサ(2007年:ドバイWC、皐月賞、有馬記念)
  - ジュエラー(2013年・牝:桜花賞)
- デスペラード(2008年:ステイヤーズS)
- サウンズオブアース(2011年:有馬記念2着、ジャパンカップ2着)
- ネオリアリズム(2011年:香クイーンエリザベスIIC)
- グレンツェント(2013年:東海S)

出生国・出生年・毛色	日本・2000年・鹿毛
競走年齢／競走成績（勝ち鞍の距離）	2～4歳／日13戦7勝（1400～2400m）。皐月賞、日本ダービーなど。JRA最優秀3歳牡馬（2003年）。
父／母（母の父系）	サンデーサイレンス／ポインテッドパス（ネイティヴダンサー系）
距離／芝ダート傾向	▶平均勝ち距離：芝1792m／ダート1645m ▶芝／ダート：48%／52%

2 ヴィクトワールピサ Tサンデー

半兄に安田記念のアサクサデンエン。初勝利から皐月賞まで5連勝し、日本ダービーは3着。秋はフランス遠征を経て、ジャパンC 3着から有馬記念に勝利。翌2011年、ドバイワールドCに勝ち、東日本大震災直後の日本を勇気づけた。産駒に桜花賞馬ジュエラー。2021年からトルコに移籍した。

牡馬は芝中距離を得意とする産駒が多い。牝馬からはマイラーも出る。牝馬に活躍馬が出ているのは、父の産駒の特徴と逆。母の父のマキャヴェリアンの影響も大きい。

出生国・出生年・毛色	日本・2007年・黒鹿毛
競走年齢／競走成績（勝ち鞍の距離）	2～4歳／日仏首15戦8勝（1800～2500m）。ドバイワールドC、有馬記念、皐月賞など。JRA最優秀3歳牡馬（2010年）、JRA最優秀4歳以上牡馬（2011年）。
父／母（母の父系）	ネオユニヴァース／ホワイトウォーターアフェア（マキャヴェリアン～ミスタープロスペクター系）
距離／芝ダート傾向	▶平均勝ち距離：芝1663m／ダート1633m ▶芝／ダート：88%／12%

サンデーサイレンス系⑨
その他

サンデーサイレンスの優れている点は、優秀な後継種牡馬を出したこと。2011年の日本ダービーでは、出走17頭中11頭がサンデーサイレンスの孫だった。このとき、産駒を出走させていたのが207〜230ページで紹介した種牡馬（ゴールドアリュールとダイワメジャーを除く）と、ここで取り上げるマンハッタンカフェだった。

1 マーベラスサンデー Lサンデー

祖母はカナダ牝馬チャンピオンのモミジII。4歳時のエプソムCから重賞4連勝を記録し、5歳時の宝塚記念でGI初制覇。馬券圏外は4着が2回のみの堅実派。産駒に日経新春杯のシルクフェイマス、中山大障害2回のキングジョイ。桜花賞馬レッツゴードンキの母の父。

出生国・出生年・毛色	日本・1992年・栃栗毛
競走年齢／競走成績（勝ち鞍の距離）	3〜5歳／日15戦10勝（1800〜2400m）。宝塚記念、有馬記念2着2回など。JRA最優秀4歳以上牡馬（1997年）。
父／母（母の父系）	サンデーサイレンス／モミジダンサー（ノーザンダンサー系）

2 ダンスインザダーク Tサンデー

全姉妹にダンスパートナー（オークス）、ダンスインザムード（桜花賞）、近親にスズカマンボ（天皇賞春）がいる。菊花賞馬3頭（ザッツザプレンティ、デルタブルース、スリーロールス）を出したステイヤー種牡馬だが、**晩年は馬場の高速化・スロー化が進んだことで、消耗戦になりやすい1800m以下が活躍の場となった**。

いまのところ父系として目立つ後継馬は出ていないが、母の父としてラブリーデイ（天皇賞秋、宝塚記念など）、ショウリュウムーン（チューリップ賞など）、アルバート（ステイヤーズS 2回など）らを輩出している。

出生国・出生年・毛色	日本・1993年・鹿毛
競走年齢／競走成績（勝ち鞍の距離）	2〜3歳／日8戦5勝（1600〜3000m）。菊花賞、日本ダービー2着など。JRA最優秀3歳牡馬（1996年）。

父／母（母の父系）	サンデーサイレンス／ダンシングキイ （ニジンスキー系～ノーザンダンサー系）

3 バブルガムフェロー Dサンデー

祖母は仏GⅠ馬、半兄キャンディストライプスはアルゼンチンのリーディングサイアー、おいに菊花賞馬ザッツザプレンティ。骨折でクラシック不出走も、天皇賞秋を３歳（当時の数え方で４歳）で勝利（戦後初で59年ぶり）。JBCスプリントを勝ったダンシングプリンスの母の父。

出生国・出生年・毛色	日本・1993年・鹿毛
競走年齢／競走成績（勝ち鞍の距離）	2～4歳／日13戦7勝（1600～2000m）。天皇賞秋、朝日杯３歳Sなど。JRA最優秀2歳牡馬（1995年）。
父／母（母の父系）	サンデーサイレンス／バブルカンパニー （リファール系～ノーザンダンサー系）

4 スペシャルウィーク Tサンデー

日本有数の名牝系であるシラオキ系の出身で、その点で数多いサンデーサイレンス系種牡馬の中でも貴重な存在。６頭いるサンデーサイレンス産駒のダービー馬のうち、ただ１頭だけ社台系以外の牧場で生産された馬である。

種牡馬としては、芝の活躍馬は牝馬のほうが優勢。そのため、スペシャルウィーク産駒は、繁殖牝馬の活躍が目立つ。具体例として、シーザリオ（オークス、アメリカンオークス）、ブエナビスタ（ジャパンC、天皇賞秋などGⅠ６勝）という２頭の名牝を出す。牡馬はダート巧者（ゴルトブリッツ、ローマンレジェンドなど）を輩出。

母の父としてはエピファネイアとリオンディーズの兄弟、クラリティスカイ（NHKマイルカップ）、ディアドラ（秋華賞）など。**これは牝馬のほうが芝GⅠ馬を出しやすい種牡馬は、母の父として活躍しやすいという傾向通り。**今後もスペシャルウィークを持つ繁殖牝馬は、日本の競馬に影響力を及ぼし続けることだろう。

出生国・出生年・毛色	日本・1995年・黒鹿毛
競走年齢／競走成績（勝ち鞍の距離）	2～4歳／日17戦10勝（1600～3200m）。日本ダービー、天皇賞春秋、ジャパンCなど。JRA特別賞（1999年）。
父／母（母の父系）	サンデーサイレンス／キャンペンガール（ニジンスキー系～ノーザンダンサー系）

4-1 シーザリオ

小回りコースだった当時の桜花賞では、ゴール前寸前で届かず2着。もしも外回りだったらと思わせる鋭い末脚だった。オークスではスタート後に致命的な不利を受けるも、33秒3の末脚でクビ差差し切り優勝。春の牝馬クラシックでは着順、着差以上に能力の高さを示した。夏にはアメリカンオークスに出走し、レースレコードで優勝。その後、繋靭帯炎（けいじんたいえん）を発症して、4歳で引退した。

現役時代は才能を十分に発揮しきれなかったが、繁殖牝馬になって優れた実績を残す。**産駒にエピファネイア、リオンディーズ、サートゥルナーリア。エピファネイア、リオンディーズは種牡馬としても成功を収め、名種牡馬を産み出す繁殖牝馬としても存在感を示す。**

出生国・出生年・毛色	日本・2002年・青毛
競走年齢／競走成績（勝ち鞍の距離）	2～3歳／日米6戦5勝（1600～2400m）。オークス、アメリカンオークスなど。JRA最優秀3歳牝馬・最優秀父内国産馬（2005年）。
父／母（母の父系）	スペシャルウィーク／キロフプリミエール（サドラーズウェルズ系～ノーザンダンサー系）

4-2 ブエナビスタ

母ビワハイジはカーリアンの持込馬で、本馬のほかにも5頭の重賞ウイナーを出したが、父はいずれもサンデーサイレンス系。母系はドイツの名門血統で、近親にマンハッタンカフェがいる。

国内のレースではほとんどが1番人気で、牡牝混合戦にも挑戦し、勝てないまでも2着を死守。秋華賞とジャパンカップで降着はあったが、掲示板を外したレースは2度のみという堅実さ（9-8-3-3）は牝馬ばなれしていた。

出生国・出生年・毛色	日本・2006年・黒鹿毛
競走年齢/競走成績(勝ち鞍の距離)	2〜5歳/日首23戦9勝(1600〜2500m)。天皇賞秋、ジャパンC、桜花賞、オークス、ヴィクトリアマイルなど。JRA年度代表馬(2010年)、最優秀2歳・3歳・4歳以上牝馬(2008〜2011年)。
父/母(母の父系)	スペシャルウィーク/ビワハイジ(ニジンスキー系〜ノーザンダンサー系)

5 メイショウオウドウ Lサンデー

3代母の半弟に名種牡馬ミスワキ(父ミスタープロスペクター)。格上挑戦した朝日チャレンジC2着でオープン入りし、5歳春の大阪杯(当時はGⅡ)で重賞初制覇。末脚が自慢の追い込み脚質だったが、6歳の鳴尾記念では意表を突く逃げ切り勝ちを決めた。

出生国・出生年・毛色	日本・1995年・鹿毛
競走年齢/競走成績(勝ち鞍の距離)	2〜6歳/日27戦6勝(1200〜2200m)。大阪杯(当時GⅡ)など。
父/母(母の父系)	サンデーサイレンス/アルタデナ(リファール系〜ノーザンダンサー系)

6 アドマイヤベガ Tサンデー

母は2冠牝馬ベガ、半弟に最優秀ダートホースのアドマイヤドン、めいに桜花賞馬ハープスター。武豊が史上初のダービー連覇を成しとげた1999年のダービー馬。8歳で早世するも少ない産駒の中から桜花賞馬キストゥヘヴン、マイルCSのブルーメンブラットを出した。

出生国・出生年・毛色	日本・1996年・鹿毛
競走年齢/競走成績(勝ち鞍の距離)	2〜3歳/日8戦4勝(2000〜2400m)。日本ダービーなど。
父/母(母の父系)	サンデーサイレンス/ベガ(グレイソヴリン系〜ナスルーラ系)

7 マンハッタンカフェ Tサンデー

近親にビワハイジ(阪神3歳牝馬S)、ブエナビスタ(年度代表馬)

らがいるドイツの名牝系出身。３歳夏以後に急成長した晩成型で、長距離ＧⅠ３勝。日本の反主流血統が集められているため、ノーザンダンサー系やミスタープロスペクター系の繁殖牝馬と相性がよい。

産駒はスプリンターからステイヤーまで幅広い適性を示し、芝の1600m、2000m、2200m、3200m、ダートの1600mでＧⅠ馬を出している。2009年には前年に首位に立ったアグネスタキオンを抑えて、リーディングサイアーとなっている。

出生国・出生年・毛色	日本・1998年・青鹿毛
競走年齢／競走成績（勝ち鞍の距離）	3～4歳／日仏12戦6勝（1800～3200m）。菊花賞、有馬記念、天皇賞春など。JRA最優秀4歳以上牡馬（2002年）。日リーディングサイアー（2009年）。
父／母（母の父系）	サンデーサイレンス／サトルチェンジ（リボー系～セントサイモン系）
距離／芝ダート傾向	▶平均勝ち距離：芝1765m／ダート1657m ▶芝／ダート：64%／36% 1400m・1800m・2200mという非根幹距離を得意とするのが特徴。2016年のエリザベス女王杯はマンハッタンカフェ産駒の１～２着。非根幹得意の血統らしく、自分の得意条件に戻れば激走する産駒が多い。ルージュバックも、重賞勝利はすべて非根幹距離。ルージュバックは追い込み型だったが、前走中団より前で競馬をしていた馬が芝1800mに出走するパターンの期待値が高い。コーナーを器用に回ることが要求される函館芝は、距離問わず得意だ。母の父としての産駒にテーオーケインズ、メイショウハリオとダートの名馬も出した。父ほど極端ではないが、母の父マンハッタンカフェの産駒も、芝は1400m、1800m、2200mを得意とする産駒が出やすい。

7-1 ジョーカプチーノ Lサンデー

菊花賞馬×ダービー馬の配合だが、ダートで初勝利を挙げ、芝に転じてファルコンＳに勝利。10番人気でレコード勝ちしたNHKマイルＣでは、３連単238万円の大波乱を演出。産駒にニュージーランドＴのジョーストリクトリ、函館２歳Ｓのナムラリコリス。

出生国・出生年・毛色	日本・2006年・芦毛
競走年齢／競走成績（勝ち鞍の距離）	2～6歳／日23戦6勝（1200～1700m）。NHKマイルCなど。
父／母（母の父系）	マンハッタンカフェ／ジョープシケ （ニジンスキー系～ノーザンダンサー系）

8 デュランダル Pサンデー

大外一気の末脚で4歳秋のスプリンターズSに勝った、サンデーサイレンス×ノーザンテースト配合の初GⅠ馬。おいにJBCスプリントのダンシングプリンス。

産駒にオークス馬エリンコート、中京記念のフラガラッハ。**JRA最優秀ダートホースのチュウワウィザードを出したように、母の父としての才能も高い。芝短距離馬も出る。**

出生国・出生年・毛色	日本・1999年・栗毛
競走年齢／競走成績（勝ち鞍の距離）	2～6歳／日香18戦8勝（1200～1600m）。マイルCS2回、スプリンターズS1着1回・2着2回、高松宮記念2着など。JRA最優秀短距離馬（2003～2004年）。
父／母（母の父系）	サンデーサイレンス／サワヤカプリンセス（ノーザンテースト系～ノーザンダンサー系）

9 ゼンノロブロイ Tサンデー

母の父マイニングは米国型ミスタープロスペクター系で、Tサンデー系の中では血統的に異質。ただし、マイニングの母の父バックパサー（マイナー系）は、スピードの加速力と持続力に優れた米国型の中距離タイプで、母の父としての優秀さは世界的に知られている。

2004年、4歳時に秋の古馬3冠（天皇賞秋、ジャパンカップ、有馬記念）を連勝し、サンデーサイレンス産駒として、初めて年度代表馬のタイトルを獲得した。小回りである中山コースの有馬記念でレコード勝ちしたように、**サンデーサイレンス系の中でも中長距離における持続力勝負に優れ、ダート指向の馬を出しやすい。**

出生国・出生年・毛色	日本・2000年・黒鹿毛
競走年齢／競走成績（勝ち鞍の距離）	3～5歳／日英20戦7勝（1600～2500m）。天皇賞秋、ジャパンC、有馬記念、日本ダービー2着など。JRA年度代表馬・最優秀4歳以上牡馬（2004年）。
父／母（母の父系）	サンデーサイレンス／ローミンレイチェル（ミスタープロスペクター系）
距離／芝ダート傾向	▶平均勝ち距離：芝1805m／ダート1671m ▶芝／ダート：55%／45%

10 アドマイヤグルーヴ

祖母はオークス馬ダイナカール。母エアグルーヴ（オークス、天皇賞秋など）の産駒にルーラーシップ（香港クイーンエリザベスC）などがいる。祖母の父ガーサントは1969年の日本リーディングサイアーで、以降もノーザンテースト、トニービン、サンデーサイレンスという歴代のリーディングサイアーを配された**日本屈指の名牝系**。

アドマイヤグルーヴは5代までにインブリードを持たず、そこにキングカメハメハを配して誕生したのが2015年の2冠馬ドゥラメンテで、母仔4代によるＧⅠ制覇を達成した。

出生国・出生年・毛色	日本・2000年・鹿毛
競走年齢／競走成績（勝ち鞍の距離）	2～5歳／日21戦8勝（1600～2200m）。エリザベス女王杯2回など。JRA最優秀4歳以上牝馬（2004年）。
父／母（母の父系）	サンデーサイレンス／エアグルーヴ（グレイソヴリン系～ナスルーラ系）

11 ヘヴンリーロマンス

4歳年末の阪神牝馬Sで重賞を初制覇し、札幌記念を勝って臨んだ天皇賞秋では14番人気という低評価を覆して優勝した。

ジャングルポケットとの間にアウォーディー（JBCクラシック）を得たあとに渡米、アムールブリエ（父スマートストライク：エンプレス杯2回）、ラニ（父タピット：UAEダービー）らのダート巧者を生んだ。**母系に流れるサドラーズウェルズ、リボー系、セントサイモン系といった欧州の重厚な血がダート中距離に向くためだ。**以降の産駒も外国産馬で、配合相手にはディストーテッドヒューマー（フォーティナイナー系）、オーサムアゲイン（ヴァイスリージェント系）などが選ばれている。

出生国・出生年・毛色	日本・2000年・鹿毛
競走年齢／競走成績（勝ち鞍の距離）	2～5歳／日33戦8勝（1600～2000m）。天皇賞秋、札幌記念など。
父／母（母の父系）	サンデーサイレンス／ファーストアクト（サドラーズウェルズ系～ノーザンダンサー系）

12 ブラックタイド Lサンデー

重賞勝ちはスプリングＳのみだが、ディープインパクトの全兄という血統が認められて種牡馬となり、年度代表馬キタサンブラックを出して一気に評価を高めた。マイネルフロスト（毎日杯）など、長く現役を続けるタフな馬が多い。

出生国・出生年・毛色	日本・2001年・黒鹿毛
競走年齢／競走成績（勝ち鞍の距離）	2～6歳／日22戦3勝（1800～2000m）。スプリングSなど。
父／母（母の父系）	サンデーサイレンス／ウインドインハーヘア （リファール系～ノーザンダンサー系）
距離／芝ダート傾向	▶平均勝ち距離：芝1960m／ダート1629m ▶芝／ダート：56%／44% ダートの勝ち星シェアが40%以上で、ディープインパクトよりも体重が100キロ近く重いこともあり、パワフルな馬を出す。坂のあるダートよりも平坦なダートを好む。もっとも得意とするのは、京都ダート1800m。関東では中山より東京、関西では阪神より京都。キタサンブラックを除いても、芝の特別戦は期待値が優秀。上級条件まで出世した馬は追いかけてもいい。根幹距離よりも非根幹距離を得意とする産駒も多く、芝2000mでは勝ちきれず、1800mや2200m以上で勝利する産駒が出やすい。ブラックタイドも、自身唯一の重賞勝ち星は1800mだった。

12-1 キタサンブラック Tサンデー

４代母はチリ産馬で米ＧＩ３勝。デビューから３連勝でスプリングＳに勝ち、皐月賞３着。菊花賞、天皇賞春秋、ジャパンＣなど中長距離でＧＩ７勝（当時のタイ記録）。初年度産駒のイクイノックスが天皇賞秋、有馬記念に勝ち、父子制覇を達成した。

ただし、イクイノックスは産駒全体では例外。**速い上がりが要求される馬場で差し馬を買うのは危険。上がりがかかるタフな芝で、先行力を活かす産駒も出る。牡馬はダート馬も出る。短距離は牝馬の穴に注目で、これらの特徴はキズナに近い。**

出生国・出生年・毛色	日本・2012年・鹿毛
競走年齢／競走成績（勝ち鞍の距離）	3～5歳／日20戦12勝（1800～3200m）。菊花賞、有馬記念、天皇賞春2回、天皇賞秋、ジャパンC、大阪杯など。JRA年度代表馬・最優秀4歳以上牡馬（2016～2017年）。
父／母（母の父系）	ブラックタイド／シュガーハート （プリンスリーギフト系～ナスルーラ系）
距離／芝ダート傾向	▶平均勝ち距離：芝1761m／ダート1638m ▶芝／ダート：75%／25%

キタサンブラック（写真）の父は、ディープインパクトの全兄ブラックタイド。GⅠ7勝を挙げ、獲得賞金18億7684万3000円はJRA歴代2位（2022年末現在）。初年度産駒からGⅠ馬イクイノックスを出すなど、種牡馬としても上々の滑り出し。ただし、イクイノックスは産駒の中では例外的なタイプ。

大系統❻

ノーザンダンサー系

ノーザンダンサーは抜群の適応力を持ち、世界の血統地図を書き換えた大種牡馬。そのため、その子孫は世界各国で多様に広がっている。

ノーザンダンサーの5代血統表

ノーザンダンサー（1961年生 鹿毛 加国産）

<table>
<tr><td rowspan="16">Nearctic
1954 黒鹿毛</td><td rowspan="8">Nearco
1935 黒鹿毛</td><td rowspan="4">Pharos
1920 黒鹿毛</td><td rowspan="2">Phalaris
1913</td><td>Polymelus</td></tr>
<tr><td>Bromus</td></tr>
<tr><td rowspan="2">Scapa Flow
1914</td><td>Chaucer</td></tr>
<tr><td>Anchora</td></tr>
<tr><td rowspan="4">Nogara
1928 鹿毛</td><td rowspan="2">Havresac
1915</td><td>Rabelais</td></tr>
<tr><td>Hors Concours</td></tr>
<tr><td rowspan="2">Catnip
1910</td><td>Spearmint</td></tr>
<tr><td>Sibola</td></tr>
<tr><td rowspan="8">Lady Angela
1944 栗毛</td><td rowspan="4">Hyperion
1930 栗毛</td><td rowspan="2">Gainsborough
1915</td><td>Bayardo</td></tr>
<tr><td>Rosedrop</td></tr>
<tr><td rowspan="2">Selene
1919</td><td>Chaucer</td></tr>
<tr><td>Serenissima</td></tr>
<tr><td rowspan="4">Sister Sarah
1930 黒鹿毛</td><td rowspan="2">Abbots Trace
1917</td><td>Tracery</td></tr>
<tr><td>Abbots Anne</td></tr>
<tr><td rowspan="2">Sarita
1924</td><td>Swynford</td></tr>
<tr><td>Molly Desmond</td></tr>
<tr><td rowspan="16">Natalma
1957 鹿毛
FNo.[2-d]</td><td rowspan="8">Native Dancer
1950 芦毛</td><td rowspan="4">Polynesian
1942 黒鹿毛</td><td rowspan="2">Unbreakable
1935</td><td>Sickle</td></tr>
<tr><td>Blue Glass</td></tr>
<tr><td rowspan="2">Black Polly
1936</td><td>Polymelian</td></tr>
<tr><td>Black Queen</td></tr>
<tr><td rowspan="4">Geisha
1943 芦毛</td><td rowspan="2">Discovery
1931</td><td>Display</td></tr>
<tr><td>Ariadne</td></tr>
<tr><td rowspan="2">Miyako
1935</td><td>John P. Grier</td></tr>
<tr><td>La Chica</td></tr>
<tr><td rowspan="8">Almahmoud
1947 栗毛</td><td rowspan="4">Mahmoud
1933 芦毛</td><td rowspan="2">Blenheim
1927</td><td>Blandford</td></tr>
<tr><td>Malva</td></tr>
<tr><td rowspan="2">Mah Mahal
1928</td><td>Gainsborough</td></tr>
<tr><td>Mumtaz Mahal</td></tr>
<tr><td rowspan="4">Arbitrator
1937 鹿毛</td><td rowspan="2">Peace Chance
1931</td><td>Chance Shot</td></tr>
<tr><td>Peace</td></tr>
<tr><td rowspan="2">Mother Goose
1922</td><td>Chicle</td></tr>
<tr><td>Flying Witch</td></tr>
</table>

Gainsborough 4 × 5、Chaucer 5 × 5

1 現在では欧州型、米国型に分けられる

ノーザンダンサーは、カナダ産馬として初めてケンタッキーダービーを制した名馬。**種牡馬としても適応力に富んだ産駒たちが世界各国のレースを席巻し、世界の血統地図を劇的に書き換えた。**現在は、米国型ノーザンダンサー系と欧州型ノーザンダンサー系に二分される。

ノーザンダンサーのプロフィール

成績 タイトル	2～3歳／加米18戦14勝(1100～2000m)。ケンタッキーダービー、プリークネスSなど。北米最優秀3歳牡馬、加年度代表馬(ともに1964年)。	
種牡馬成績	英愛LS(1970年、1977年、1983～1984年)、北米LS(1971年)	
血統	父:ニアークティック　母:ナタルマ(ネイティヴダンサー系)	
日本の主な活躍馬	～1979	マルゼンスキー、アンバーシャダイ、ホリスキー
	1980～	スズカコバン、シリウスシンボリ、ダイナガリバー、メリーナイス、サクラチヨノオー、スーパークリーク、メジロライアン、レオダーバン
	1990～	フサイチコンコルド、ビワハイジ、テイエムオペラオー、アサクサデンエン、ローエングリン
	2000～	メイショウサムソン、アサクサキングス
	2010～	サトノクラウン、ソウルスターリング、モズアスコット、ブラストワンピース、ソダシ、シュネルマイスター

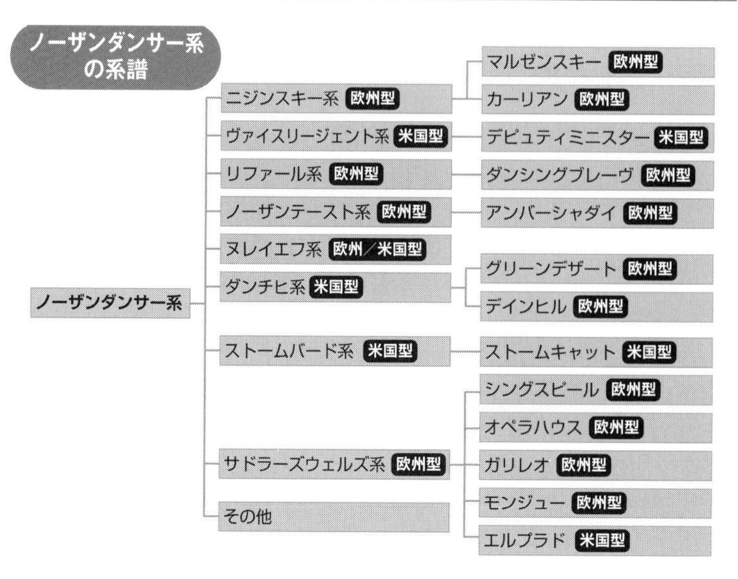

ノーザンダンサー系①

ニジンスキー系

ニジンスキーは英クラシック3冠を制したように、同世代では抜きん出た能力と体力を持ち、その資質を受け継ぐ産駒を通じてノーザンダンサーの中でも一大父系を築いた。ヨーロッパではカーリアン系が広がり、日本でもマルゼンスキーの系統が一定の影響力を持った。

底力とスタミナを秘めるが、軽やかなスピードはない

ニジンスキーはノーザンダンサーの２年目産駒で、父の評価を決定的にした存在。日本では持込馬のマルゼンスキーがケタ違いのスピードを見せつけ、多数の活躍馬を送り出した。1990 年代には欧州での代表産駒カーリアンから、ダービー馬フサイチコンコルドが誕生している。

ただし、欧州３冠馬ラムタラ、凱旋門賞馬マリエンバードなど、輸入種牡馬のほとんどは不振に終わり、マルゼンスキーも後継馬を残せていない。日本の馬場が欧州型血統には不向きであることに加え、能力を開花させる繁殖牝馬が日本に揃っていなかったことも悲運であった。

ニジンスキー系の系統図

▶ニジンスキー系の特徴

- 1970～1980年代に、持込馬のマルゼンスキーとその産駒が活躍。
- ヨーロッパで活躍した一流馬ほど、種牡馬としては不振。
- 1980～1990年代は、芝の中長距離、ダートの中距離で一定の成績を残す。
- いまよりタフな芝とダートの両方をこなした産駒も少なくない。
- ニジンスキーの血を持つ繁殖牝馬、母系にニジンスキーを持つ種牡馬は多く、いまも影響を与え続けている。

1 ニジンスキー(Nijinsky) 欧州型

母、母の父ブルページはともにカナダ年度代表馬で、母の祖父ブルリーは北米リーディングサイアー5度の名種牡馬。良血ではあるが、格下と見られていたカナダの生産馬が、1970年に英クラシック3冠を達成したことはイギリス競馬界に大きな衝撃を与えた。そして、これがノーザンダンサー系の快進撃の始まりだった。

出生国・出生年・毛色	加国・1967年・鹿毛
競走年齢／競走成績（勝ち鞍の距離）	2～3歳／英愛仏13戦11勝(1200～2921m)。英クラシック3冠、愛ダービー、キングジョージなど。英愛リーディングサイアー(1986年)。
父／母（母の父系）	ノーザンダンサー／フレーミングページ(ストックウェル系～マイナー系)

ニジンスキー系の主な輸入種牡馬をチェック

ロイヤルアカデミーII(1987年生) 欧州型

父ニジンスキー。おいのストームキャットと似た血統構成であるためか、マイラーとして活躍し、BCマイルなどに勝利。**ニジンスキー系にしてはスピードがある産駒を出した。**代表産駒は安田記念を勝った香港馬ブリッシュラック。母の父として、ダビルシム（欧州最優秀2歳牡馬：父ハットトリック）を出した。スプリント王国オーストラリアの名牝ブラックキャビア（25戦全勝）の祖父（父の父）でもある。

ラムタラ(1992年生) 欧州型

父ニジンスキー。デビュー2戦目で英ダービーに勝ち、4戦4勝で欧州3冠を達成。「奇跡の馬」と呼ばれた。約44億円で日本に導入されたが、リーディングサイアー・ランキングは2002年の13位が最高。GI馬は母の父としてヒルノダムール（天皇賞春）を出したが、日本の馬場には合わない種牡馬だった。

2 マルゼンスキー 欧州型

祖母クイルは北米最優秀2歳牝馬。当時の日本では、持込馬はクラシックに出られなかったが、芝ダートを問わず圧倒的なスピードを誇り、「スーパーカー」と呼ばれた。

当時の日本の種牡馬の中では圧倒的な能力を持っており、日本の古い牝系出身の重賞ウイナーはマルゼンスキーの血を持っていることが多い。たとえばローレルゲレイロ（高松宮記念：セレタ系）、ウイニングチケット（日本ダービー：スターロッチ系）などがいる。

力強いスピードを産駒に伝え、種牡馬としては大成功。20頭以上が種牡馬入りしたが、父系を広げることは叶わなかった。

しかし、牝系からサンデーサイレンス系を支える側として成功。その象徴がダービー馬スペシャルウィーク（母の父マルゼンスキー：シラオキ系）で、その血を継ぐシーザリオがエピファネイアを生み出した。

マルゼンスキー（1974年：朝日杯3歳S）
- ホリスキー（1979年：菊花賞）
- スズカコバン（1980年：宝塚記念）
- サクラトウコウ（1981年：GⅢ七夕賞）
  - ネーハイシーザー（1990年：天皇賞秋）
- サクラチヨノオー（1985年：日本ダービー）
- レオダーバン（1988年：菊花賞）

出生国・出生年・毛色	日本・1974年・鹿毛
競走年齢／競走成績（勝ち鞍の距離）	2～3歳／日8戦8勝（1200～1800m）。朝日杯3歳Sなど。JRA最優秀2歳牡馬（1976年）。
父／母（母の父系）	ニジンスキー／シル（ストックウェル系～マイナー系）

マルゼンスキーは母の父として、写真のスペシャルウィーク（父サンデーサイレンス）、ウイニングチケット（父トニービン）という2頭のダービー馬のほか、菊花賞などＧⅠ3勝のライスシャワー、天皇賞春馬のメジロブライトなどを出した。

3 カーリアン(Caerleon) 欧州型

重厚感のある血統構成だが、産駒は仕上がりが早く、マイラーが多かった。その評価を覆した英ダービー馬ジェネラスが活躍した1991年には、前年王者のサドラーズウェルズを抑えて2度目の英愛リーディングサイアーとなっている。

日本では外国産馬や持込馬がマイラーとして活躍し、1990年代になってダービー馬フサイチコンコルドが出た。ただし、日本に輸入された後継種牡馬はそれなりの大物でも不振だった。

タイキシャトルの母の父として知られるが、サンデーサイレンス系とニックスがあり、母の父としてピースオブワールド、ジョワドヴィーヴル（阪神JF)、ダノンシャーク（マイルCS）など、優れたマイラーを出した。また、2009年の牝馬クラシックでライバルだったブエナビスタとレッドディザイアは、ともに母の父がカーリアンである。

カーリアン
- ジェネラス（1988年：英愛ダービー、キングジョージ）
- シンコウラブリイ（1989年・牝：マイルCS）
- フサイチコンコルド（1993年：日本ダービー）
  - バランスオブゲーム（1999年：弥生賞などGII6勝）
- ビワハイジ（1993年・牝：阪神3歳牝馬S）
- ゼンノエルシド（1997年：マイルCS）
- マリエンバード（1997年：凱旋門賞）

出生国・出生年・毛色	米国・1980年・鹿毛
競走年齢／競走成績（勝ち鞍の距離）	2～3歳／英愛仏8戦4勝（1200～2400m)。仏ダービー、ベンソン&ヘッジズGCなど。英愛リーディングサイアー（1989年、1991年)。
父／母（母の父系）	ニジンスキー／フォーシアー（セントサイモン系）

3-1 フサイチコンコルド 欧州型

祖母サンプリンセスは英オークス馬で、半弟にアンライバルド（皐月賞)、おいにリンカーン（菊花賞2着)、ヴィクトリー(皐月賞）がいる。

3戦のキャリアでダービーに勝った和製ラムタラ。英愛リーディングサイアー同士の配合で、ノーザンダンサーの3×3の強いインブリードを持つ点もラムタラ（ノーザンダンサーの2×4）によく似ている。

産駒の勝ち鞍はダートのほうが多く、芝ではGⅡまでしか勝てなかった（バランスオブゲームなど）が、母の父としてはジョーカプチーノ（NHKマイルカップ）を出した。

出生国・出生年・毛色	日本・1993年・鹿毛
競走年齢／競走成績（勝ち鞍の距離）	3歳／日5戦3勝（1800～2400m）。日本ダービーなど。
父／母（母の父系）	カーリアン／バーレークイン （サドラーズウェルズ系～ノーザンダンサー系）

カーリアン直仔の主な輸入種牡馬をチェック

ジェネラス（1988年生） 欧州型

父カーリアン。英ダービーなどに勝利し、フリーハンデ139ポンドの1990年代欧州最強馬。半妹の孫にディーマジェスティ（皐月賞）。代表産駒はエリモハリアー（函館記念3連覇）、母の父としての産駒にガルボ（ダービー卿CT）がいる。自身の産駒より、母系の血で記憶されていくことになりそうだ。

マリエンバード（1997年生） 欧州型

父カーリアン。6ヵ国の16競馬場で17戦し、異なる競馬場で8勝したタフネス。カーリアン産駒としては、ジェネラスと双璧をなす。芝2400mのGⅠ3連勝目となった凱旋門賞には、マンハッタンカフェ（13着）が出走していた。母の父として、デンコウアンジュ（アルテミスS、ヴィクトリアマイル2着）を出している。

4 ダンシングキイ(Dancing Key)

サンデーサイレンスとの配合で、ダンスパートナー(オークスなど)、ダンスインザダーク（菊花賞)、ダンスインザムード（桜花賞など）という３頭のＧＩ馬を生み、父がトニービンのエアダブリンも長距離重賞を３勝した。ニジンスキー産駒の繁殖牝馬としては、日本国内最高の成績を残した。

出生国・出生年・毛色	米国・1983年・鹿毛
競走年齢／競走成績（勝ち鞍の距離）	不出走
父／母（母の父系）	ニジンスキー／キーパートナー(リボー系〜セントサイモン系)

ノーザンダンサー系②

ヴァイスリージェント系

ヴァイスリージェントの競走成績は平凡だったが、11 年連続でカナダのリーディングサイアーになるなど、種牡馬として大成功を収めた。世界的にはデピュティミニスターを通じた父系が繁栄し、日本ではフレンチデピュティ～クロフネ父子が多くの活躍馬を出している。

カナダ発祥のパワフルなスピード血統が日本に浸透

ヴァイスリージェントは全兄ヴァイスリーガル（カナダ年度代表馬）のおかげで種牡馬となったが、種牡馬としては兄をしのぐ成功を収めた。代表産駒はデピュティミニスターで、その直仔フレンチデピュティは日本でも多くの活躍馬を出した。

フレンチデピュティの系統は、米国ダート戦で重要なスピードの持続性を母系から強化した血統で、米国的な要素が強い。**2歳戦から活躍でき、スピードの持続力に優れ、人為的に造成された路盤のコースを得意とする。**息子のクロフネは母系から芝適性をとり込むことができ、その分、ダートの上級クラスで活躍する確率は父に見劣る。

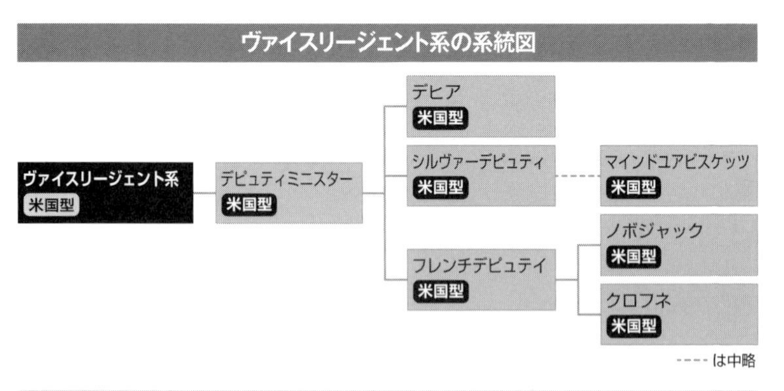

▶ヴァイスリージェント系の特徴

- 2歳戦から活躍できる。
- 芝ダートともに、スピードの持続性で押し切れる馬場を得意とする。
- クロフネ産駒は、配合次第で芝適性を獲得できる。

- フレンチデピュティもクロフネも、芝のＧⅠ級は牝馬が多い。
- せん馬の活躍馬が出やすい傾向がある。

1 ヴァイスリージェント(Vice Regent) 米国型

パワー兼備のスピード型種牡馬。母はノーザンテーストの母の父ヴィクトリアパークの半妹で、当時のカナダを代表する名牝系の出身。**兄よりもきついと評された気性が産駒の勝負強さにつながり、パワフルなスピードを子孫に伝えた。**直仔パークリージェントは母の父がノーザンテーストの母の父と同じヴィクトリアパーク（マイナー系）で、それが功を奏したのか、地方競馬のリーディングサイアーに２度なっている。

出生国・出生年・毛色	加国･1967年･栗毛
競走年齢／競走成績（勝ち鞍の距離）	2～4歳／加米5戦2勝(1200～1400m)。加リーディングサイアー(1979～1989年)。
父／母（母の父系）	ノーザンダンサー／ヴィクトリアレジナ(フェアウェイ系～マイナー系)

2 デピュティミニスター(Deputy Minister) 米国型

競走馬時代は仕上がりの早さを武器に、２歳戦で９戦８勝した。初期に２頭の名牝（米ＧⅠ５勝のオープンマインド、米ＧⅠ７勝のゴーフォーワンド）を出して名種牡馬の座を確立。

代表産駒オーサムアゲインとゴーストザッパーは、史上初めてBCクラシック父子制覇を達成（1998年、2004年）。オーサムアゲインは母の父として、ルージュバック（毎日王冠、オークス２着）、ミラクルレジェンド(JBCレディスクラシック２回)とローマンレジェンド(東京大賞典）姉弟を出し、**日本のダートでも優れた能力を持つ馬を多数出す**。

デピュティミニスター
- *オープンマインド*（1986年・牝：BCジュヴェナイルF、ケンタッキーオークス）
- *ゴーフォーワンド*（1987年・牝：BCジュヴェナイルF）
- フレンチデピュティ（1992年:北米GⅡジェロームH）
- オーサムアゲイン（1994年：BCクラシック）
  - ゴーストザッパー（2000年：BCクラシック）

出生国・出生年・毛色	加国・1979年・黒鹿毛
競走年齢／競走成績（勝ち鞍の距離）	2～4歳／加米22戦12勝（1000～1800m）。ローレルフューチュリティ、ヤングアメリカSなど。北米最優秀2歳牡馬、加年度代表馬（ともに1981年）。北米リーディングサイアー（1997～1998年）。
父／母（母の父系）	ヴァイスリージェント／ミントコピー（マッチェム系）

3 デヒア(Dehere) 米国型

2歳6月から4連勝してＧⅠを2勝した2歳チャンピオン。鼻出血を発症したBCジュヴェナイル以外は連対率100%。2000年から日本で供用され、11世代の産駒を残して帰国。主な産駒にNHKマイルＣ２着のトーヨーデヘア。母の父として、平安Ｓのグレイトパール、大阪ハンブルクＣのディアマンミノルを出した。

出生国・出生年・毛色	米国・1991年・栗毛
競走年齢／競走成績（勝ち鞍の距離）	2～3歳／米9戦6勝（1000～1700m）。シャンペンS、ホープフルSなど。北米最優秀2歳牡馬（1993年）。
父／母（母の父系）	デピュティミニスター／シスタードット（ボールドルーラー系～ナスルーラ系）

4 マインドユアビスケッツ(Mind Your Biscuits) 米国型

シルヴァーデピュティ産駒の父ポッセは米重賞3勝。3歳時のBCスプリントでドレフォンの2着となり、4・5歳時にドバイゴールデンシャヒーンを連覇。初年度産駒のデルマソトガケが全日本2歳優駿に勝つなど、2022年のファーストクロップリーディングサイアー1位を獲得。**上がりのかかるダート中距離を得意とする産駒が多い。**

出生国・出生年・毛色	米国・2013年・栗毛
競走年齢／競走成績（勝ち鞍の距離）	2～5歳／米首25戦8勝（1200～1800m）。ドバイゴールデンシャヒーン2回、マリブSなど。
父／母（母の父系）	ポッセ／ジャズメイン（ヴァイスリージェント系～ノーザンダンサー系）
距離／芝ダート傾向	▶平均勝ち距離：芝1583m／ダート1562m ▶芝／ダート：32%／68%

5 フレンチデピュティ(French Deputy) 米国型

直仔のノボジャックやクロフネの活躍で輸入され、米国競馬のトレンドを日本型にシフトする役割を果たした。産駒にアイビスSD（芝1000m）のサンアディユ、天皇賞春（芝3200m）のアドマイヤジュピタ、芝とダートで重賞を勝ったクロフネがいるように、**配合次第で多様な産駒を出す**。日本でのリーディングサイアー・ランキングは6位が最高だが、ブルードメアサイアー・ランキングでは2015～2017年に3年連続2位となっている。

フレンチデピュティ（1992年）日ブルードメアSL 3位（2015～2017年）
- ノボジャック（1997年：JBCスプリント）
- クロフネ（1998年：NHKマイルカップ、ジャパンカップダート）
  - フサイチリシャール（2003年：朝日杯FS）
  - *スリープレスナイト*（2004年・牝：スプリンターズS）
  - *カレンチャン*（2007年・牝：スプリンターズS、高松宮記念）
  - クラリティスカイ（2012年：NHKマイルカップ）
- アドマイヤジュピタ（2003年：天皇賞春）
- サウンドトゥルー（2010年：チャンピオンズC）

出生国・出生年・毛色	米国・1992年・栗毛
競走年齢／競走成績（勝ち鞍の距離）	2～3歳／米6戦4勝（1200～1600m）。ジェロームH（米GⅡ）など。
父／母（母の父系）	デピュティミニスター／ミッテラン（セントサイモン系）
距離／芝ダート傾向	▶平均勝ち距離：芝1583m／ダート1459m ▶芝／ダート：37%／63% 当初は芝の活躍馬が多かったが、近年はダートにシフト。古馬なって急成長する馬は、大仕事をする可能性がある。せん馬にすることで、成績が安定する馬もいる（たとえば、チャンピオンズカップやJBCクラシックなど勝ったサウンドトゥルーなど）。

5-1 クロフネ 米国型

外国産馬が出走可能になった2001年、毎日杯とNHKマイルカップを圧勝して「黒船襲来」を印象づけた。初ダートの武蔵野Sで9馬身差、続くジャパンカップダートで7馬身差というケタ違いの強さを見せた。

母の父は無名種牡馬だが、その父パゴパゴは豪2歳チャンピオンで、ダンシングブレーヴの祖母の父でもある。**2歳の芝レースや芝1200mに高い適性を示しているのは、この血の影響と見られる。**

芝の上級レースでは牝馬の活躍が目立ち、GI馬も多数出した。牝馬の活躍馬を出すことから、優れた繁殖牝馬も多数生み出した。母の父クロフネの産駒にノームコア（ヴィクトリアマイル、香港C）とクロノジェネシス（有馬記念、宝塚記念、秋華賞）の姉妹、ヴェラアズール（ジャパンカップ）、スタニングローズ（秋華賞）、レイパパレ（大阪杯）。

出生国・出生年・毛色	米国・1998年・芦毛
競走年齢／競走成績（勝ち鞍の距離）	2～3歳／日10戦6勝(1600～2100m)。ジャパンCダート、NHKマイルCなど。JRA最優秀ダートホース(2001年)。
父／母（母の父系）	フレンチデピュティ／ブルーアヴェニュー(フェアウェイ系～マイナー系)
距離／芝ダート傾向	▶平均勝ち距離：芝1594m／ダート1586m ▶芝／ダート：31%／69% 芝ダートともに、スピードの持続性を活かせる軽い馬場が得意。ダートは軽い馬場状態で注目。GIでは牝馬の活躍が目立ち、とくに東京マイルGIで複数の産駒が実績を残した。ただし、産駒全体で見ると、もう少しパワー寄りで、東京ダート1600mを得意とする馬が多い。とくにダート1700m以上からの距離短縮に注目。芝は1200m以下の適性が高いタイプも出す。こちらも距離短縮での出走に注目したい。

5-2 ノボジャック 米国型

父の米国時代の産駒。京王杯3歳S2着もあるが、4歳春から指定交流競走の短距離路線で活躍。重賞6連勝でJBCスプリントに勝つなど、重賞は通算8勝。産駒のブラゾンドゥリスは、黒船賞（高知）で父子制覇を達成した。

出生国・出生年・毛色	米国・1997年・栗毛
競走年齢／競走成績（勝ち鞍の距離）	2～7歳／日43戦11勝(1000～1600m)。JBCスプリントなど。NAR特別表彰馬(2001年)。
父／母（母の父系）	フレンチデピュティ／フライトオブエンジェルス(ミスタープロスペクター系)

ノーザンダンサー系③

リファール系

ノーザンダンサー系の中でも日本向きのスピードを伝える血統で、とくに芝での伸びのあるスピードを底上げする。後継種牡馬はダンシングブレーヴで、日本ではその直仔であるホワイトマズルやキングヘイローの産駒が活躍。ディープインパクトの母の父アルザオもリファール系、ハーツクライの母母父はリファールだ。

芝でのトップスピードを高めるのに欠かせない血に

リファールはスピードのあるマイラーとして活躍し、産駒は芝のマイル〜中長距離を得意とした。日本には直仔だけで20頭以上が輸入されて一定の成績を残し、ノーザンダンサー系の中で成功した血統といえる。

代表産駒のダンシングブレーヴは、リファール×ターントゥ系。日本を代表する種牡馬ディープインパクトはターントゥ系×リファール系で、その代表産駒ジェンティルドンナもリファールの4×4を持つ。リファールの血はサンデーサイレンス系との配合において芝のトップスピードを高め、サンデーサイレンス系の特徴を強化する特性がある。今後も、日本競馬の核となる血の1つだ。

リファール系の系統図

- リファール系 欧州型
  - ダンシングブレーヴ 欧州型
    - ホワイトマズル 欧州型
    - キングヘイロー 欧州型

▶リファール系の特徴

- 1980年代にリィフォーとモガミの産駒が活躍。
- 1990年代以降は、ダンシングブレーヴの系統が活躍馬を出した。
- 加速力に優れ、直線の瞬発力勝負に強く、配合次第で距離もこなす。
- 芝におけるトップスピードの絶対値を高めるポテンシャルがある。

1 リファール(Lyphard) 欧州型

自身は一流マイラーでありながら、脚をタメて末脚を伸ばせるため、中長距離もこなした。代表産駒であるダンシングブレーヴ（凱旋門賞）らの活躍で、名種牡馬の地位も確立。

日本では1980年代にリィフォーやモガミが大成功し、中継画面に映らないほどの大逃げで人気を集めたツインターボを出したライラリッジ、芦毛のベリファ・メンデス父子など多くの直仔が輸入された。

メンデス産駒のリナミックスは仏リーディングサイアーとなり、ヨーロッパにおけるリファール系の中心となっている。

リファール
- リィフォー（1975年）
  - ニッポーテイオー（1983年：天皇賞秋など）
- モガミ（1976年）
  - シリウスシンボリ（1982年：日本ダービー）
  - *メジロラモーヌ*（1983年・牝：牝馬3冠）
- ベリファ（1976年）
  - メンデス（1981年：ムーランドロンシャン賞）
    - リナミックス（1987年：仏2000G）
- ライラリッジ（1981年）
  - ツインターボ（1988年：オールカマー）

出生国・出生年・毛色	米国・1969年・鹿毛
競走年齢／競走成績（勝ち鞍の距離）	2～3歳／仏英愛12戦6勝（1400～2100m）。ジャックルマロワ賞など。仏リーディングサイアー（1978～1979年）、北米リーディングサイアー（1986年）。
父／母（母の父系）	ノーザンダンサー／グーフド（フェアウェイ系～マイナー系）

2 ダンシングブレーヴ（Dancing Brave） 欧州型

後方一気の末脚で凱旋門賞をレコード勝ちし、1986年にフリーハンデ141（1980年代最高）を獲得。種牡馬成績が伸びず、日本への譲渡が決まった直後に英愛ダービーでコマンダーインチーフ、伊ダービーでホワイトマズルが激走し、輸出を惜しむ声が湧き起こった。

英国供用中にマリー病という奇病にかかったため、産駒数は少ないものの、種牡馬として重賞25勝（うちＧＩ６勝）を挙げ、母の父としてもスイープトウショウ（宝塚記念、エリザベス女王杯、秋華賞）、メイショウサムソン（皐月賞、日本ダービー、天皇賞春秋）を出した。

今後の日本でも、その血を引く繁殖牝馬はもちろん、父系を残す可能性も残されている世界的な名血である。

出生国・出生年・毛色	米国・1983年・鹿毛
競走年齢／競走成績（勝ち鞍の距離）	2～3歳／英仏米10戦8勝（1600～2400m）。凱旋門賞、キングジョージ、英2000G、エクリプスSなど。欧州・英仏年度代表馬（1986年）。
父／母（母の父系）	リファール／ナヴァフォプリンセス（ターントゥ系）

2-1 ホワイトマズル（White Muzzle） 欧州型

キングジョージで、同父を持つコマンダーインチーフを交わして２着（１着はオペラハウス）に入り、日本における種牡馬レースでも優位を保った。**長距離やダートもこなし、短距離の追い込み馬も出したが、人気で凡走する反面、人気薄で好走する意外性がある。**

同年齢のライバル・コマンダーインチーフは英愛ダービーに勝つなど、優れた競走成績を残した。コマンダーインチーフは半兄にウォーニング（父ノウンファクト）、いとこに凱旋門賞馬レインボウクエストがいる良血馬だが、種牡馬成績が伸び悩んだのはコマンダーインチーフの血が日本には重すぎたのだろう。

出生国・出生年・毛色	英国・1990年・鹿毛
競走年齢／競走成績（勝ち鞍の距離）	2～4歳／英仏米伊日17戦6勝（2000～2500m）。伊ダービーなど。
父／母（母の父系）	ダンシングブレーヴ／フェアオブザファース（フェアウェイ系～マイナー系）

2-2 キングヘイロー 欧州型

母グッバイヘイローは日本への輸出が惜しまれた名牝で、当時の日本における最高レベルの良血馬。母の父ヘイローが米国型で、コマンダーインチーフやホワイトマズルに比べて米国的なスピード能力が高く、5歳で臨んだ高松宮記念でＧⅠ馬となった。

日本のリファール系種牡馬は伝統的に牝馬のＧⅠ活躍馬を多く出す傾向があり、キングヘイローも代表産駒にカワカミプリンセス（オークス）がいる。高松宮記念で父子制覇を達成し、スプリンターズＳにも勝ったローレルゲレイロが後継馬となっている。母の父としてもイクイノックス（天皇賞秋、有馬記念）、ディープボンド（天皇賞春２着２回、有馬記念２着）、ピクシーナイト（スプリンターズS）を出し、繁殖能力の高さを示す。

出生国・出生年・毛色	日本・1995年・鹿毛
競走年齢／競走成績（勝ち鞍の距離）	2～5歳／日27戦6勝（1200～1800m）。高松宮記念など。
父／母（母の父系）	ダンシングブレーヴ／グッバイヘイロー（ヘイロー系～ターントゥ系）
距離／芝ダート傾向	▶平均勝ち距離：芝1554m／ダート1496m ▶芝／ダート：57%／43% 前向きな気性から繰り出されるスピードが武器。その気性とスピードは、母系に入っても優れた産駒を生み出すスパイスとなっている。自身も距離短縮で悲願のGⅠ制覇をしたように、前向きな気性をコントロールしやすい距離短縮も有効。

父は「1980年代の欧州最強馬」ともいわれた名馬、母は米ＧⅠ7勝という超良血で注目されたキングヘイロー。父としても母の父としても、複数のＧⅠ馬を出し、繁殖能力の高さを示す。

ノーザンダンサー系④

ノーザンテースト系

ノーザンテーストはノーザンダンサーの直仔。1970 年代に日本に輸入されると、その産駒たちは日本競馬界を席巻し、またたく間に日本の血統地図を大きく塗り替えた。サンデーサイレンスが登場してからは、母の父として高い影響力を保ち、日本の重要血統としてその血を残している。

日本で開花したノーザンダンサー系

フランスのＧＩを１つ勝っただけの馬が、日本の競馬をこれほど劇的に変えるとは、いったい誰が予想しただろうか。そもそも、1970 年代にノーザンダンサーのＧＩ馬が日本に来ることも大きな驚きだった。

競走成績は超一流とはいえないが、日本にとって初めての世界水準の種牡馬といえる。**1977 年生から 20 世代連続で重賞勝ち馬を出し、その数は 41 頭を数える（障害レース含む）。**リーディングサイアー通算10回。1993年にその座を譲ってからも2000年まで10位以内をキープし、ブルードメアサイアー・ランキングでも 17 年連続首位を守った。しかし、直系の父系が存続する可能性は極めて低い。

ノーザンテースト系の系統図

ノーザンテースト系 欧州型 ― アンバーシャダイ 欧州型 ― メジロライアン 欧州型

▶ノーザンテースト系の特徴

- 1980年代半ば以降の日本の競馬シーンを一変させた大種牡馬。
- 前向きな気性やキャリアも強みに変える。
- 距離の長短、芝ダートを問わずに多くの活躍馬を出した。
- 適性はダンチヒと似ている。

1 ノーザンテースト（Northern Taste） 欧州型

祖母レディアンジェラの２×３、ハイペリオンの４×３という強いインブリードを持つ。英3冠牝馬プリティポリーにさかのぼる牝系は種牡馬の宝庫で、マイネルラヴ、ワークフォースなどが出ている。

後継種牡馬は50頭を超えるが、ノーザンダンサー系牝馬が増えた影響もあり、ダービー馬ダイナガリバー、アンバーシャダイ・メジロライアン父子がかろうじて、その血をつないだ。

ノーザンテースト
- アンバーシャダイ（1977年：有馬記念）
  - メジロライアン（1987年：宝塚記念）
- ダイナガリバー（1983年：日本ダービー）

出生国・出生年・毛色	加国・1971年・栗毛
競走年齢／競走成績（勝ち鞍の距離）	2～4歳／仏英20戦5勝（1300～1500m）。フォレ賞など。日リーディングサイアー10回（1982～1988年、1990～1992年）。
父／母（母の父系）	ノーザンダンサー／レディヴィクトリア（ストックウェル系～マイナー系）

母系に入って適応力と馬力を強化

母の父、祖母の父としては絶大な存在感を発揮し、3冠馬オルフェーヴルはノーザンテーストの4×3を持つ。母系にノーザンテーストを持つGⅠ馬は数多く、2015年には4代前（曾祖母の父）にノーザンテーストを持つドゥラメンテが2冠を制し、ショウナンパンドラがジャパンカップに勝った。**5代血統表を見るときは、日本向きの資質を補う存在としてチェックすべき種牡馬である。**

「ノーザンテーストは三度成長する」の格言通り、ノーザンテーストの血を持つ馬はいまもなお、古馬になってもう一段階、成長を見せる馬も多い。ステイゴールド（母母父ノーザンテースト）、ダイワメジャー（母の父ノーザンテースト）、サクラバクシンオー（母の父ノーザンテースト）、キタサンブラック（母の父サクラバクシンオー）など。ドゥラメンテの祖母エアグルーヴは、母ダイナカールを通じてノーザンテーストの血を継承する役割も担う。

ノーザンテーストの母の父としての主な産駒

サンデーサイレンス系

父	産駒(主な勝ち鞍)
サンデーサイレンス	・アドマイヤマックス(高松宮記念) ・デュランダル(マイルCS2回、スプリンターズS) ・ダイワメジャー(皐月賞、天皇賞秋、マイルCS2回、安田記念)
アドマイヤベガ	・キストゥヘヴン(桜花賞)
アグネスタキオン	・ダイワスカーレット(桜花賞、秋華賞、エリザベス女王杯、有馬記念)

ターントゥ系

父	産駒(主な勝ち鞍)
リアルシャダイ	・イブキマイカグラ(阪神3歳S)
ブライアンズタイム	・レインボーダリア(エリザベス女王杯)

グレイソヴリン系

父	産駒(主な勝ち鞍)
コジーン	・アドマイヤコジーン(安田記念、朝日杯3歳S)
トニービン	・サクラチトセオー(天皇賞秋) ・エアグルーヴ(オークス、天皇賞秋) ・テレグノシス(NHKマイルC)
ミラクルアドマイヤ	・カンパニー(天皇賞秋、マイルCS)
ジャングルポケット	・トーセンジョーダン(天皇賞秋)

プリンスリーギフト系

父	産駒(主な勝ち鞍)
サクラユタカオー	・サクラバクシンオー(スプリンターズS2回) ・サクラキャンドル(エリザベス女王杯)

ダンチヒに近い特性

ダンチヒ系が走りやすい凱旋門賞でノーザンテーストの影響を受けるステイゴールド産駒が複数回連対したように、日本と比べてダンチヒ系が走りやすい海外でノーザンテーストを持つ馬は好走しやすい。**日本の競馬でもダンチヒの血を持つ馬が走りやすい馬場は、ノーザンテーストも走りやすい。**

2 アンバーシャダイ 欧州型

ノーザンテーストの初年度産駒で、４歳秋に急成長して有馬記念に勝つと、６歳まで一線級で活躍。差されたら差し返す勝負根性に優れ、ノーザンテーストの二の脚と成長力を最初に見せつけた名馬。**産駒は中長距離を中心に活躍し、リーディングサイアー・ランキングは最高３位。**大一番での２着も多く、ＧＩウイナーはメジロライアンのみである。母の父としても、父ほどの影響力は発揮できなかった。

出生国・出生年・毛色	日本・1977年・鹿毛
競走年齢／競走成績（勝ち鞍の距離）	3～6歳／日34戦11勝(1600～3200m)。有馬記念、天皇賞春など。
父／母（母の父系）	ノーザンテースト／クリアアンバー(ヘロド系)

2-1 メジロライアン 欧州型

父アンバーシャダイと、おじのメジロティターン（メジロマックイーンの父）は3200mの天皇賞馬。同年齢のメジロマックイーン、メジロパーマーとで宝塚記念を３連覇（1991～1993年）したが、勝った宝塚記念以外は追い込んで届かずのレースが多かった。牝系からとり込んだ欧州的なスタミナと馬力は産駒のメジロブライト（天皇賞春）に受け継がれたが、レースの高速化が進む中で後継馬は残せていない。

もう１頭の代表産駒メジロドーベルは阪神３歳牝馬ＳからエリザベスＳ女王杯まで、牝馬限定ＧＩを５勝した名牝で、孫にショウナンラグーン（青葉賞）、ホウオウイクセル（フラワーＣ）がいる。今後も、メジロのスタミナ牝系の源として発展する可能性を秘める。

出生国・出生年・毛色	日本・1987年・鹿毛
競走年齢／競走成績（勝ち鞍の距離）	3～6歳／日19戦7勝(1600～2500m)。宝塚記念など。
父／母（母の父系）	アンバーシャダイ／メジロチェイサー(セントサイモン系)

ノーザンダンサー系⑤

ヌレイエフ系

ヌレイエフ系は前向きな気性によって、短距離やダートで活躍する馬が多い。日本に導入された直仔種牡馬は多いが、その産駒たちよりも、むしろ輸入繁殖牝馬を通じて大きな影響を及ぼしている。日本ではファスリエフの父、あるいはゴールドアリュールの母の父として影響力を持つ。欧州型と米国型に分けられる。

世界のマイルレースを沸かせた血の伝道者

病気によりわずか3戦のキャリアで引退したため、ヌレイエフ自身の能力は未知数だが、配合次第で短距離や中距離にも対応できる種牡馬となる。**とくに芝のマイル路線では、欧米の両地域で良積を残した産駒も多い。**日本で活躍するキングマンボ、ゴールドアリュールもヌレイエフを母系に持ち、オールマイティーな活躍を見せる血である。

父系では、欧州型のピヴォタルとシユーニ父子が後継種牡馬。ヌレイエフの娘ミエスクの産駒にキングマンボがいる。**馬力と加速力に優れた適性は、同じノーザンダンサー系のダンチヒやノーザンテーストにも近い。**

ヌレイエフ系の系統図

▶ヌレイエフ系の特徴

- ヌレイエフはゴールドアリュール、バゴ、キングマンボの母の父。
- 馬力と加速力を強化し、スプリント戦やタフな芝、ダートが得意。
- 適性はダンチヒ、ノーザンテーストにも近い

1 ヌレイエフ(Nureyev)

ノーザンダンサー産駒のレコード価格（130万ドル）で落札された良血馬で、半姉フェアリーブリッジはサドラーズウェルズ&フェアリーキング兄弟の母。母の父フォルリ（ハイペリオン系）は、アルゼンチンの歴史的名馬として知られる。

産駒はフォルリから受け継いだ筋力をスピードとパワーにシフトして、スピードのあるマイラーが多い。シアトリカル（BCターフ）、パントレセレブル（凱旋門賞）は母系から持続力を引き出し、米欧の芝中距離戦で活躍した。日本に導入されたヌレイエフの直仔種牡馬の中にはビッグネームもいたが、大物産駒は出ていない。

ただし、母の父としては優秀で、パワーを秘めたスピードの源泉となっている。ヴィルシーナ・シュヴァルグラン・ヴィブロスのきょうだいは、祖母の父がヌレイエフだ。

ヌレイエフ（1977年）
- シアトリカル（1982年：BCターフなどGI6勝）
- ポーラーファルコン（1987年：英スプリントC）
  - ピヴォタル（1993年：ナンソープS）
    - シユーニ（2007年：ジャンリュックラガルデール賞）
- ハートレイク（1991年：安田記念）
- スピニングワールド（1993年：愛2000G、BCマイル）
- パントレセレブル（1994年：凱旋門賞、仏ダービー）
- ブラックホーク（1994年：安田記念、スプリンターズS）
- ストラヴィンスキー（1996年：ジュライC、ナンソープS）
- ファスリエフ（1997年：フェニックス賞、モルニ賞）

出生国・出生年・毛色	米国・1977年・鹿毛
競走年齢／競走成績（勝ち鞍の距離）	2～3歳／英仏3戦2勝（1400～1500m）。ジェベル賞、トーマス・ブライアン賞。仏リーディングサイアー（1987年、1997年）。
父／母（母の父系）	ノーザンダンサー／スペシャル（ハイペリオン系～ハンプトン系）

ヌレイエフのその他の直仔種牡馬をチェック

シアトリカル（Theatrical）（1982年生）欧州型

BCターフなどに勝利した1987年米芝チャンピオン。安田記念に勝ったタイキブリザードの半兄として知られる。ヒシアマゾン（エリザベス女王杯）のような**芝の中長距離馬を多く出した**。直仔のザグレブ（愛ダービー）も輸入種牡馬で、道営所属馬としてJRAやシンガポールでも活躍したコスモバルクを出した。

パントレセレブル（Peintre Celebre）（1994年生）欧州型

ヌレイエフ×アリダーという仏米リーディングサイアー同士の配合で、凱旋門賞をレコードで圧勝した。その印象が鮮烈なだけに、種牡馬としては期待外れ。2001年に日本で供用され、母の父としてピュアブリーゼ（オークス２着）を出している。

2 ポーラーファルコン（Polar Falcon）欧州型

おいに2009年の仏ダービー馬ルアーヴル（マイルCSのセリフォスの母の父）がいる。競走成績はさほど目立たなかったが、ナンソープSのピヴォタル、コロネーションSのイクスクルーシヴらの活躍馬を輩出し、ピヴォタルを通じて父系をつなぐ役割を果たした。

出生国・出生年・毛色	米国・1987年・黒鹿毛
競走年齢／競走成績（勝ち鞍の距離）	３～４歳／英仏独米14戦５勝（1200～1700m）。ヘイドックスプリントCなど。
父／母（母の父系）	ヌレイエフ／マリードアルゴーネ（セントサイモン系）

2-1 ピヴォタル（Pivotal）欧州型

父はヌレイエフ産駒のポーラーファルコン（英スプリントC）。父子ともにスプリンターだったが、産駒はサリスカ（英愛オークス）、アフリカンストーリー（ドバイ・ワールドカップ）など、幅広い距離をこなす。母の父が日本で実績のあるコジーン（グレイソヴリン系）であり、母の父としてミッキーロケット（日経新春杯）、ファンディーナ（フラワーC）を出し、日本との相性はよさそう。

後継馬のシユーニもスプリンター（1000mで3勝）だが、衰退傾向にあるヌレイエフ系の中で活気を保ち、**仕上がりの早さと芝向きのスピードを供給する父系として、一定の需要はありそう**。

出生国・出生年・毛色	英国・1993年・栗毛
競走年齢／競走成績（勝ち鞍の距離）	2～3歳／英6戦4勝（1000～1200m）。ナンソープSなど。
父／母（母の父系）	ポーラーファルコン／フィアレスリヴァイヴァル（グレイソヴリン系～ナスルーラ系）

2-2 シユーニ(Siyouni) 欧州型

2歳戦はGⅠ勝ちを含め6戦4勝2着2回も、3歳時は6戦未勝利に終わった。産駒は仏2冠馬セントマークスバシリカ、仏ダービー・凱旋門賞のソットサスなど活躍馬多数。半妹シューマ（サンチャリオットS）の産駒にブレステイキング（プリンシパルS2着）。**日本では、母系に入って末脚の伸びを底上げする優秀な種牡馬。**

出生国・出生年・毛色	仏国・2007年・鹿毛
競走年齢／競走成績（勝ち鞍の距離）	2～3歳／英仏12戦4勝（1000～1400m）。ジャンリュクラガルデール賞など。仏リーディングサイアー（2020～2021年）。
父／母（母の父系）	ピヴォタル／シチリア（ダンチヒ系～ノーザンダンサー系）

3 スピニングワールド(Spinning World) 欧州型

出走14レース中13回がマイル戦。仏米のGⅠ3連勝で引退の花道を飾り、米愛豪のほか日本でも1年繋養され、母の父として、オークス馬ヌーヴォレコルトを出す。いとこのアルデバランⅡは、米最優秀短距離馬（産駒にシルクロードSのダンスディレクター）。

出生国・出生年・毛色	米国・1993年・栗毛
競走年齢／競走成績（勝ち鞍の距離）	2～4歳／英愛仏米14戦8勝（1600～1800m）。BCマイル、愛2000G、ジャックルマロワ賞2回、ムーランドロンシャン賞など。
父／母（母の父系）	ヌレイエフ／インパーフェクトサークル（ネヴァーベンド系～ナスルーラ系）

4 ストラヴィンスキー(Stravinsky) 欧州型

英スプリントＧＩを連勝したスピード馬。米新で供用されたあと2006年から日本で供用され、金鯱賞のコンゴウリキシオー、淀短距離Ｓのアイラブリリを出す。おいにサンバサウジダービーに勝ち、BCジュヴェナイルにも挑戦（５着）したフルフラットがいる。

出生国・出生年・毛色	米国・1996年・鹿毛
競走年齢／競走成績（勝ち鞍の距離）	2〜3歳／英愛仏米8戦3勝（1000〜1200m）。ジュライC、ナンソープSなど。欧州最優秀スプリンター（1999年）。
父／母（母の父系）	ヌレイエフ／ファイアーザグルーム（レッドゴッド系〜ナスルーラ系）

5 ファスリエフ(Fasliyev) 米国型

デビューからＧＩ連勝を含む５連勝も、骨折で競走生活を終えた。2008年から日本で供用され、産駒に羽田盃のキャプテンキング、母の父としてサトノエルドール（巴賞）を出す。

出生国・出生年・毛色	米国・1997年・鹿毛
競走年齢／競走成績（勝ち鞍の距離）	2歳／英愛仏5戦5勝（1000〜1200m）。モルニー賞、フェニックスSなど。欧州最優秀2歳牡馬（1999年）
父／母（母の父系）	ヌレイエフ／ミスターピーズプリンセス（ミスタープロスペクター系）

ノーザンダンサー系⑥
ダンチヒ系

レースで結果を残せなかった“未完の大器”ダンチヒは、その秘めた筋力とスピード能力を産駒に遺伝する能力が高い。各国の繁殖牝馬の個性を引き出す柔軟性も高く、欧州や豪州を中心に一大父系を築き上げた。とくにグリーンデザートとデインヒルの系統が、おおいに繁栄している。

米国流のスピードをベースに欧州・豪州で大きく開花

ダンチヒの本質は、圧倒的なスピードと2歳戦から活躍できる体力を活かし、短距離適性の高い産駒を出すこと。そこに母系の資質を引き出す柔軟性が加わり、欧州の中距離をこなせる産駒が多数誕生したことで父系を大きく発展させた。

サンデーサイレンス系と比べると、整備された路盤で行われる芝中距離での直線スピード勝負で見劣る。ただし、身体能力は高く、加速力、パワーを強化する。ディープインパクトやハーツクライの産駒は若駒時代に体力が完成せず、加速力やパワーも不足しやすいため、母系にダンチヒを入れて弱点を補い、クラシックで活躍した馬も多い。母系にダンチヒが入るディープインパクト&ハーツクライの代表産駒にジェンティルドンナ、ロジャーバローズ、ダノンプレミアム、サリオスなど成功例が多数ある。

母系にダンチヒが入るディープ&ハーツ産駒の活躍馬

馬名	生年	血統	主な勝ち鞍
ジェンティルドンナ	2009年	父ディープインパクト× 母父父ダンチヒ	牝馬3冠、ジャパンカップ2連覇、有馬記念、ドバイシーマクラシック
ダノンプレミアム	2015年	父ディープインパクト× 母母父父ダンチヒ	朝日杯FS
ロジャーバローズ	2016年	父ディープインパクト× 母父父ダンチヒ	日本ダービー
サリオス	2017年	父ハーツクライ× 母母父父父ダンチヒ	朝日杯FS、 日本ダービー2着

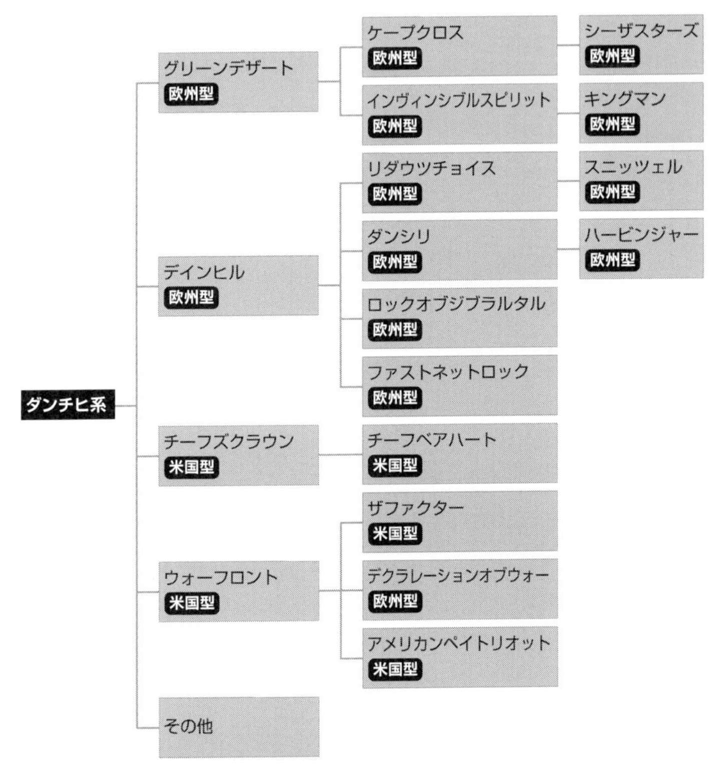

▶ダンチヒ系の特徴

- グリーンデザート～ケープクロスの系統は欧州の芝中距離向き。
- デインヒルは、欧州と豪州で父系を広げている。
- 日本では、ハービンジャーがサンデーサイレンス系牝馬とのニックスで成功。
- ヌレイエフ、ノーザンテーストと適性が近い。
- ディープインパクト、ハーツクライの母系に入って弱点を補う。

1 ダンチヒ(Danzig) 米国型

一般競走で見せた圧倒的なスピードが認められて種牡馬となった幸運な馬。代表産駒は、1990年代最強スプリンターのディジュール(ナンソープSなど)だが、配合相手の長所を引き出す能力に優れ、BCマイルを連覇したルアーのような一流マイラーも出した。**代を重ねた父系はもはや短距離一辺倒ではなく、力強さやスタミナを備えた万能型に変貌している。**

出生国・出生年・毛色	米国・1977年・鹿毛
競走年齢/競走成績(勝ち鞍の距離)	2～3歳/米3戦3勝(1100～1400m)。北米リーディングサイアー(1991～1993年)。
父/母(母の父系)	ノーザンダンサー/パドノム(ストックウェル系～マイナー系)

2 グリーンデザート(Green Dessert) 欧州型

ダンチヒ産駒として初めて欧州GⅠに勝ち、**短距離向き種牡馬として堅実な成績を残す**。直仔ケープクロスを通じて父系のイメージをクラシックタイプに転換した。母系はヤマニンパラダイス(阪神3歳S)、ノーリーズン(皐月賞)、ワンアンドオンリー(日本ダービー)らと同じコートリーディーケイ系。

出生国・出生年・毛色	米国・1983年・鹿毛
競走年齢/競走成績(勝ち鞍の距離)	2～3歳/英愛仏米14戦5勝(1000～1400m)。ジュライCなど。
父/母(母の父系)	ダンチヒ/フォーリンクリア(ターントゥ系)

2-1 ケープクロス(Cape Cross) 欧州型

母は英愛最優秀2歳牝馬で、母の父アホヌーラ(産駒に英ダービー馬ドクターデヴィアス)は、希少なヘロド系。母系には重厚な欧州型の血脈がとり込まれているが、自身は中級マイラーだった。

欧州年度代表馬を3頭出してダンチヒ系の適性範囲を広げ、日本では母の父としてダービー馬ロジユニヴァースを出した。直仔ベーカバド(パリ大賞典など仏米11戦6勝)は日本で供用中。

出生国・出生年・毛色	愛国・1994年・黒鹿毛
競走年齢／競走成績（勝ち鞍の距離）	2～5歳／英仏米加首19戦5勝（1600m）。ロッキンジSなど。英仏リーディングサイアー（2009年）。
父／母（母の父系）	グリーンデザート／パークアピール（ヘロド系）

ケープクロスが送り出した欧州年度代表馬

ウィジャボード（Ouija Bord）（2001年生）

2004年と2006年の2回選出された。7ヵ国13競馬場の2000～2400mで、牡馬相手に3年連続GⅠ勝ちを記録した歴史的名牝。2006年ジャパンカップ3着。毎年ビッグネームと交配され、ガリレオとの産駒オーストラリアが2014年の英愛ダービー、英国際Sで3連勝を飾った。

ゴールデンホーン（Golden Horn）（2012年生）欧州型

2015年選出。母の父がマイラーのドバイディスティネーション（父キングマンボ）で、配合的にはマイラー色が濃いが、2000m以上で優れたパフォーマンスを発揮した。2016年から英国で供用。

ケープクロス
- ウィジャボード（2001年・牝：英愛オークス）
- シーザスターズ（2006年：凱旋門賞、英ダービー）
  - タグルーダ（2011年・牝：キングジョージ、英オークス）
  - ハーザンド（2013年：英愛ダービー）
- ゴールデンホーン（2012年、凱旋門賞、英ダービー）

2-2 シーザスターズ（Sea The Stars）欧州型

ケープクロスが生んだ欧州年度代表馬の1頭（2009年選出）。母は凱旋門賞馬アーバンシー、半兄に名種牡馬ガリレオ、母の半弟に英2000Gのキングズベスト（ダービー馬エイシンフラッシュの父）がいる世界的名血。現役時代はマイル～2400mのGⅠで6連勝し、種牡馬としても英愛ダービーのハーザンド、英オークスのタグルーダなど活躍馬多数。テオレーマ（JBCレディスクラシック）の母の父。

出生国・出生年・毛色	愛国・2006年・鹿毛
競走年齢／競走成績（勝ち鞍の距離）	2～3歳／英愛仏9戦8勝（1400～2420m）。英ダービー、英2000G、凱旋門賞、ヨークインターナショナルS、エクリプスS、愛チャンピオンSなど。欧州年度代表馬・最優秀3歳牡馬（2009年）。
父／母（母の父系）	ケープクロス／アーバンシー（ミスタープロスペクター系）

2-3 インヴィンシブルスピリット(Invincible Spirit) 欧州型

母は仏オークス馬。GⅠは5歳9月の1勝のみだが、種牡馬としては仏ダービー馬ローマン、GⅠ4勝のキングマン、英2000Gのマグナグレーシア、BCジュヴェナイルのヴェールオブヨーク、モーリスドギース賞3回のムーンライトクラウドなど活躍馬多数。

出生国・出生年・毛色	愛国・1997年・鹿毛
競走年齢／競走成績（勝ち鞍の距離）	2～5歳／英愛仏17戦7勝（1200m）。ヘイドックスプリントCなど。
父／母（母の父系）	グリーンデザート／ラファ（ネイティヴダンサー系）

2-4 キングマン(Kingman) 欧州型

母は仏1000G馬で、おじにスプリントGⅠ3勝のオアシスドリーム。英2000Gで生涯唯一の敗戦を喫したあとは、マイルGⅠ4連勝。主な産駒にNHKマイルCのシュネルマイスター、仏2000Gのペルシアンキング、セントジェームズパレスS2回のパレスピアなど。

本質はマイル以上で、末脚の伸びを活かす競馬で最大のパフォーマンスを発揮する。日本では、気性の制御などの問題から短距離を走っている馬が多い。

出生国・出生年・毛色	英国・2011年・鹿毛
競走年齢／競走成績（勝ち鞍の距離）	2～3歳／英愛仏8戦7勝（1400～1600m）。愛2000G、ジャックルマロワ賞、セントジェームズパレスS、サセックスSなど。欧州年度代表馬・最優秀3歳牡馬（2014年）。
父／母（母の父系）	インヴィンシブルスピリット／ゼンダ（ゴーンウェスト～ミスタープロスペクター系）

3 デインヒル(Danehill) 欧州型

母の父ヒズマジェスティは、セントサイモン系の主流血統の1つであるリボーの直仔。**重い芝向きの馬力とスタミナを強化する。デインヒルはそうした特徴に加え、ダンチヒから加速力とスピードも受け継いでいる。**祖母がノーザンダンサーの半妹で、ノーザンダンサーの母ナタルマの3×3のインブリードを持つ。

自身は1200mのGⅠに勝っただけだが、オセアニアへのシャトル種牡馬の草分けとして大成功。2005～2007年にはサドラーズウェルズを抑えて英愛リーディングサイアーとなり、オーストラリアでも9回リーディングサイアーとなった。後継馬の1頭コディアックは2017年、2歳戦で53頭の勝ち馬を出し、世界記録を更新した。

母の父としては、14戦無敗の名馬フランケル（父ガリレオ)、凱旋門賞などGⅠ5勝のデインドリーム（父ロミタス）などの名馬を輩出。日本でもエイジアンウインズ（ヴィクトリアマイル)、フェノーメノ（天皇賞春2回)、サトノアレス（朝日杯FS）などを出し、**加速力と馬力に加え、2歳戦から戦える体力を強化する血となっている**。

出生国・出生年・毛色	米国・1986年・鹿毛
競走年齢／競走成績(勝ち鞍の距離)	2～3歳／英愛仏9戦4勝(1200～1400m)。スプリントCなど。英愛リーディングサイアー(2005～2007年など)。
父／母（母の父系)	ダンチヒ／レイジアーナ(リボー系～セントサイモン系)

3-1 リダウツチョイス(Redoute's Choice) 欧州型

デインヒルの直仔で、1200～1600mの豪GⅠ4勝馬。産駒がオセアニアのクラシックで活躍して通算3度リーディングサイアーとなり、オセアニアのダンチヒ系の基礎を固めた。後継種牡馬のスニッツェルと豪リーディングサイアーの1・2位を独占したこともある。

出生国・出生年・毛色	豪国・1996年・鹿毛
競走年齢／競走成績(勝ち鞍の距離)	3～4歳／豪10戦5勝(1100～1600m)。コーフィールドGなど。
父／母（母の父系)	デインヒル／シャンタツチョイス(ハイペリオン系～ハンプトン系)

3-2 スニッツェル(Snitzel) 欧州型

豪GＩ1勝と、競走成績では父に及ばなかったが、種牡馬としては肩を並べ、2016～2017年シーズンから4年連続豪リーディングサイアー。母の父も短距離GＩ3勝。日本でも2007年と2011年の2シーズン供用され、富士Sのヤングマンパワーを出している。**芝のスプリント力と馬力を高いレベルで強化する血統。**

出生国・出生年・毛色	豪国・2002年・鹿毛
競走年齢／競走成績（勝ち鞍の距離）	2～4歳／豪15戦7勝(1000～1200m)。豪オークレイプレート。豪リーディングサイアー(2017～2020年)
父／母（母の父系）	リダウツチョイス／スニペッツラス(ストックウェル系～マイナー系)

3-3 ダンシリ(Dansili) 欧州型

マイルGＩでは勝利こそないが2着が3回あり、弟妹5頭がGＩウイナーとなっている。主な産駒に凱旋門賞のレイルリンク、キングジョージのハービンジャー。母の父として、ホープフルSのダノンザキッド、府中牝馬Sのシャドウディーヴァなどを出した。**母は世界レベルの名繁殖牝馬ハシリで、本馬の弟妹7頭がGＩ馬となった。母系に入ってスケールを強化する。**

出生国・出生年・毛色	米国・1996年・黒鹿毛
競走年齢／競走成績（勝ち鞍の距離）	2～4歳／英仏米14戦5勝(1600m)。ミュゲ賞(仏GⅡ)。仏リーディングサイアー(2006年)。
父／母（母の父系）	デインヒル／ハシリ(ニジンスキー系～ノーザンダンサー系)

3-4 ハービンジャー(Harbinger) 欧州型

クラシックは不出走だったが4歳で本格化し、3連勝で挑んだキングジョージで、英ダービー馬ワークフォースらに11馬身差をつけ、コースレコード（2分26秒78）で圧勝。2011年から日本で供用されて3世代目にペルシアンナイト（マイルCS)、ディアドラ（秋華賞)、モズカッチャン（エリザベス女王杯）が出て大ブレイク。4世代目のブラストワンピースが、有馬記念に優勝した。

上級馬の多くは母の父がサンデーサイレンス系・キングマンボ系で、日本競馬への親和性が極めて高く、日本における新世代のノーザンダンサー系として存在感を示している。繁殖牝馬の選定や育成ノウハウの積み重ねにより、さらなる成功が期待できる。

出生国・出生年・毛色	英国・2006年・鹿毛
競走年齢／競走成績（勝ち鞍の距離）	3～4歳／英9戦6勝（2100～2700m）。キングジョージなど。
父／母（母の父系）	ダンシリ／ペナンパール（ネイティヴダンサー系）
距離／芝ダート傾向	▶平均勝ち距離：芝1869m／ダート1840m ▶芝／ダート：86%／14% 父ダンシリの本質は広いコースでの馬力勝負で、広くて差しの決まる馬場が合う。高速小回りの前残り馬場は苦手だが、小回りでも外差しが決まる馬場は向く。下り坂にも強く、タフな馬場が続いた2017年は秋華賞、マイルCS、エリザベス女王杯と、京都のGIを産駒が3連勝した。北海道では函館よりも、コーナーでスピードに乗りやすい札幌のほうが得意な産駒が多い。今後は母の父ディープインパクト・ダイワメジャーの産駒から重賞、GIで活躍する馬も出るだろう。東京芝がGIも増え、外から伸びやすい馬場になったことも産駒には追い風。

3-5 ファストネットロック（Fastnet Rock） 欧州型

デインヒルの直仔で、豪州のＧＩスプリンター。種牡馬としては、英チャンピオンＳのファシネイティングロック、英オークスのクオリファイ、マンノウォーＳのズコヴァなど、欧米でＧＩ馬を輩出。オセアニアではマイル以下を主戦場に、２度リーディングサイアーになっている。

出生国・出生年・毛色	豪国・2001年・鹿毛
競走年齢／競走成績（勝ち鞍の距離）	3～4歳／豪19戦6勝（1000～1200m）。ライトニングSなど。
父／母（母の父系）	デインヒル／ピカデリーサーカス（ニジンスキー系～ノーザンダンサー系）

3-6 ロックオブジブラルタル（Rock of Gibraltar） 欧州型

３代母の産駒に名種牡馬リヴァーマン。ノーザンダンサーの３×３のインブリードを持つ。７戦連続ＧＩ出走＆７連勝を記録した歴史的名マイラーで、2007年には日本で供用。NHKマイルCのミッキーアイル、京成杯AHのカテドラルの母の父として知られる。**パワーと前向きさ**

を強化する。

出生国・出生年・毛色	愛国・1999年・鹿毛
競走年齢／競走成績（勝ち鞍の距離）	2～3歳／英愛仏米13戦10勝（1000～1600m）。英愛2000G、ムーランドロンシャン賞、セントジェームズパレスS、サセックスS、デューハーストS、仏グランクリテリウム、BCマイル2着など。欧州年度代表馬・最優秀3歳牡馬（2002年）。
父／母（母の父系）	デインヒル／オフショアブーム（ノーザンダンサー系）

4 チーフズクラウン(Chief's Crown) 米国型

芝の活躍馬も多く出したマルチ種牡馬。母は米3冠馬セクレタリアト×ニューヨーク牝馬3冠クリスエバートという良血馬。前哨戦に強く、本番で惜敗する詰めの甘さがあったが、欧州型の芝の一流馬を出した。

日本では母の父として、アグネスデジタル（天皇賞秋など）、ゴールドティアラ（ユニコーンS）、ディープスカイ（日本ダービー、NHKマイルC）を輩出した。

出生国・出生年・毛色	米国・1982年・鹿毛
競走年齢／競走成績（勝ち鞍の距離）	2～3歳／米21戦12勝（1100～2000m）。BCジュヴェナイル、ホープフルS、トラヴァーズSなど。
父／母（母の父系）	ダンチヒ／シックスクラウンズ（ボールドルーラー系～ナスルーラ系）

4-1 チーフベアハート(Chief Bearhart) 米国型

父チーフズクラウン。産駒はステイヤーのマイネルキッツ（天皇賞春）から、スプリンターのビービーガルダン（スプリンターズS2着）まで多才。

芝ダートの二刀流や、京都の芝コースようなスピード持続性勝負に強い血である。

出生国・出生年・毛色	加国・1993年・栗毛
競走年齢／競走成績（勝ち鞍の距離）	2～5歳／米日26戦12勝（1600～2400m）。BCターフ、マンハッタンHなど。北米最優秀芝牡馬（1997年）。
父／母（母の父系）	チーフズクラウン／アメリアベアハート（ボールドルーラー系～ナスルーラ系）

5 ウォーフロント(War Front) 米国型

ダンチヒ晩年の産駒。競走成績は地味だが、種牡馬としては初年度産駒から活躍馬が続出し、欧州や豪州でも評価が高まり、日本でも産駒の輸入が相次いでいる。当初は芝の活躍馬がほとんどだったが、近年はプリークネスＳのウォーオブウィルなどダートのＧⅠ馬も誕生している。

日本でも芝のスプリント能力はトップクラスの種牡馬で、ほかの米国型とは一線を画する。

出生国・出生年・毛色	米国・2002年・鹿毛
競走年齢／競走成績（勝ち鞍の距離）	2～4歳／米13戦4勝（1200～1700m）。アルフレッドGヴァンダービルトBCH（米GⅡ）。
父／母（母の父系）	ダンチヒ／スターリードリーマー（ファピアノ～ミスタープロスペクター系）

5-1 ザファクター(The Factor) 米国型

ウォーフロントの初年度産駒で、デビュー２戦目の 6F 戦（1200m戦）でサンタアニタ競馬場のトラックレコードを記録。３歳以降は短距離路線を歩んでＧⅠ２勝。2018 年に短期リースで来日し、ラジオNIKKEI 賞２着のショウナンマグマなどを出している。

出生国・出生年・毛色	米国・2008年・芦毛
競走年齢／競走成績（勝ち鞍の距離）	2～4歳／米首13戦6勝（1200～1700m）。マリブS、パットオブライエンSなど。
父／母（母の父系）	ウォーフロント／グレイシャウスネス（ミスタープロスペクター系）
距離／芝ダート傾向	▶平均勝ち距離：芝1400m／ダート1456m ▶芝／ダート：24%／76%

5-2 デクラレーションオブウォー(Declaration of War) 欧州型

おじにベルモントＳのユニオンラグズ。初年度産駒から仏 2000G オルメドが出て注目され、愛米を経て日本に導入された。主な産駒に阿蘇Ｓのデュードヴァン、ラピスラズリＳのジャスパージャックなど。日本での初年度産駒から、ホープフルＳ２着のトップナイフを出した。

母の父が米国型との配合馬では、ダート馬も出やすくなる。日本ではタフな芝に強いこと、使って上昇することはほかの上位種牡馬にはあま

りない個性。新馬戦よりも、未勝利戦の好走率が大幅に上昇する。

出生国・出生年・毛色	米国・2009年・鹿毛
競走年齢／競走成績（勝ち鞍の距離）	2～4歳／英愛仏米13戦7勝（1500～2140m）。ヨークインターナショナルS、クイーンアンSなど。
父／母（母の父系）	ウォーフロント／テンポウェスト（レッドゴッド系～ナスルーラ系）
距離／芝ダート傾向	▶平均勝ち距離：芝1540m／ダート1575m ▶芝／ダート：71%／29%

5-3 アメリカンペイトリオット(American Patriot) 米国型

母はドバイワールドCに勝ったウェルアームドの全妹、3代母はシンボリクリスエスの母の全妹。3歳7月にデラウェアパーク競馬場の芝1800mでトラックレコードを記録し、2018年から日本で供用。初年度産駒から、スプリングSのビーアストニッシドを輩出している。

適性は父ウォーフロントに近い。産駒にはスプリンターが多く、芝の短距離馬も出る。

出生国・出生年・毛色	米国・2013年・鹿毛
競走年齢／競走成績（勝ち鞍の距離）	3～4歳／英米14戦5勝（1600～1800m）。メイカーズ46マイルSなど。
父／母（母の父系）	ウォーフロント／ライフウェルリヴド（マッチェム系）
距離／芝ダート傾向	▶平均勝ち距離：芝1415m／ダート1596m ▶芝／ダート：39%／61%

6 ハードスパン(Hard Spun) 米国型

ダンチヒのラストクロップ。大レースでは2～4着と勝ち味に遅かったが、米豪と南アフリカでGⅠ馬を輩出。日本でも1世代のみのリース供用。勝ち上がり率は高かったようにスピードを示したが、JRAで唯一の重賞勝ちは最低人気で勝利した中京記念（芝1600m）。サマリーズが全日本2歳優駿を優勝したものの、日本の砂に対する適性は高くなかった。

出生国・出生年・毛色	米国・2004年・鹿毛
競走年齢／競走成績（勝ち鞍の距離）	2～3歳／米13戦7勝（1100～1800m）。キングズビショップSなど。
父／母（母の父系）	ダンチヒ／ターキッシュトライスト（レイズアネイティヴ系～ネイティヴダンサー系）

7 オーペン（Orpen）欧州型

父はダンチヒ直仔で、BCマイルを連覇したルアー。デビュー2連勝でモルニー賞に勝利したあとは勝てなかったが、2004年からアルゼンチンで供用され、2021年に死亡するまでに同国最多数の産駒を送り出した。有馬記念、菊花賞に勝ったサトノダイヤモンドの母の父。

出生国・出生年・毛色	米国・1996年・鹿毛
競走年齢／競走成績（勝ち鞍の距離）	2～3歳／英愛仏6戦2勝（1200m）。モルニー賞など。
父／母（母の父系）	ルアー／ボニータフランシタ（ヘイロー系～ターントゥ系）

CHECK!

2020年8月23日 2回札幌4日11R GⅡ札幌記念（芝2000m）

順位	馬名	性齢	人気	タイム	血統のポイント
1	ノームコア	牝5	2	1:59.4	父ハービンジャー（欧州型ダンチヒ系） 母の父クロフネ（米国型ヴァイスリージェント系）
2	ペルシアンナイト	牡6	6	1	父ハービンジャー（欧州型ダンチヒ系） 母の父サンデーサイレンス（日本型サンデー系）
3	ラッキーライラック	牝5	1	1 1/2	父オルフェーヴル（日本型Tサンデー系） 母の父フラワーアーリー（米国型フォーティナイナー系）

2020年の札幌記念はハービンジャー産駒のワンツーだった。ちなみに札幌記念は2019年にも、ハービンジャー産駒のブラストワンピースが1着と好相性。小倉芝2000mでもハービンジャー産駒は、2ケタ人気が複数回馬券になっている。回りやすいコーナーの芝2000m重賞と相性がよい。

ノーザンダンサー系⑦

ストームバード系

超良血馬ストームバードに始まる血統だが、実質的な始祖は直仔のストームキャット。2歳の高額賞金レースが多い北米で、仕上がりの早さを武器に一大父系を築き、クラシックレースなどで好走。ヨーロッパでも牝系から欧州型の血をとり込んで、欧州のレース条件にも対応しつつある。

早熟さとスピードをベースに日本でも拡大中

北米の小回りコースでスピードとパワーを発揮する父系で、仕上がりが早く2歳戦にも強い。母系の適性を引き出しやすいため、配合次第で長い距離をこなす産駒やヨーロッパの芝向きの産駒・種牡馬も出す。**日本では2歳戦向きの体力、ダートや芝の短距離適性も高める。**母の父として、ダービー馬キズナ（父ディープインパクト）を輩出するなど、繁殖牝馬の血としても注目を集める。

父系としても2歳戦適性の高さとスピード、パワーが注目を集め、勢力を徐々に拡大中。2017年に導入されたヘニーヒューズは、日本でもすでにＧＩ馬を出した。今後もストームキャットの血を持つ種牡馬、繁殖牝馬から多数の活躍馬が出ることだろう。

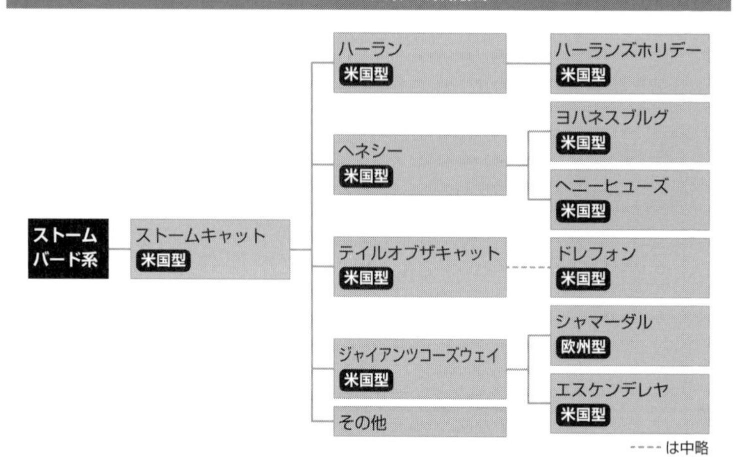

▶ストームバード系の特徴

- もともと2歳戦、短距離ダートの適性が高い。
- 母系の配合次第では、芝適性の高いタイプも出す（母の父の国別タイプによって欧州向き、米国向きに分かれる）。
- ストームキャットは世界レベルの繁殖牝馬ばかりと配合された。

1 ストームバード(Storm Bird) 米国型

1歳落札価格が100万ドル（約70億円）の良血馬。母の父ニュープロヴィデンスは、ニジンスキーの母の父であるブルページ産駒なので、ストームバードとニジンスキーはよく似た配合となっている。

2歳戦で5戦5勝した能力をすべて見せることなく、故障で引退したが、種牡馬として大成功。初期の活躍馬は牝馬に偏っていたが、ストームキャットが人気種牡馬となって面目を保った。日本では母の父として、ウインバリアシオン（青葉賞）などを出している。

出生国・出生年・毛色	加国・1978年・鹿毛
競走年齢／競走成績（勝ち鞍の距離）	2～3歳／愛英仏6戦5勝（1200～1600m）。デューハーストSなど。
父／母（母の父系）	ノーザンダンサー／サウスオーシャン（ストックウェル系～マイナー系）

2 ストームキャット(Storm Cat) 米国型

ストームバード系を欧米に広げた優秀な2代目で、同父系はストームキャットを起点に枝分かれしていく。祖母クリムゾンセイントは800m（4F）の世界レコードホルダー、おじにロイヤルアカデミーII（BCマイル）がいる。母系からもスピードを受け継ぎ、2歳戦に強く、北米ダートと欧州の芝で実績を積み、ストームバード系をノーザンダンサー系の主流の1つに押し上げた。

種付料が約6000万円を超えた時期もあり、それだけ質の高い繁殖牝馬に配合されている。よってストームキャットを持つ母馬は、優れた牝系もとり込んでいることになる。

出生国・出生年・毛色	米国・1983年・黒鹿毛
競走年齢／競走成績（勝ち鞍の距離）	2～3歳／米8戦4勝（1200～1700m）。ヤングアメリカSなど。北米リーディングサイアー（1999～2000年）。
父／母（母の父系）	ストームバード／テルリングァ（ボールドルーラー系～ナスルーラ系）

3 ハーラン(Harlan) 米国型

ストームキャットの初年度産駒。唯一の重賞勝ちが5歳9月のＧＩで、父の評価を高める一因となった。代表産駒のメニフィーは米ＧＩ2勝馬だが、半兄デザートワイン（父ダマスカス）ともども米2冠（ケンタッキーダービー、プリークネスＳ）で2着に惜敗。10歳で早世。

出生国・出生年・毛色	米国・1989年・黒鹿毛
競走年齢／競走成績（勝ち鞍の距離）	3～5歳／米30戦8勝（1300～1700m）。ヴォスバーグS。
父／母（母の父系）	ストームキャット／カントリーロマンス（ヘイロー系～ターントゥ系）

3-1 ハーランズホリデー(Harlan's Holiday) 米国型

父の代表産駒。3歳時にＧＩ連勝も、米2冠（ケンタッキーダービー、プリークネスＳ）ではウォーエンブレムに敗れた。日本ではスワンＳのアルビアーノ、関東オークスのエスメラルディーナが活躍、母の父として日経新春杯のモズベッロ、小倉大賞典のアリーヴォを出している。母の父としての活躍馬は、日本でもまだ出てきそうだ。

出生国・出生年・毛色	米国・1999年・鹿毛
競走年齢／競走成績（勝ち鞍の距離）	2～4歳／米首22戦9勝（1100～1800m）。フロリダダービー、ドンH、ブルーグラスSなど。
父／母（母の父系）	ハーラン／クリスマスインエイケン（レイズアネイティヴ系～ネイティヴダンサー系）

3-2 イントゥミスチーフ(Into Mischief) 米国型

6戦すべてオールウェザーに出走。半妹にBCディスタフ2回のビホルダー、半弟にBCジュヴェナイルターフのメンデルスゾーン。4年連続で北米リーディングサイアーに君臨（2019～2022年）、2022年には自身が持つ産駒の獲得賞金額レコードを更新。産駒のミスチヴィアスアレックス（カーターH）が2022年から日本で供用されている。

日本の砂馬場よりも、アメリカのダート向き。日本なら時計が出る軽いダート、短距離に向く。

出生国・出生年・毛色	米国・2005年・鹿毛
競走年齢／競走成績（勝ち鞍の距離）	2～3歳／米6戦3勝（1300～1700m）。キャッシュコールフューチュリティなど。北米リーディングサイアー（2019～2022年）。
父／母（母の父系）	ハーランズホリデー／レスリーズレディ（ニアークティック系～マイナー系）

3-3 シャンハイボビー（Shanghai Bobby） 米国型

２歳４月の早いデビューから５連勝でBCジュヴェナイルに勝った２歳チャンピオン。母の父オリエンテイトはBCスプリントの勝ち馬。シャトル種牡馬として南米で活躍馬を出し、2019年に日本に導入（2022年国内産駒デビュー）。米国時代の輸入産駒にルミエールADのマリアズハートがいる。

基本的にはダート短距離馬。先行して勝つ産駒の比率が高く、芝の短距離型も出す。

出生国・出生年・毛色	米国・2010年・青鹿毛
競走年齢／競走成績（勝ち鞍の距離）	2～3歳／米8戦6勝（900～1700m）。BCジェヴェナイル、シャンペンSなど。北米最優秀2歳牡馬（2012年）。
父／母（母の父系）	ハーランズホリデー／スティーリン（レッドゴッド系～ナスルーラ系）
距離／芝ダート傾向	▶平均勝ち距離：芝1200m／ダート1357m ▶芝／ダート：25%／75%

4 ヘネシー（Hennessy） 米国型

自身は２歳で燃え尽きた超早熟型。2001年の北米２歳リーディングサイアーで、**産駒は２歳戦オンリーではなく、距離もマイルまでこなす。**

出生国・出生年・毛色	米国・1993年・栗毛
競走年齢／競走成績（勝ち鞍の距離）	2歳／米9戦4勝（1000～1400m）。北米ホープフルSなど。
父／母（母の父系）	ストームキャット／アイランドキティ（ストックウェル系～マイナー系）

4-1 ヨハネスブルグ(Johannsburg) 米国型

おじのテイルオブザキャット（米GⅡ勝ち）も、ストームキャット系種牡馬として活躍。ヨハネスブルグ自身は、２歳時に欧米ＧＩ４連勝を含む７戦全勝。芝とダートのＧＩに勝利した点も魅力。後継種牡馬スキャットダディは11歳で急死したが、69頭のステークスウイナーを出し、世界的な評価は高い。日本での勝ち上がり率も高く、芝ダートともに走れる。受胎率さえ高ければ、もっと高く評価される種牡馬だろう。

出生国・出生年・毛色	米国・1999年・鹿毛
競走年齢／競走成績（勝ち鞍の距離）	2～3歳／英愛仏米10戦7勝（1000～1700m）。BCジュヴェナイルなど。欧州最優秀2歳牡馬（2001年）、北米最優秀2歳牡馬（2001年）。
父／母（母の父系）	ヘネシー／ミス（ダマスカス系～マイナー系）

4-2 スキャットダディ(Scat Daddy) 米国型

ヨハネスブルグが米国に残した代表産駒。初年度産駒が大活躍し、シャトル種牡馬としても期待されたが2015年末に急死。日本で走った産駒に高松宮記念のミスターメロディ。母の父として、ＧＩ２着３回のカレンブーケドール、関屋記念のロータスランドなどを出す。

出生国・出生年・毛色	米国・2004年・黒鹿毛
競走年齢／競走成績（勝ち鞍の距離）	2～3歳／米9戦5勝（1100～1800m）。フロリダダービー、シャンペンSなど。
父／母（母の父系）	ヨハネスブルク／ラブスタイル（ミスタープロスペクター系）

4-3 ヘニーヒューズ(Henny Hughes) 米国型

ヘネシー産駒で、２歳６月から３連勝後、ＧＩで３戦連続２着。３歳７月からスプリント戦で３連勝した。

オーストラリアに移籍した直後に娘のビホルダーが大活躍（BCジュヴェナイルＦ、BCディスタフなどＧＩ 11勝）し、2014年から日本で供用。輸入前の産駒から複数の重賞ウイナーが出ていたうえに、来日直前にアジアエクスプレスが朝日杯FSを勝ち、さらに注目が集まった。

２歳戦では芝ダート問わず、体力とダッシュ力を活かせる。ダッシュ

力とダート適性も強化する。フレッシュなときによく走る一方、キャリアを積んでから（だいたい15戦以上）の惨敗後の巻き返しは期待しづらい。気まぐれな面もあり、ゴチャつく内枠より外枠を得意とする馬が出やすい。日本の砂競馬でも超一流種牡馬だ。

出生国・出生年・毛色	米国・2003年・栗毛
競走年齢／競走成績（勝ち鞍の距離）	2～3歳／米10戦6勝（1000～1400m）。キングズビショップS、ヴォスバーグSなど。
父／母（母の父系）	ヘネシー／メドウフライヤー（セントサイモン系）

4-4 アジアエクスプレス 米国型

デビュー時に534キロあった大型馬。ダートで2連勝後に挑んだ朝日杯FSでＧⅠ初制覇し、3歳夏以降はダート路線を進む。その後、父母ともに輸入され、全弟にマーチSのレピアーウィットがいる。産駒は2020年から出走し、NARリーディングでの上昇が目立つ。

2歳のダート戦に強いが、凡走から立ち直る可能性は低い。とくにキャリアを重ねた場合は上昇しにくい。

出生国・出生年・毛色	米国・2011年・栗毛
競走年齢／競走成績（勝ち鞍の距離）	2～5歳／日12戦4勝（1400～1800m）。朝日杯FSなど。JRA最優秀2歳牡馬（2013年）。
父／母（母の父系）	ヘニーヒューズ／ランニングボブキャッツ（グレイソヴリン系～ナスルーラ系）
距離／芝ダート傾向	▶平均勝ち距離：芝1600m／ダート1454m ▶芝／ダート：7%／93%

5 テイルオブザキャット（Tale of the Cat） 米国型

父ストームキャット。3歳デビューで中距離までこなしたことは、この父系においては希少価値がある。おいにヨハネスブルグ、いとこにプルピットがいる。

出生国・出生年・毛色	米国・1994年・黒鹿毛
競走年齢／競走成績（勝ち鞍の距離）	3～4歳／米9戦5勝（1400～1700m）。キングズビショップS（当時米GⅡ）など。
父／母（母の父系）	ストームキャット／ヤーン（ミスタープロスペクター系）

5-1 ドレフォン(Drefong) 米国型

米国の芝マイル～中距離ＧⅠを７勝した父の代表産駒。母の半兄にBCジュヴェナイルのアクションディスデイ。初勝利時が９馬身半差で、ＧⅠフォアゴーＳでも後続を４馬身ちぎった。初年度産駒から皐月賞馬ジオグリフ、若葉Ｓのデシエルトを輩出して評価が高まる。

本質的には軽いダート中距離。だが、母の特徴を出しやすく、とくに母の父サンデー系からは芝馬も出る。NHKマイルCで最低人気ながら３着に走ったカワキタレブリーも、母の父ディープインパクト。**相性がよいのは母の父キングマンボ系で、ダート馬も芝馬も出す。**

出生国・出生年・毛色	米国・2013年・鹿毛
競走年齢／競走成績（勝ち鞍の距離）	2～4歳／米9戦6勝（1200～1400m）。BCスプリント、フォアゴーS、キングズビショップSなど。北米最優秀スプリンター牡馬（2016年）。
父／母（母の父系）	ジオポンティ／エルティマース （ヴァイスリージェント系～ノーザンダンサー系）
距離／芝ダート傾向	▶平均勝ち距離：芝1671m／ダート1552m ▶芝／ダート：18%／82%

6 ジャイアンツコーズウェイ(Giant's Causeway) 米国型

先行して他馬を競り落とし、並んだら抜かせない勝負根性で英愛の芝ＧⅠを６勝。生涯連対率は100%で、「Iron Horse（鉄馬）」と称された。種牡馬としても数多くのＧⅠウイナーを出してストームバード系の主流となり、北米リーディングサイアーを３度、北米２歳リーディングサイアーを２度獲得している。

出生国・出生年・毛色	米国・1997年・栗毛
競走年齢／競走成績（勝ち鞍の距離）	2～3歳／英愛仏米13戦9勝（1200～2100m）。セントジェームズパレスS、エクリプスS、サセックスS、英国際S、愛チャンピオンSなど。欧州年度代表馬（2000年）。北米リーディングサイアー（2009～2010年、2012年）。
父／母（母の父系）	ストームキャット／マリアズストーム （レッドゴッド系～ナスルーラ系）

6-1 シャマーダル（Shamardal） 欧州型

母はストリートクライの全姉、祖母は愛オークス馬で、近親にネオユニヴァース（日本ダービー）がいる。仏2000Gと仏ダービーの連覇は44年ぶりの快挙だったが、２年目産駒のロベデヴェガであっさり父子制覇を達成した。母系から欧州型の血をとり込んで、欧州型ノーザンダンサー系種牡馬として父以上に広いカテゴリーに対応し、欧州で父系を広げている。

出生国・出生年・毛色	米国・2002年・鹿毛
競走年齢／競走成績（勝ち鞍の距離）	２～３歳／英仏首７戦６勝（1200～2100m）。仏2000G、仏ダービーなど。欧州最優秀２歳牡馬（2004年）。
父／母（母の父系）	ジャイアンツコーズウェイ／ヘルシンキ（マキャヴェリアン～ミスタープロスペクター系）

6-2 エスケンデレヤ（Eskendereya） 米国型

半兄にミドルパークSのバルモント。５代母コスマーの産駒にヘイローがいる名門アルマームード系。３連勝でＧⅠ馬となりケンタッキーダービーの有力候補となるも、脚部不安で引退。代表産駒はBCスプリントに勝ち、2019年北米チャンピオンスプリンターとなったマイトーリ。

使いながら持久力を強化して競走能力が上がるタイプ。前走で先行していて、使いながら上昇した馬を狙いたい。

出生国・出生年・毛色	米国・2007年・栗毛
競走年齢／競走成績（勝ち鞍の距離）	2～3歳／米6戦4勝（1600～1800m）。ウッドメモリアルSなど。
父／母（母の父系）	ジャイアンツコーズウェイ／アルデバランライト（ボールドルーラー系～ナスルーラ系）
距離／芝ダート傾向	▶平均勝ち距離：芝1667m／ダート1661m ▶芝／ダート：25%／75%

7 バーンスタイン（Bernstein） 米国型

父ストームキャット。アイルランドのＧⅢ２勝馬ながら、アルゼンチンのリーディングサイアーとなった。持込馬カラコンティ（母の父サンデーサイレンス）は仏調教馬として仏2000GとBCマイルに勝ち、2016年から米国で供用されている。日本での代表産駒にゴスホークケン（朝日杯FS)。

出生国・出生年・毛色	米国・1997年・鹿毛
競走年齢／競走成績（勝ち鞍の距離）	2～3歳／英愛米8戦4勝（1200～1400m）。コンコルドS（愛GⅢ）、レイルウェイS（愛GⅢ）など。
父／母（母の父系）	ストームキャット／ラアファームド（レイズアネイティヴ系～ネイティヴダンサー系）

8 ディスクリートキャット(Discreet Cat) 米国型

父はストームキャット産駒のフォレストリー（キングズビショップS）。シガーマイルHでタイ・レコードをマークしたスピードが持ち味で、米国ではダートと芝でGⅠウイナーを出している。**日本でも、短距離向きのスピードを持った産駒が多い。**

出生国・出生年・毛色	米国・2003年・鹿毛
競走年齢／競走成績（勝ち鞍の距離）	2～4歳／米首9戦6勝（1200～1800m）。シガーマイルH、UAEダービー（首GⅡ）など。
父／母（母の父系）	フォレストリー／プリティディスクリート（ダマスカス系～マイナー系）
距離／芝ダート傾向	▶平均勝ち距離：芝1400m／ダート1437m ▶芝／ダート：21%／79%

ノーザンダンサー系⑧
サドラーズウェルズ系

現役時代は同馬主・同厩舎のエルグランセニョールの2番手扱いだったが、種牡馬になるや通算14回も英愛リーディングサイアーとなった。産駒はヨーロッパの2000～2400mを得意として大レースを勝ちまくり、ガリレオ、モンジューという優れた後継馬を得て、欧州最大の父系の座を維持している。

欧州でノーザンダンサー系の王道を守る

サドラーズウェルズ系は圧倒的な持久力に加え、**欧州の自然の地形を活かしたコースでも減速しない馬力、加速力が持ち味**。一方、整備が行きとどいた日本の芝コースでは、欧州的な馬力（トルク）と相反するトップスピードが求められやすく、主流の父系になるのは難しい状況となっている。

とはいえ、サドラーズウェルズ系の種牡馬は欧州の優秀な繁殖牝馬に配合されていて、絶対的な身体能力は高い。日本の競馬でも、才能の絶対値を高める役割を担う。

日本でも、トップスピードよりも馬力の要素が問われれば、存在感はより大きくなる。馬力や持久力は使い込んで高まる面もあるため、キャリアを重ねてよさが出る馬も多い。

サドラーズウェルズ系の系統図

▶サドラーズウェルズ系の特徴

- 馬力（トルク）に優れ、欧州の大レースに強い。
- 日本の高速馬場では、サドラーズウェルズの血がトップスピードをそぐ要因にもなる。
- 日本では、芝の道悪のような馬力が問われる馬場で台頭する。
- 日本でも、産駒の総合能力を底上げする役割を担う。
- 直仔よりも、代を重ねた種牡馬のほうが日本に適応しやすい。
- キャリアを重ねて、持久力と馬力を強化する。

1 サドラーズウェルズ(Sadler's Wells) 欧州型

日本では、オペラハウスとその産駒であるメイショウサムソン、テイエムオペラオーがＧＩで実績を残すも、父系は発展していない。

サドラーズウェルズ系の中で日本向きのトップスピードに優れるのは、ジャパンCを勝ったシングスピール産駒のローエングリンと、その産駒ロゴタイプ。エルプラドの系統もトップスピードは高い。

なお、モーリスの母の父は、サドラーズウェルズ系のカーネギー（凱旋門賞）。タイトルホルダーも母の父は、サドラーズウェルズ系のモティヴェーター（英ダービー）。日本の名繁殖牝馬シーザリオは母の父サドラーズウェルズで、その産駒としてエピファネイア、リオンディーズ、サートゥルナーリアを輩出している。

出生国・出生年・毛色	米国・1981年・鹿毛
競走年齢／競走成績（勝ち鞍の距離）	２～３歳／英愛仏11戦6勝(1400～2000m)。愛2000G、エクリプスSなど。英愛リーディングサイアー(1990年・1992～2004年)、仏リーディングサイアー(1993～1994年、1999年)。
父／母（母の父系）	ノーザンダンサー／フェアリーブリッジ(ターントゥ系)

2 シングスピール(Singspiel) 欧州型

父インザウイングスはサドラーズウェルズの直仔で、BCターフなど米仏ＧＩ３勝。母グロリアスソングは、父にサンデーサイレンスと同じヘイローを持つスピード馬。サンデーサイレンスと同じく、日本の人工的な芝コースへの適性が高い名牝だ。

シングスピールが人工的な馬場であるジャパンCとドバイワールドCを優勝できたのは、サンデーサイレンスの父でもあるヘイローの影響を強く受けたからであろう。母の父としても、「つくられた競馬場」で必要なスピードを強化する役割を担い、シンハライト（オークス）やローブティサージュ（阪神JF）を出している。

出生国・出生年・毛色	愛国・1992年・鹿毛
競走年齢／競走成績（勝ち鞍の距離）	２～５歳／英仏米日首21戦10勝（1400～2400m）。ジャパンC、ドバイワールドCなど。北米最優秀芝牡馬（1996年）。
父／母（母の父系）	インザウイングス／グロリアスソング（ヘイロー系～ターントゥ系）

2-1 ローエングリン 欧州型

父シングスピール。仏オークス馬の母カーリング産駒のうち、ローエングリン、リベルタス、エキストラエンドはいずれも30戦以上しながら重賞でも好走した。**キャリアを強みに活かす血統だ。**

代表産駒のロゴタイプ（朝日杯FS、皐月賞、安田記念）もタフに戦い続けた。**産駒は日本の軽い芝への適性が高く、テンからスピードの持続性を要求されるレースパターンを得意とする産駒が多い。**

出生国・出生年・毛色	日本・1999年・栗毛
競走年齢／競走成績（勝ち鞍の距離）	２～８歳／日仏香48戦10勝（1600～2200m）。マイラーズＣ２回、中山記念２回など。
父／母（母の父系）	シングスピール／カーリング（ネヴァーベンド系～ナスルーラ系）

2-2 ロゴタイプ 欧州型

父ローエングリンの代表産駒。祖母はローズＳに勝ったスターバレリーナ、おじに東海Ｓのアンドゥオール、いとこにアイビスSDのパドトロワ。１勝クラスから朝日杯FS、スプリングＳ、皐月賞まで４連勝。６歳時にも安田記念に勝ち、翌年同レース２着で引退した。

出生国・出生年・毛色	日本・2010年・黒鹿毛
競走年齢／競走成績（勝ち鞍の距離）	2～7歳／日首香30戦６勝（1200～2000m）。皐月賞、安田記念、朝日杯FSなど。JRA最優秀２歳牡馬（2012年）。
父／母（母の父系）	ローエングリン／ステレオタイプ（サンデーサイレンス系）

3 オペラハウス(Opera House) 欧州型

自身は使われながら4歳で本格化し、5歳でGⅠを制した晩成の全欧古馬王者。母は愛オークス馬、母の父ハイトップは英2000G勝ち馬で母の父として定評がある。テイエムオペラオーやメイショウサムソンを出し、サドラーズウェルズ系で唯一、日本で成功した血統といえる。

出生国・出生年・毛色	英国・1998年・鹿毛
競走年齢／競走成績（勝ち鞍の距離）	2〜5歳／英愛仏米18戦8勝(1400〜2400m)。キングジョージ、エクリプスS、コロネーションCなど。欧州最優秀古馬(1993年)。
父／母（母の父系）	サドラーズウェルズ／カラースピン(ストックウェル系〜マイナー系)

4 ガリレオ(Galileo) 欧州型

英愛リーディングサイアー×凱旋門賞馬という超豪華配合。母は欧州のスーパー繁殖牝馬アーバンシーで、半弟に英ダービーや凱旋門賞などGⅠ6勝のシーザスターズ（父ケープクロス）がいる。欧州クラシックの王道を歩み、史上2頭目、ニジンスキー以来31年ぶりに英愛ダービーとキングジョージを制した。

種牡馬としても大成功し、2008年以降、デインヒルサンダーが1位になった2009年を除いて2020年まで英愛リーディングサイアーに君臨。父サドラーズウェルズの直仔も母アーバンシーも、ジャパンCは勝てなかったように**日本の主流馬場への適性には乏しいが、相反する能力である欧州の馬力は超一流**。

出生国・出生年・毛色	愛国・1998年・鹿毛
競走年齢／競走成績（勝ち鞍の距離）	2〜3歳／愛英米8戦6勝(1600〜2420m)。英愛ダービー、キングジョージなど。欧州最優秀3歳牡馬(2001年)。英愛リーディングサイアー(2008年、2010〜2017年)。
父／母（母の父系）	サドラーズウェルズ／アーバンシー(ミスタープロスペクター系)

4-1 フランケル(Frankel) 欧州型

GⅠ10勝を含む14勝のほとんどが楽勝の「怪物」。全弟ノーブルミッションもGⅠを3勝し、「ガリレオ×デインヒル系牝馬」は黄金配合とされる。

父ガリレオは馬力が勝ちすぎているため、直仔種牡馬の日本適性は低いが、フランケルはデインヒルからスピードを継いだため、日本の芝適性も高い。少ない産駒の中からソウルスターリングが阪神JFとオークス、グレナディアガーズが朝日杯FS、モズアスコットが安田記念とフェブラリーSを勝った。**産駒のJRA重賞・GⅠ勝利率は、ディープインパクトをしのぐ。**

欧州の一流繁殖牝馬と配合された産駒がほとんどなので、総合能力も高い。**日本でも芝1400～1600m、2歳GⅠではディープインパクトと互角か、それ以上のポテンシャルを示している。気力が充実している好調時に上り詰める王道血統で、好調時は逆らえない。逆に一度凡走すると復活できないか、復活に時間がかかる。**

出生国・出生年・毛色	英国・2008年・鹿毛
競走年齢／競走成績（勝ち鞍の距離）	２～4歳／英14戦14勝（1400～2100m）。英2000G、英チャンピオンS、インターナショナルS、サセックスS２回、クイーンエリザベスⅡS、セントジェームズパレスS、クイーンアンS、ロッキンジS、デューハーストSなど。欧州最優秀2歳・3歳・古馬牡馬（2010～2012年）、欧州年度代表馬（2011～2012年）。
父／母（母の父系）	ガリレオ／カインド（ダンチヒ系～ノーザンダンサー系）

4-2 ナサニエル（Nathaniel） 欧州型

競走成績は同年齢のフランケルに及ばないが、スタミナと闘争心に優れ、2400mを得意とした。初年度産駒のエネイブルは凱旋門賞を連覇し、4歳時には史上初めて凱旋門賞とBCターフの両方を同一年に制し、2017・2019年に欧州年度代表馬に選ばれている（GⅠ 11勝）。2022年には産駒のデザートクラウンが、無敗で英ダービーを制した。

出生国・出生年・毛色	愛国・2008年・鹿毛
競走年齢／競走成績（勝ち鞍の距離）	２～4歳／英愛11戦4勝（2100～2400m）。キングジョージ、エクリプスSなど。
父／母（母の父系）	ガリレオ／マグニフィセントスタイル（ロベルト系～ターントゥ系）

5 モンジュー(Montjeu) 欧州型

凱旋門賞でエルコンドルパサーを差し切った馬力とスタミナを武器に、ヨーロッパのＧＩを６勝した。残した12世代から４頭の英ダービー馬（モティヴェーター、オーソライズド、プールモア、キャメロット）を輩出した。**脚をタメてからの伸びと馬力は超一流。日本やアメリカでは、追走スピードが不足がち。**

出生国・出生年・毛色	愛国・1996年・鹿毛
競走年齢／競走成績（勝ち鞍の距離）	２～4歳／英愛仏米日16戦11勝（1600～2400m）。凱旋門賞、キングジョージ、仏愛ダービー、タタソールズGC、サンクルー大賞など。欧州最優秀３歳牡馬（1999年）、仏リーディングサイアー（2005年）。
父／母（母の父系）	サドラーズウェルズ／フロリペーデ（ストックウェル系～マイナー系）

5-1 モティヴェーター(Motivator) 欧州型

36年ぶりに凱旋門賞を連覇した歴史的名牝トレヴの父となり、父モンジューの評価を高めた。**牡馬よりも牝馬に活躍馬が多い。そのため、母系に入ってよさを出す血統でもある。**日本でも母の父モティヴェーターの産駒として、タイトルホルダー(菊花賞、天皇賞春、宝塚記念)、ヴァンドギャルド（ドバイターフ２着）を出した。

出生国・出生年・毛色	英国・2002年・鹿毛
競走年齢／競走成績（勝ち鞍の距離）	２～3歳／英愛仏7戦4勝（1600～2420m）。英ダービーなど。
父／母（母の父系）	モンジュー／アウトウエスト（ミスタープロスペクター系）

6 エルプラド(El Prado) 米国型

父はサドラーズウェルズ。母の父サーアイヴァーは現在もオーストラリアで繁栄している父系の起点であり、ブルードメアとしても北米と豪州で成功している。母レディキャプレットはデビュー戦にアイルランドのＧＩ（愛1000G）を選択し、優勝してしまうというとてつもない能力を示した。

エルプラド自身は２歳時には６戦４勝でアイルランドの最優秀２歳牡

馬に選出されるも、3歳時は怪我の影響などもあり、上位入線を果たせず引退した。それがサドラーズウェルズ直仔として初めて北米で供用されると、2002年に北米リーディングサイアーとなり、米国型サドラーズウェルズ系の起点となる。

米国適性、芝スプリント適性に優れた父系を持ち、自身も並外れた潜在能力を示した母レディキャプレットの影響を受けた、異色の個性を持つサドラーズウェルズ系種牡馬といえる。

出生国・出生年・毛色	愛国・1989年・芦毛
競走年齢／競走成績（勝ち鞍の距離）	2～3歳／英愛仏9戦4勝（1200～1600m）。愛ナショナルSなど。北米リーディングサイアー（2002年）。
父／母（母の父系）	サドラーズウェルズ／レディキャプレット（ターントゥ系）

6-1 メダーリアドロ（Medaglia D'Oro） 米国型

父エルプラド。母系は米国指向が強く、自身や産駒も米国ダート路線で活躍。米ＧＩ５勝のレイチェルアレクサンドラ（2009年北米年度代表馬）などを出した。２歳世界最高賞金額のゴールデンスリッパーS（豪州）勝ち馬ヴァンクーヴァーを出すなど、**スプリント適性、２歳戦適性も高い**。

2017年のBCターフ（芝2400m）ではタリスマニックがレコード勝ちし、芝適性も示した。日本の芝に適性を見せる系統への発展も期待される。そして、オーストラリア生産馬のゴールデンシックスティは香港４歳４冠を達成するなど、2022年までにＧＩを６勝。**日本の芝でも、スプリント適性の高い産駒を出す。**

出生国・出生年・毛色	米国・1999年・黒鹿毛
競走年齢／競走成績（勝ち鞍の距離）	2～5歳／米首17戦8勝（1200～2000m）。トラヴァーズSなど。
父／母（母の父系）	エルプラド／カプチノベイ（ダマスカス系～マイナー系）

6-2 キトゥンズジョイ（Kitten's Joy） 米国型

父エルプラド。９勝すべてを芝（うちＧＩ２勝）で挙げた北米芝牡馬チャンピオン。**産駒はほぼ芝専用で、ブリーダーズカップのターフレー**

スに強く、距離の適性も幅広い。それによりダート主体のアメリカにおいてリーディングサイアー・ランキング上位の常連となり、2013年には首位を獲得。

日本の芝スプリント戦の適性も高く、芝1200m戦の期待値は常に高い。2022年のスプリンターズSは、産駒のジャンダルムが優勝。

出生国・出生年・毛色	米国・2001年・栗毛
競走年齢／競走成績（勝ち鞍の距離）	2～4歳／米14戦9勝（1600～2400m）。セクレタリアトS、ターフクラシック招待Sなど。北米最優秀芝牡馬（2004年）。
父／母（母の父系）	エルプラド／キトゥンズファースト（ロベルト系～ターントゥ系）

7 ハイシャパラル（High Chaparral） 欧州型

めいに仏オークス馬ファンシーブルー（父ディープインパクト）。英愛ダービーを連勝し、史上初めてBCターフ連覇を達成。代表産駒はコックスプレートのソーユーシンク。日本では白毛馬カスタディーヴァの父、福島記念のユニコーンライオンの母の父として知られる。

出生国・出生年・毛色	愛国・1999年・鹿毛
競走年齢／競走成績（勝ち鞍の距離）	2～4歳／英愛仏米13戦10勝（1400～2420m）。英愛ダービー、BCターフ2回、レイシングポストT、愛チャンピオンSなど。北米最優秀芝牡馬（2002～2003年）。
父／母（母の父系）	サドラーズウェルズ／カソラ（ネヴァーベンド系～ナスルーラ系）

CHECK!

2022年10月2日 4回中山9日11R GIスプリンターズS（芝1200m）

順位	馬名	性齢	人気	タイム	血統のポイント
1	ジャンダルム	牡7	8	1:07.8	父キトゥンズジョイ（欧州型サドラーズウェルズ系） 母の父サンデーサイレンス（日本型サンデー系）
2	ウインマーベル	牡3	7	クビ	父アイルハヴアナザー（米国型フォーティナイナー系） 母の父フジキセキ（日本型Pサンデー系）
3	ナランフレグ	牡6	5	3/4	父ゴールドアリュール（日本型Dサンデー系） 母の父ブライアンズタイム（欧州型ロベルト系）

8番人気の人気薄だったジャンダルムが7歳でＧⅠ初制覇を果たした。サドラーズウェルズ系は同馬以外にもアサクサデンエン、アドマイヤモナーク、ロゴタイプが7歳以上でＧⅠを連対。いずれも前走着順が悪く、人気を落としての好走だった。高齢でも衰えないどころか、経験を積むことで上昇する馬も目立つ系統だ。

ノーザンダンサー系⑨
その他

世界中を席巻したノーザンダンサーの血も4～5世代目がしのぎを削る時代になり、枝分かれも多くなった。日本でもサトノクラウンが活躍したように、傍流とされているノーザンダンサー系からもGⅠ馬が生まれている。ここでは、そうした傍流となっているノーザンダンサー系を紹介する。

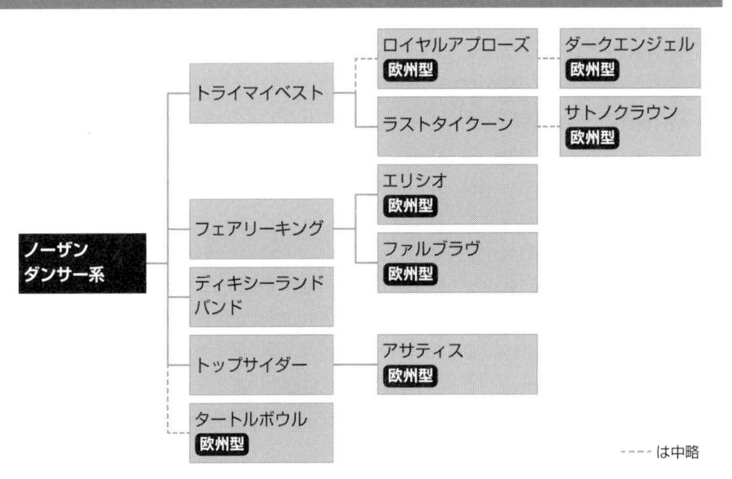

※傍流の中でも、とくに日本に影響力がある系統を紹介。

1 トライマイベスト(Try My Best)

全弟に愛ダービー、英2000Gのエルグランセニョールがいて、デューハーストSを兄弟制覇した。1990年・1992年の伊リーディングサイアー。17歳で日本に導入され、供用2年目に急死したが、代表産駒のラストタイクーンを通じ、多くの日本馬の血統表に名を残す。

出生国・出生年・毛色	米国・1975年・鹿毛
競走年齢／競走成績（勝ち鞍の距離）	2～3歳／英愛5戦4勝(1000～1400m)。デューハーストSなど。
父／母（母の父系）	ノーザンダンサー／セックスアピール(ストックウェル系～マイナー系)

2 ワージブ(Waajib)

トライマイベストの後継馬。母の父ササフラは、凱旋門賞で無敗の英3冠馬ニジンスキーに勝利したことで知られる。アイルランドで供用されたあとに来日。日本で走った産駒にラジオたんぱ賞のプレストシンボリ。ロイヤルアプローズを出して父系をつないだ。

出生国・出生年・毛色	愛国・1983年・鹿毛
競走年齢／競走成績（勝ち鞍の距離）	英愛仏20戦7勝(1600〜1700m)。クイーンアンS(英GⅡ)など。
父／母（母の父系）	トライマイベスト／コリアナ(マッチェム系)

2-1 ロイヤルアプローズ(Royal Applause) 欧州型

ワージブの代表産駒。デビューから４連勝でミドルパークＳに勝利。４歳時はスプリントＧＩで２着・１着・３着して、欧州最優秀スプリンターに選出された。代表産駒はアメリカンオークスなど米ＧＩを２勝したティッカーテープ（産駒にカナテープ）。

出生国・出生年・毛色	英国・1993年・鹿毛
競走年齢／競走成績（勝ち鞍の距離）	2〜4歳／英仏米15戦9勝(1000〜1200m)。ヘイドックスプリントC、ミドルパークSなど。欧州最優秀スプリンター(1997年)。
父／母（母の父系）	ワージブ／フライングメロディ(ボールドルーラー系〜ナスルーラ系)

2-2 アクラメーション(Acclamation) 欧州型

４歳時にＧⅡに勝っただけだが、キングススタンドＳ２回のエクィアーノ、スプリントＧＩ２勝のマーシャ、フォレ賞のアクレイム、BCマイルのエキスパートアイ、香港カップのロマンチックウォリアーなど活躍馬多数。**スプリンターからマイル、中距離馬まで輩出。**

出生国・出生年・毛色	英国・1999年・鹿毛
競走年齢／競走成績（勝ち鞍の距離）	2〜4歳／英仏香16戦6勝(1000〜1200m)。ダイアデムS(英GⅡ)など。
父／母（母の父系）	ロイヤルアプローズ／プリンセスアセナ(ヘロド系)

2-3 ダークエンジェル(Dark Angel) 欧州型

２歳戦のみで早々に引退。種牡馬となると、細々とつないできた父系が覚醒したかのように、仏1000Gのマングスティーヌ、ナンソープS２回のメッカズエンエジェル、欧州最優秀スプリンターのバターシュなど活躍馬が続出。英愛リーディングの上位常連に定着している。

日本でも芝スプリント能力と、若駒時代から高いパフォーマンスを発揮する種牡馬能力は超一流。芝短距離と早い時期から、産駒が続々と走っている。

出生国・出生年・毛色	愛国・2005年・芦毛
競走年齢／競走成績（勝ち鞍の距離）	2歳／英9戦4勝（1014～1210m）。ミドルパークSなど。
父／母（母の父系）	アクラメーション／ミッドナイトエンジェル（マキャヴェリアン～ミスタープロスペクター系）

3 ラストタイクーン(Last Tycoon)

父はスプリンターの２歳チャンピオンであるトライマイベスト。欧州の1000m ＧⅠに３勝後、人気薄でBCマイルを快勝。愛豪シャトル種牡馬の草分けとして、ビッグストーン（産駒に宝塚記念のメイショウドトウ）、アローキャリー（桜花賞）を輩出。母の父としてキングカメハメハ（日本ダービー）、サンテミリオン（オークス）を出した。

出生国・出生年・毛色	愛国・1983年・黒鹿毛
競走年齢／競走成績（勝ち鞍の距離）	2～3歳／英仏米13戦8勝（1000～1600m）。BCマイル、スプリントCS、キングズスタンドSなど。豪リーディングサイアー（1993／1994年）。
父／母（母の父系）	トライマイベスト／ミルプリンセス（ネヴァーベンド系～ナスルーラ系）

3-1 マルジュ(Marju)

母系はセントサイモン系×ハイペリオン系で、半姉サルサビルはサドラーズウェルズの代表産駒の１頭（英仏愛のＧⅠ３勝）。

自身はマイラーだったが、**産駒は2400mまでこなし**、日本ではサトノクラウン（香港ヴァーズ、宝塚記念）が活躍。マルセリーナ（桜花賞）の母の父でもある。

出生国・出生年・毛色	愛国・1988年・黒鹿毛
競走年齢／競走成績（勝ち鞍の距離）	2～3歳／英7戦3勝（1400～1600m）。セントジェームズパレスS、英ダービー2着など。
父／母（母の父系）	ラストタイクーン／フレムオブタラ（セントサイモン系）

3-2 サトノクラウン 欧州型

全姉ライトニングパールは英スプリントＧＩ馬。同世代にドゥラメンテがいる。デビューから３連勝で弥生賞に勝ち、日本ダービーではメンバー最速の上がりで、ドゥラメンテに迫る３着。その後、香港ヴァーズと宝塚記念を優勝。

サンデーを持たない血統が得意とする非根幹距離、海外競馬での強さを見せる。産駒も洋芝の札幌、函館の適性がとくに高い。本質的には芝中距離馬。古馬になってよさが出る馬も多い。

出生国・出生年・毛色	日本・2012年・黒鹿毛
競走年齢／競走成績（勝ち鞍の距離）	2～6歳／日首香20戦7勝（1800～2400m）。宝塚記念、香港ヴァーズなど。
父／母（母の父系）	マルジュ／ジョコンダⅡ（ミスタープロスペクター系）

サトノクラウンとキングカメハメハは似ている？

サトノクラウンは５代までにノーザンダンサー、ミスタープロスペクター、バックパサー、サーアイヴァーのインブリードを持つ。

このうち、ミスタープロスペクターのインブリードは、マキャヴェリアンとミスワキの血によるもので、両系統とも日本の芝でスピードを強化する欧州型ミスタープロスペクター系。こうした母系に、日本でマイルＧＩ馬を出しているラストタイクーン系が配され、ノーザンダンサーの血が覚醒したのだろう。

このサトノクラウンと同じく、持込馬として日本のＧＩに勝ったキングカメハメハも母の父ラストタイクーン。**両馬は「欧州型ミスタープロスペクター系×ラストタイクーン系」という同じ血統構成を持つ。**

このことから、ノーザンダンサー系種牡馬であっても、母系に日本の芝適性が高い欧州型ミスタープロスペクター系を持っていれば、日本での芝適性の高い産駒を出せる可能性が高まりそうだ。

4 フェアリーキング(Fairy King)

サドラーズウェルズの1歳下の全弟。**兄よりも仕上がりが早くてスピードがあり、日本への適性も高い。**母の父としても、スズカフェニックス（高松宮記念）を出し、直仔のエリシオも母の父としてサダムパテック（マイルCS）を出している。オセアニアでも発展をとげており、牝馬やせん馬の活躍馬を多く出す系統。

出生国・出生年・毛色	米国・1982年・鹿毛
競走年齢／競走成績（勝ち鞍の距離）	3歳／愛1戦0勝。仏リーディングサイアー（1966年）。
父／母（母の父系）	ノーザンダンサー／フェアリーブリッジ（ターントゥ系）

4-1 エリシオ(Helissio) 欧州型

フェアリーキングの代表産駒で、仏GⅠ5勝。1996年のジャパンCはシングスピールの3着。日本で種牡馬となり、目黒記念2回のポップロックを出す。母の父として、マイルCSのサダムパテック、ヴィクトリアマイルのジュールポレールなどを出している。**馬力に優れ、適性はデインヒルに近い。**

出生国・出生年・毛色	仏国・1993年・鹿毛
競走年齢／競走成績（勝ち鞍の距離）	3～4歳／英仏日13戦8勝（2000～2400m）。凱旋門賞、サンクルー大賞2回、ガネー賞、リュパン賞など。欧州年度代表馬・最優秀3歳牡馬（1996年）。
父／母（母の父系）	フェアリーキング／エリス（ボールドルーラー系～ナスルーラ系）

4-2 ファルブラヴ(Falbrav) 欧州型

4歳秋に9番人気でジャパンカップ（中山で実施）に勝ったのを機に、一流馬に脱皮。7ヵ国で8つのGⅠに勝った。母の父スルーピー（米GⅠ2勝）はシアトルスルー直仔で、同父のエリシオと同配合である。日本での産駒は芝ダートともに1400m以下を主戦場とし、母の父としてもハープスター（桜花賞）を出した。オーストラリアでは、スプリント適性が高いノーザンダンサー系種牡馬として活躍している。

出生国・出生年・毛色	愛国・1998年・鹿毛
競走年齢／競走成績（勝ち鞍の距離）	2～5歳／英愛仏米伊日香26戦13勝（1600～2400m）。ジャパンC、英国際S、香港Cなど。欧州最優秀古馬（2003年）。
父／母（母の父系）	フェアリーキング／ギフトオブザナイト（ボールドルーラー系～ナスルーラ系）

5 ディキシーランドバンド（Dixieland Band） 米国型

競走成績は地味だが、ノーザンダンサー直仔で100頭以上のステークスウイナーを出した種牡馬7頭（ニジンスキー、リファール、ダンチヒ、ヌレイエフ、サドラーズウェルズ、ノーザンテースト）の1頭。**日本では、母の父としてスピードの持続性を強化する役割を担い**、デルタブルース（菊花賞など）、レッドリヴェール（阪神JF）らを輩出。

出生国・出生年・毛色	米国・1980年・鹿毛
競走年齢／競走成績（勝ち鞍の距離）	2～4歳／米24戦8勝（1100～1800m）。マサチューセッツH（米GⅡ）など。
父／母（母の父系）	ノーザンダンサー／ミシシッピマッド（ハイペリオン系～ハンプトン系）

6 アサティス（Assatis） 欧州型

父トップサイダーは米国ダート6.5F（1300m）のレコードホルダーだったが、自身はヨーロッパの芝2400mを得意とした。日本では、ウイングアロー（フェブラリーSなど）ら、ダートの強豪馬を輩出。

アサティスが日本のダート中距離に適性を示したのは、当時の日本のダート中距離では、いま以上に欧州型のスタミナや馬力を要求されたことも大きい。

出生国・出生年・毛色	米国・1985年・鹿毛
競走年齢／競走成績（勝ち鞍の距離）	2～5歳／英仏伊日16戦6勝（2000～2400m）。ジョッキークラブ大賞など。
父／母（母の父系）	トップサイダー／シークレットアセット（リボー系～セントサイモン系）

7 タートルボウル(Turtle Bowl) 欧州型

父は仏独の短距離GⅢの勝ち馬、祖父は日本で種牡馬となったエリモシブレー（産駒に阪神３歳Ｓのサニーシプレー）の全弟。ＧⅠには７回挑戦して、１勝２着１回３着２回。2013年から日本で供用され、小倉大賞典・中山金杯のトリオンフ、アーリントンＣのタイセイビジョンらを輩出。

ダート中距離の勝ち星が多いが、上級クラスは芝での活躍が目立つ。

出生国・出生年・毛色	愛国·2002年·鹿毛
競走年齢／競走成績（勝ち鞍の距離）	2～5歳／英仏21戦7勝(1400～1900m)。ジャンプラ賞など。
父／母（母の父系）	ダイムダイヤモンド／クララボウ(ストックウェル系～マイナー系)

CHECK!

2017年6月25日 3回阪神8日11R GI宝塚記念(芝2200m)

順位	馬名	性齢	人気	タイム	血統のポイント
1	サトノクラウン	牡5	3	2:11.4	父マルジュ(欧州型ノーザンダンサー系) 母の父ロッシーニ(欧州型ミスプロ系)
2	ゴールドアクター	牡6	5	3/4	父スクリーンヒーロー(欧州型ロベルト系) 母の父キョウワアリシバ (米国型レイズアネイティヴ系)
3	ミッキークイーン	牝5	4	1 1/2	父ディープインパクト(日本型ディープ系) 母の父ゴールドアウェイ(欧州型ヌレイエフ系)

ドゥラメンテ、リアルスティール、キタサンブラックなどが揃った世代のクラシックでも人気になった素質馬サトノクラウン。国内唯一のＧⅠ制覇となったのがこの宝塚記念。同じラストタイクーンの系統であるメイショウドトウもＧⅠ２着５回と惜しい内容を続け、唯一のＧⅠ勝ちは宝塚記念だった。2200mという非根幹距離で、反主流の適性を要求されるレース。

大系統❼

エクリプス～ハンプトン系

これまで紹介してきた現在の6大系統は、すべて20世紀初頭のファラリスに、さらにさかのぼるとエクリプスにたどり着く。そのエクリプス系の中には、ファラリスの系統とは別の発展をとげた父系として、ハンプトン系やセントサイモン系、それ以外のマイナー系がある。ここではハンプトン系について解説する。

長距離中心の時代をリードしたハンプトン系

ダーレーアラビアン系の実質的な父祖エクリプスの系統は子孫のハンプトン（1872年生）を通じて広まり、サンインロウの子孫からエルバジェ、ゲインズボローからファイントップとハイペリオンという名種牡馬が誕生した。

日本では1960～1970年代に**ハイペリオン系のタケシバオーやハイセイコー**、1970～1980年代には**エルバジェ～シーホークの系統**、1980～1990年代には**ファイントップ系のディクタスやサッカーボーイ**が活躍した。

アカテナンゴは2021年の凱旋門賞勝ち馬トルカータータッソの母母父であり、ドイツで影響力を及ぼすが、その父はズルムーで、父系はハンプトン系である。**トルカータータッソも雨の凱旋門賞に強かったように、馬力とガッツが強く求められるレースへの適性を強化する。**

ハンプトン系の系統図

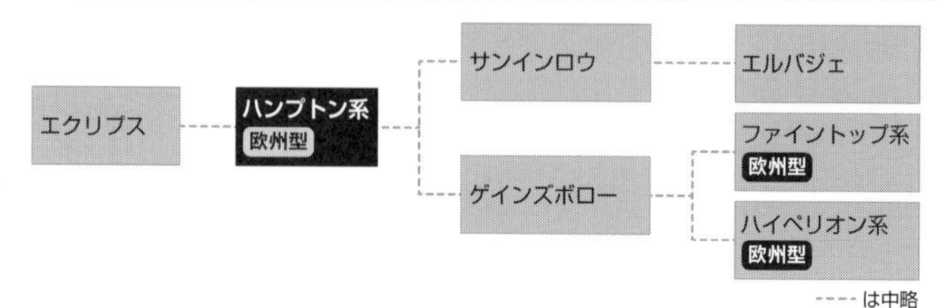

▶ハンプトン系の特徴

- 父系としては残っていないが、母系には残る。
- エルバジェは1980～1990年代に優れたステイヤーを数多く出した。

- ファイントップ系の直近の活躍馬は、サッカーボーイ（1985年生）。
- ハイペリオン系は気持ちが強く、競馬に前向き。キャリアを重ねてスタミナ、馬力が強化されやすい。タフな馬場で、バテても伸びるガッツに優れる。
- オーストラリアの大種牡馬スターキングダムもハイペリオン系。

1 ステイヤータイプが多いエルバジェ

仏ダービー馬エルバジェは、ステイヤー種牡馬として活躍したサンインロウの4代孫にあたり、**仏米で多くのステイヤーを輩出した**。日本では、シーホーク（1963年生）が2頭のダービー馬（ウィナーズサークルとアイネスフウジン）、2頭の天皇賞春馬（モンテプリンスとモンテファストの全兄弟）を出した。

エルバジェ（1956年：仏ダービー）
- グレイドーン（1962年：仏グランクリテリウム）
  - モーニングフローリック（1975年）
    - バンブーメモリー（1985年：安田記念）
- シーホーク（1963年：サンクルー大賞）
  - モンテプリンス（1977年：天皇賞春）
  - モンテファスト（1978年：天皇賞春）
  - ウィナーズサークル（1986年：日本ダービー）
  - アイネスフウジン（1987年：日本ダービー）

2 ステイヤー系統の源になるファイントップ系 欧州型

第1次世界大戦中の英国3冠馬ゲインズボローは、ハイペリオンの父として知られ、日本でもゲインズボロー産駒のトウルヌソルから6頭のダービー馬が誕生した。

トウルヌソルと直仔クモハタ（1939年ダービー馬）は、父子2代で12回リーディングサイアーとなった。

ファイントップ（1949年）
- サンクタス（1960年：仏LS 1回、仏ダービー）
  - ディクタス（1967年：ジャックルマロワ賞）
    - サッカーボーイ（1985年：マイルCS）
      - ナリタトップロード（1996年：菊花賞）
      - ヒシミラクル（1999年：菊花賞）
  - サンシー（1969年）
    - *ハギノトップレディ*（1977年・牝：桜花賞）
- トピオ（1964年：凱旋門賞）
  - *シービークイン*（1973年・牝：毎日王冠）

ゲインズボローの子孫であるファイントップ系の種牡馬も日本と相性がよく、ディクタス（ジャックルマロワ賞）やサンシー（仏ダービー2着）が成功。トピオ（凱旋門賞）は、3冠馬ミスターシービー（1980年生）の母の父となった。

2-1 サッカーボーイ

父ディクタスはジャックルマロワ賞などに勝ったマイラーで、フランス指向の種牡馬。サッカーボーイ自身は阪神3歳Sのレコード勝ちで「テンポイントの再来」と評され、洋芝の函館記念で1分57秒8の日本レコードを樹立した。

サッカーボーイは中距離もこなすマイラーだったが、種牡馬としては産駒に欧州型のスタミナ資質を伝え、条件が合えば人気薄でも激走する反面、人気でもアテにしづらい産駒が多かった。

父系としての存続は厳しいが、全妹ゴールデンサッシュの産駒ステイゴールドが多くの活躍馬を出している。

出生国・出生年・毛色	日本・1985年・栃栗毛
競走年齢／競走成績（勝ち鞍の距離）	2～3歳／日11戦6勝（1200～2000m）。マイルCS、阪神3歳Sなど。JRA最優秀2歳牡馬（1987年）、JRA最優秀スプリンター（1988年）。
父／母（母の父系）	ディクタス／ダイナサッシュ（ノーザンテースト系～ノーザンダンサー系）

3 世界中で繁栄したハイペリオン系

ハイペリオン（1930年生）は一流の競走成績（英ダービー、英セントレジャーSなど13戦9勝）に加え、**1940～1954年の間に6度も英リーディングサイアーとなり、一時代を築いた。**それにより、ハイペリオンの血はまたたく間に世界中に広がった。

ハイペリオン系の系統図

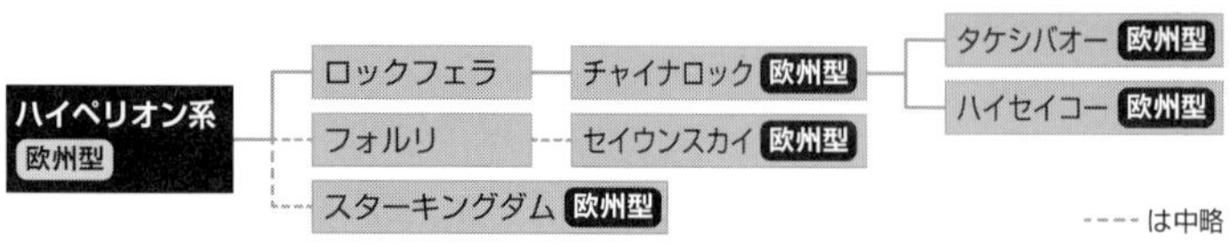

ハイペリオン系 欧州型
- ロックフェラ — チャイナロック 欧州型
  - タケシバオー 欧州型
  - ハイセイコー 欧州型
- ‐‐‐ フォルリ ‐‐‐ セイウンスカイ 欧州型
- ‐‐‐ スターキングダム 欧州型

‐‐‐‐ は中略

3-1 日本で成功したロックフェラ

ハイペリオン産駒のロックフェラ（1941 年生）は母が英２冠牝馬という良血種牡馬で、直仔のゲイタイム（1949 年生）やバウンティアス（1958 年生）が日本で種牡馬として成功。

もっとも高い適性を示したのはチャイナロック（1953 年生）で、**芝ダートの両方でレコードをマークしたタケシバオー（1965 年生）、中距離で強さを見せたハイセイコー（1970 年生）を出した。**

- **ロックフェラ（1941年）**
  - ゲイタイム（1949年：英ダービー2着）
    - メイズイ（1960年：日本ダービー）
  - チャイナロック（1953年）
    - タケシバオー（1965年：天皇賞春）
    - アカネテンリュウ（1966年：菊花賞）
    - ハイセイコー（1970年：皐月賞）
      - カツラノハイセイコ（1976年：日本ダービー）
      - ハクタイセイ（1987年：皐月賞）
  - バウンティアス（1958年：デューハーストS）
    - バローネターフ（1972年：中山大障害5勝）

3-2 いまも世界に大きな影響力を及ぼすスペシャル、フォルリ

ハイペリオンの孫フォルリ（1963 年生：アルゼンチン４冠馬）は、アメリカで種牡馬として成功。産駒のフォアゴーは、1974 ～ 1976 年の３年連続で北米年度代表馬を獲得した。

さらに世界、そして日本でも大きな影響力を及ぼす繁殖牝馬スペシャルを生み出した。**スペシャルの産駒にヌレイエフ、フェアリーブリッジ（サドラーズウェルズ、フェアリーキングの母）がいる。日本では父系にフォルリを持つセイウンスカイが、皐月賞・菊花賞の２冠馬となった。**

3-3 世界の超一流種牡馬を生み出すスターキングダム

ハイペリオンの孫スターキングダム（1946年生）は、オーストラリアに偉大な功績を残した。オーストラリアでもっとも権威があるレースは、2歳限定の世界最高賞金額のスプリント戦であるゴールデンスリッパーズSだ。日本が3歳春の東京芝2400 mを目標にして強い馬づくりを続けているのに対し、オーストラリアは2歳の芝1200 m戦を目指して強い馬づくりを続けてきた。

オーストラリアの種付け期間は米国・欧州から半年遅れるため、シャトル種牡馬として世界中の種牡馬を集めることができる。つまり、超高額賞金レースである芝1200 mの2歳スプリント戦を目標に、世界レベルでもっとも強い馬をつくり続けることができるのだ。

その頂点に君臨したのが、スターキングダムだ。豪リーディングサイアーを5度、豪2歳リーディングサイアーを7度獲得し、ゴールデンスリッパーズSで産駒が5連覇する偉業も成しとげる。

スターキングダムを母の父の系統に持つのがリダウツチョイス。同馬はオーストラリアでリーディングサイアーを3度獲得し、その産駒スニッツェルも4年連続でリーディングを獲得。2013〜2014年シーズンでは父リダウスチョイスと親子でリーディング1、2位を独占し、オーストラリア適性の高さを示した。

日本のスプリンターズSを圧勝したサイレントウィットネスも、スターキングダムを母系に持つ。世界の一流芝短距離馬をつくるにあたり、礎の1頭となったのがスターキングダムである。

大系統❽

エクリプス～セントサイモン系

セントサイモンは1890年から通算9回、英リーディングサイアーとなり、「エクリプスの再来」と呼ばれた歴史的大種牡馬。日本では、5冠馬シンザンを出したヒンドスタンが大成功した。父系としては衰退したが、母系に入って次なる父系の時代を招き寄せた。

後世に大きな影響を及ぼしたセントサイモン系

セントサイモンは芝1000～4000mで10戦10勝の成績を残した「19世紀英国競馬の至宝」。その血は世界中に広まり、**日本では1960年代初頭から導入され、5頭のダービー馬を出したプリンスローズの系統、シンザンを出したボワルセルの系統、リボー系が大きな足跡を残した**。

シンザンのような往年の活躍馬の名は血統表から消えつつあるが、セントサイモンの血はいまも、さまざまな形で受け継がれている。

セントサイモン系の系統図

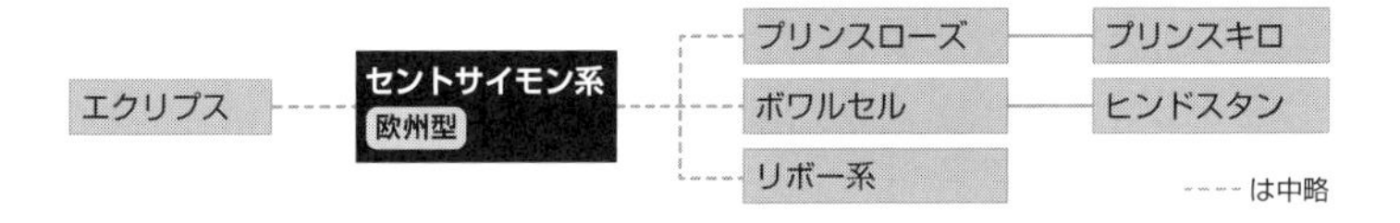

▶セントサイモン系の特徴

- プリンスローズ系は種牡馬、繁殖牝馬の数が多く、多様なカテゴリーで活躍。
- 1960年代にボワルセル産駒のヒンドスタンが日本リーディングサイアーを7回獲得した。
- プリンスローズ系、とくにプリンスキロ系の血はスタミナ源となる。
- スタミナ、持続力、馬力を強化する血統。

1 欧米の両方で広がったプリンスローズ

☑ 米国競馬の発展に貢献したプリンスキロ

セントサイモンの5代孫プリンスローズ（1928年生）は第2次世界

大戦中に爆死したが、産駒のプリンスビオ、プリンスシュヴァリエらがヨーロッパで、プリンスキロ（1940年生）がアメリカで後継種牡馬として成功。**プリンスキロはアメリカで出走し、ラウンドテーブル、プリンスジョンなどの後継馬を通じて発展した。**母の父としてもセクレタリアト、ミルリーフ、サンサン（凱旋門賞）らを出し、北米ブルードメアサイアーに８度も輝いた。

☑ 日本では５頭のダービー馬を輩出

プリンスローズの系統からは、５頭のダービー馬が誕生した。

日本で最後にＧＩを勝ったのは1992年（メジロパーマーとレッツゴーターキン）で、直系子孫も残っていない。**ただし、プリンスキロ〜プリンスジョンの血はリヴァーマンやコジーンら、日本に大きな影響力を持つ種牡馬の母の父として残り、現在もスタミナや持続力の源泉となっている。**

- **プリンスローズ**（1928年：仏LS 1回）
  - プリンスキロ（1940年：北米LS 2回）
    - プリンスジョン（1953年：ガーデンステートS）
    - ラウンドテーブル（1954年：芝ダートでレコード更新12回）
      - ターゴワイス（1970年）
        - レッツゴーターキン（1987年：天皇賞秋）
  - プリンスビオ（1941年：仏LS 1回、仏2000G）
    - シカンブル（1948年：仏LS 1回、仏ダービー）
      - - - アサデンコウ（1964年：日本ダービー）
      - - - カブラヤオー（1972年：日本ダービー）
      - - - タニノムーティエ（1967年：日本ダービー）
    - セダン（1955年：伊LS 1回、伊ダービー）
      - コーネルランサー（1971年：日本ダービー）
  - プリンスシュヴァリエ（1943年：仏ダービー）
    - - - コダマ（1957年：日本ダービー）
    - シャーロッツヴィル（1957年：英LS 1回）
      - - - メジロパーマー（1987年：有馬記念）

- - - - は中略。

2 フランスで生き残ったボワルセル

☑ 日本で一時代を築いたヒンドスタン

イギリスで衰退したセントサイモン系は、フランスで生き残り、ボワルセル（1935年生）がセントサイモン系として24年ぶりに英ダービー馬となった。**いまよりもタフな馬場で、長距離レースが多かった1960年代の日本でも、ボワルセル産駒のヒンドスタン（1946年生：愛ダービー）が7度リーディングサイアーとなった。**

☑ 5冠馬シンザンを出すも父系は残らず

ヒンドスタンの代表産駒は5冠馬シンザン。シンザンは、父としてもミホシンザン（皐月賞、菊花賞、天皇賞春）、ミナガワマンナ（菊花賞）、1800m以下で5度レコードを出したスガノホマレ、2000mで初めて2分を切ったシルバーランドなどを出し、当時のスピード競馬にも対応した。

シンザン産駒は1992年まで24年連続勝利記録を樹立（のちにノーザンテーストが更新）したものの直系父系は残らず、5代までにシンザンを持つＧⅠ馬はトロットスター（1996年生：高松宮記念、スプリンターズＳ）が最後となっている。

3 フランスで活躍したリボー系 欧州型

セントサイモン産駒のラブレー（1900年生：11戦6勝）はフランスで供用されて、1909～1926年の間に3度仏リーディングサイアーになるなど、好成績を残した。**ラブレー産駒のうち、イタリアで種牡馬となったアヴルサックの5代孫に無敗の名馬リボーが誕生した。**

3-1 リボー(Ribot) 欧州型

☑ 競走馬に求められるあらゆる能力を備えた名馬

リボーはネアルコの生産者フェデリコ・テシオの最後の傑作で、凱旋門賞連覇、キングジョージなど16戦全勝という成績を残した。スピード、スタミナ、持続力、ガッツなど、当時の欧州平地競馬で要求される能力が抜きん出ていた。距離も不問で、重馬場も苦にしなかったオールラウンダーだった。

イギリスとイタリアで供用されたのち、渡米。産駒は欧州で好成績を挙げたが、後継種牡馬はアレッジド（凱旋門賞連覇）、ヒズマジェスティなど、米国で活躍した馬ばかり。デインヒルの母ラジアナはヒズマジェスティの産駒。

なお、スマート出馬表ではアレッジド、ヒズマジェスティの系統のほとんどはアメリカで生産されたにもかかわらず、「欧州型」と設定される。これはそれらの系統が、欧州競馬で要求される能力に優れた馬を生み出しやすいからだ。

たとえば、欧州競馬に絶大な影響を与えたデインヒルも米国産だが、母の父ヒズマジェスティの影響を強く受けたことで、米国よりも欧州で種牡馬として成功を収めた。このようにスマート出馬表にも掲載されている「血統ビーム」では生産国よりも競走成績、血統構成を重視して血統をタイプ分類している。

出生国・出生年・毛色	英国・1952年・鹿毛
競走年齢／競走成績（勝ち鞍の距離）	2～4歳／英仏伊16戦16勝（1000～3000m）。凱旋門賞連覇、キングジョージなど。英愛リーディングサイアー（1963年、1967～1968年）。
父／母（母の父系）	テネラニ／ロマネラ（ストックウェル系～マイナー系）

☑ 日本でも大レースの勝ち馬を出す

主な後継馬はトムロルフ（1962年生）、ホイストザフラッグ（1968年生）、グロースターク（1963年生）など。

日本では、ジムフレンチ（1968年生）の系統からダービー馬バンブーアトラス＆菊花賞馬バンブービギン父子が出て、グロースタークの全弟ヒズマジェスティ（1968年生）の系統からタップダンスシチー（ジャパンカップ、宝塚記念）が出た。

リボー（1952年：英愛LS 3回）
- トムロルフ（1962年：プリークネスS）
  - ホイストザフラッグ（1968年：カウディンS）
    - アレッジド（1974年：凱旋門賞連覇）
- グロースターク（1963年）
  - ジムフレンチ（1968年：サンタアニタダービー）
    - バンブーアトラス（1979年：日本ダービー）
      - バンブービギン（1986年：菊花賞）
- ヒズマジェスティ（1968年：北米LS 1回）
  - プレザントコロニー（1978年：ケンタッキーダービー）
    - タップダンスシチー（1997年：ジャパンカップ）

----は中略。

☑ 母系からスタミナと底力を強化するリボー系

リボー系は日本でも父系として定着しなかったが、マンハッタンカフェ（菊花賞、天皇賞春）、ナリタタイシン（皐月賞）、キンシャサノキセキ（高松宮記念連覇）、ナカヤマフェスタ（宝塚記念、凱旋門賞２着）らが母の父からリボー系の血を受け継ぐ。

また、リボーが母系に入ると、大舞台で眠っていた能力を爆発させるシーンはいまなお続く。14番人気で天皇賞秋に勝ったヘヴンリーロマンス、７番人気でジャパンカップダートに勝ったアロンダイトは、祖母の父にリボーを持っている。2019年の日本ダービーを12番人気で優勝したロジャーバローズも、母の父リブレティストの母ミステリアルの父がリボー系のアレッジドだ。

リボーは持続力・スタミナ・馬力を強化するが、それらの能力は相手が強化されるほど発揮されるためだ（格下のレースでは要求されにくい）。

「大舞台で母系にリボー」の血統格言は、古くから血統を重視する馬券ファンにはおなじみのフレーズ。リボーの影響を受けた種牡馬が母系に入る馬は、大舞台、格上相手でアッといわせる走りを見せる可能性がある。

大系統❾

エクリプス〜マイナー系

エクリプスの系統の中で、現在ではマイナーになった父系の中にも、日本の競馬史に大きな足跡を残し、その発展に寄与した父系が眠っている。そこで、ここでは取り上げてこなかったエクリプスのマイナー種牡馬を紹介する。古い時代のリーディングサイアーも、ここに含まれる。

1950年代以前に活躍したエクリプス〜マイナー系

エクリプスの父系はのちにファラリス（1913年生）を通じて、現在の6大系統（ナスルーラ系、ネイティヴダンサー系、ミスタープロスペクター系、ターントゥ系、サンデーサイレンス系、ノーザンダンサー系）を発展させた。

ナスルーラ系が父系を拡大する1950年代より前の主流はハンプトン系やセントサイモン系だったが、**それ以外にもストックウェル系、スターリング系、ヒムヤーの系統などの傍流父系が存在した。**

エクリプス〜マイナー系の系統図

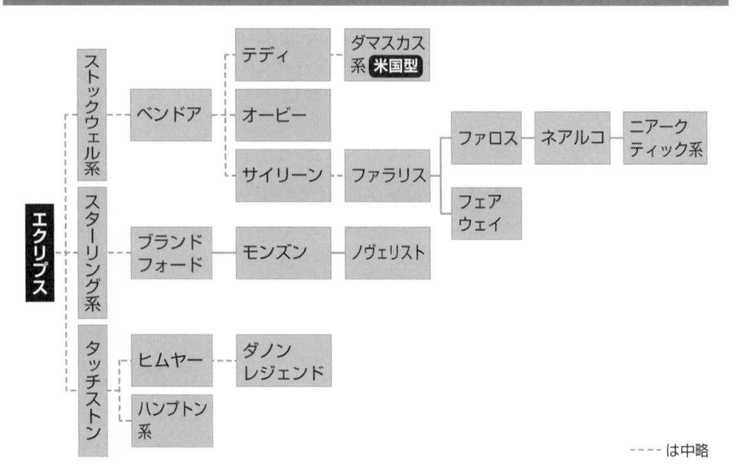

▶エクリプス〜マイナー系の特徴

- 米国発祥のヒムヤーの父系は、スピードを強化して生き残りを図る。
- テディの父系は、大種牡馬の母系に入って影響力を及ぼしている。
- スターリング、ブランドフォードの父系は、ドイツのクラシック血統として存続。

1 ファラリスを生み出したストックウェル系

英2000Gと英セントレジャーSに勝った2冠馬ストックウェル（1849年生）は、通算7回、英愛リーディングサイアーとなり、孫のベンドア（1877年生）を通じて発展した。**現在の主流につながるファラリスも、この系統から生まれている。**ベンドアの子孫はテディ、オービー、サイリーンに大別され、オービーの系統であるダイオライト（1927年生）は1940年代の日本で4度リーディングサイアーとなり、3冠馬セントライト（1938年生）を出している。

1-1 アメリカで大繁栄したテディ

テディは仏リーディングサイアーとなったが、**子孫はアメリカで繁栄した。**父系としての勢いは失ったが、テディの血を母の父に持つ種牡馬には、ニジンスキー、ノーザンテースト、ストームバード、ダンチヒ、アファームド、レイズアネイティヴなど、そうそうたる名が並ぶ。

1-2 ダートの穴血統であるダマスカス系 米国型

テディの父系の拡大に貢献したダマスカス（1964年生：プリークネスS、ベルモントS）の父系はサンデーサイレンスの母の父アンダースタンディングと同じく、テディの孫サンアゲインにさかのぼる。

日本ではオジジアン、キャプテンスティーヴ（ドバイワールドC）らが供用された。**オジジアン産駒のエイシンワシントン、バトルラインの系統は母の父に入ってもダート持続力を強化する大穴血統として、いまも馬券では注目の血統。とくに前走から距離を延長したケースでの激走が多い。**

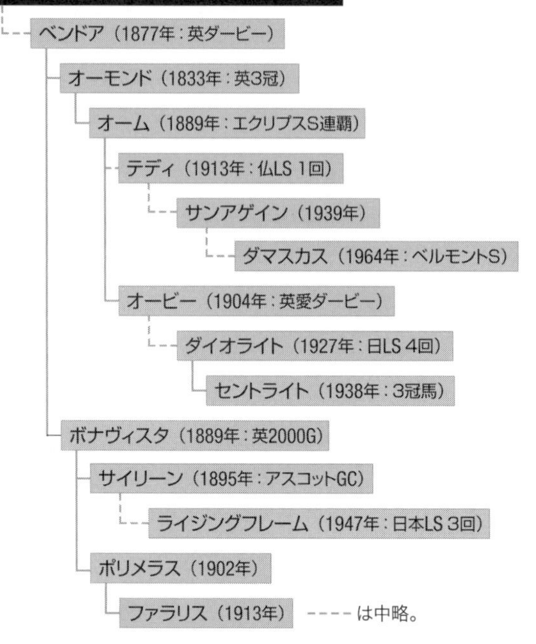

1-3 数多くの名血を生んだファラリス

サイリーンの子孫のライジングフレーム（1947年生）が1958～1960年に日本リーディングサイアーとなり、当時の日本にスピードを伝えた。**サイリーンの孫ファラリス（1913年生）は現在の6大系統の起点であり、その他にもネアルコ、ニアークティック系、フェアウェイなどの父系を広げた。**

1-4 名ステイヤーを輩出したネアルコ

ナスルーラやニアークティックの父となるネアルコは、アメリカを中心とした短中距離戦、2歳戦重視の時流に乗って活躍。仕上がりのよさやスタート時の加速力、スピードや闘争心を伝えた。**優れた産駒にはステイヤーが多く、日本でも中長距離戦の活躍馬を多数出した。**

1-5 ノーザンダンサーを生んだニアークティック系 米国型

ネアルコの直仔ニアークティック（1954年生）はカナダのリーディングサイアーに7度ついた名種牡馬で、ノーザンダンサーの父でもある。ノーザンダンサーは繁殖牝馬と育成次第で、欧州の芝レースでも数々の大物を出した。

一方、ニアークティックは平坦ダートの適性を強く伝える。ニアークティックが米国血統の本流であり、ノーザンダンサーは鬼っ子のような存在なのだ。

父系にノーザンダンサーを経由しないニアークティック系の代表産駒として、ワイルドアゲイン（1980年生：ニアークティックの孫）がいる。ワイルドアゲインは第1回BCクラシックの勝ち馬で、母の父としてジャスタウェイ（ドバイDFなどＧⅠ３勝）を出した。**後継種牡馬のワイルドラッシュはトランセンド（ジャパンカップダート、ドバイワールドＣ２着）を出し、日本の砂競馬への適性も示す。**

ニアークティック（1954年：加LS 7回）
- アイスカペイド（1969年）
  - ワイルドアゲイン（1980年：BCクラシック）
    - ワイルドラッシュ（1994年：カーターH）
      - パーソナルラッシュ（2001年：ダービーグランプリ）
      - トランセンド（2006年：ジャパンカップダート）
- ノノアルコ（1971年：英2000G）
  - ダイユウサク（1985年：有馬記念）

1-6 ワイルドラッシュ（Wild Rush） 米国型

父ワイルドアゲインはBCクラシックの初代勝ち馬、祖父アイスカペイドは名牝ラフィアン（米11戦10勝／北米最優秀２・３歳牝馬）の半弟。米国に残した産駒が活躍し、買い戻しのオファーがあったが日本にとどまる。

産駒にトランセンド、ダービーグランプリのパーソナルラッシュ。新潟大賞典のサンレイポケットの母の父。

出生国・出生年・毛色	米国・1994年・鹿毛
競走年齢／競走成績（勝ち鞍の距離）	2～4歳／米16戦8勝（1200～1900m）。メトロポリタンH、カーターHなど。
父／母（母の父系）	ワイルドアゲイン／ローズパーク（リボー系～セントサイモン系）

1-7 トランセンド 米国型

ワイルドラッシュの後継馬。３代母の産駒にアルゼンチン共和国杯のサクラサニーオー。JRA ダートＧＩ３勝に加え、2011 年の東日本大震災後のドバイワールドＣでヴィクトワールピサの２着となり、日本を勇気づけた。産駒に羽田盃のゴールドホイヤーなど。**若駒限定のダート戦、とくに短距離戦で好走率が高い。**

出生国・出生年・毛色	日本・2006年・鹿毛
競走年齢／競走成績（勝ち鞍の距離）	3～6歳／日首24戦10勝（1600～1900m）。フェブラリーS、ジャパンCダート２回、マイルCS南部杯、ドバイワールドC２着など。JRA最優秀ダートホース（2011年）。
父／母（母の父系）	ワイルドラッシュ／シネマスコープ（グレイソヴリン系～ナスルーラ系）
距離／芝ダート傾向	▶平均勝ち距離：ダート1340m ▶芝／ダート：23%／77%

1-8 ステイヤー父系のフェアウェイ

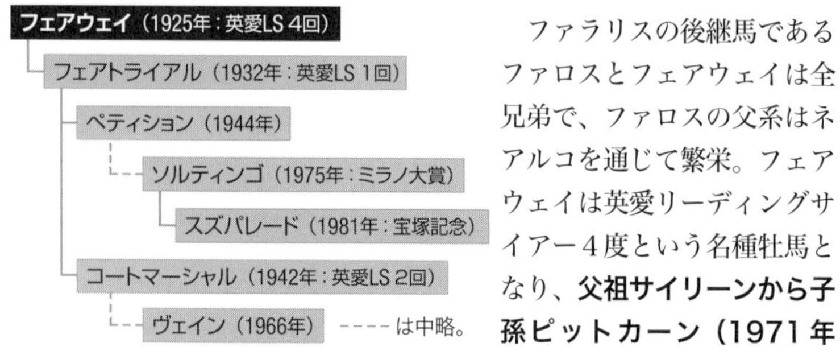

ファラリスの後継馬であるファロスとフェアウェイは全兄弟で、ファロスの父系はネアルコを通じて繁栄。フェアウェイは英愛リーディングサイアー４度という名種牡馬となり、**父祖サイリーンから子孫ピットカーン（1971 年生）まで、７代連続して英愛リーディングサイアーとなった。**ただし、日本への直接的な影響は乏しい。

フェアウェイの子孫ヴェイン（1966 年生）はオーストラリアで歴史

的名馬となる。同馬は母系にハイペリオンのクロスを持ち、ゲインズボローのクロスも持つ。25戦全勝の名牝ブラックキャビア（2006年生）はヴェインの3×4。

2 王道血統をつなぐスターリング系

スターリングはエクリプスの6代孫で、その系統は伝統的なイギリスのステイヤー血統としてブランドフォードにつながる。スターリング産駒のアイソノミー（1875年生）はステイヤーとして活躍し、2頭の3冠馬コモンとアイシングラスを出した。アイシングラスに2代にわたってオークス馬を配して生まれたのがスウィンフォード（1907年生）で、その直仔がブランドフォード（1919年生）である。

2-1 英国王道血統であるブランドフォード

スウィンフォードに凝縮されたステイヤー血脈は、4頭のダービー馬を出したブランドフォードによって広まった。

日本では、プリメロ（1931年生：愛ダービー同着1着、愛セントレジャーS）の産駒が5大クラシックを完全制覇した。

2-2 モンズン（Monsun） 欧州型

父は独競馬史上唯一の3冠馬で、独リーディングサイアー3度。母の父は同6度、自身は同4度独リーディングサイアーについている。おいに仏ダービー、仏2000Gのブラムト。ダービー馬エイシンフラッシュと同牝系で、ジャパンCのランドは同い年のライバル。産駒にBCターフのシロッコ、仏オークス馬スタセリタ（オークス馬ソウルスターリングの母）など。

出生国・出生年・毛色	独国・1990年・黒鹿毛
競走年齢／競走成績（勝ち鞍の距離）	2～5歳／英仏独23戦12勝（1600～2400m）。オイロパ賞2回、アラルポカルなど。独リーディングサイアー（2000年、2002年、2004年、2006年）。
父／母（母の父系）	ケーニヒスシュトゥール／モセラ（ハンプトン系）

2-3 ノヴェリスト(Novellist) 欧州型

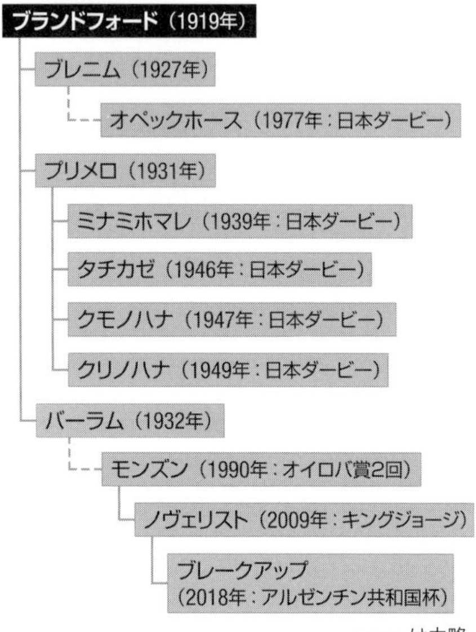

ブランドフォード(1919年)
- ブレニム(1927年)
  - ---- オペックホース(1977年:日本ダービー)
- プリメロ(1931年)
  - ミナミホマレ(1939年:日本ダービー)
  - タチカゼ(1946年:日本ダービー)
  - クモノハナ(1947年:日本ダービー)
  - クリノハナ(1949年:日本ダービー)
- バーラム(1932年)
  - ---- モンズン(1990年:オイロパ賞2回)
    - ノヴェリスト(2009年:キングジョージ)
      - ブレークアップ(2018年:アルゼンチン共和国杯)

---- は中略。

祖父は独3冠馬(1976年生)、父は独リーディングサイアー、母の父も独ダービー馬というドイツ血統の結晶。キングジョージでハービンジャーのレコードタイムを2秒以上短縮する大レコードをマークした。

ドイツ血統は世界の傍流ではあるが、ノヴェリストの父モンズンはソウルスターリングの母の父であり、モンズン産駒のマンデュロ(2002年生)は欧州芝のチャンピオンホースとなった。

モンズンの母の父ズルムー(1974年生:ハンプトン系)は独リーディングサイアー6度の名種牡馬で、ズルムー産駒プラティニ(1989年生)は、母の父としてエイシンフラッシュ(日本ダービー)を出している。

出生国・出生年・毛色	愛国・2009年・黒鹿毛
競走年齢/競走成績(勝ち鞍の距離)	2〜4歳/英仏独伊11戦9勝(1500〜2400m)。キングジョージ、サンクルー大賞など。
父/母(母の父系)	モンズン/ナイトラグーン(ニジンスキー系〜ノーザンダンサー系)
距離/芝ダート傾向	▶平均勝ち距離:芝1957m/ダート1800m ▶芝/ダート:90%/10%

3 米国育ちの短距離父系のヒムヤー

ヒムヤーの父系はエクリプス系の傍流。アメリカがまだイギリス式の長距離競馬を実施していた19世紀後半、ドミノ(1891年生)が登場し、新設されたばかりの2歳高額賞金レース・フューチュリティSを勝ち、父系として残るきっかけをつかんだ。中興の祖ブロードブラッシュ（1983 年生）は、1994 年北米リーディングサイアーとなっている。

ヒムヤーの父系から久しぶりの大物として、米ＧⅠ６勝のホーリーブル（1991 年生）が生まれ、ホーリーブル産駒のマッチョウノ（２歳牡馬チャンピオン）からダノンレジェンド（JBC スプリント）が出た。

ヒムヤー（1875年）
- ドミノ（1891年：フューチュリティS）
  - ブロードブラッシュ（1983年：北米LS）
    - *ブロードアピール*（1994年・牝：シルクロードS）
    - ノボトゥルー（1996年：フェブラリーS）
- フリーフォーオール（1942年）
  - ホーリーブル（1991年：トラヴァースS）
    - マッチョウノ（1998年：BCジュヴェナイル）
      - ダノンレジェンド（2010年：JBCスプリント）

---- は中略。

3-1 ダノンレジェンド 米国型

父は BC ジュヴェナイルに勝った北米２歳チャンピオン、祖父は米国で 16 戦 13 勝（うちＧⅠ６勝）し、競馬の殿堂入りした名馬。半弟に安田記念のダノンキングリーがいる。４歳暮れのカペラ S 勝利以後は、交流競走で 12 戦８勝２着１回３着２回（馬券圏外は１度のみ）。

繁殖牝馬の影響を受けやすく、母の父の父系はダート中距離適性が高い。とくに牡馬は、ダート中距離馬が出やすい。ゴールドアリュールやキングカメハメハなど、ダート中距離ＧⅠ馬を出した母の父との配合馬はダート中距離の期待値がとくに高い。

出生国・出生年・毛色	米国・2010年・黒鹿毛
競走年齢／競走成績（勝ち鞍の距離）	2〜6歳／日30戦14勝（1200〜1400m）。JBCスプリントなど。
父／母（母の父系）	マッチョウノ／マイグッドネス （ストームバード系〜ノーザンダンサー系）
父／母（母の父系）	▶平均勝ち距離：ダート1468m ▶芝／ダート：0%／100%

大系統⑩

ヘロド系(バイアリーターク系)

3大始祖の1つであるバイアリータークの4代孫にあたるヘロドは、18 世紀末から急速に勢力を拡大した。その後、イギリスでは衰退したものの、フランスで生き残ったトゥルビヨンが細々と父系を現在につなぐ。トゥルビヨンの血を受け継ぐパーソロンは日本で多くの活躍馬を出したが、直系父系は残っていない。

母系としての影響力は侮れないヘロド系

ヘロドはバイアリーターク系の実質的な始祖で、孫に初代英国ダービー馬ダイオメド(1777 年生)。ダイオメドの5代孫に、アメリカで16 度リーディングサイアーとなったレキシントン(1850 年生)がいる。**一方、イギリスではヘロド~ハイフライヤー~サーピーターテイルズの父子3代で、リーディングサイアーをほぼ独占(1777 ~ 1809 年の 33 年間に 31 回)。**しかし、その後、急速に衰えた。

20 世紀初頭にザテトラークの系統が勃興(ぼっこう)。孫セフトから、日本では2頭のダービー馬が生まれたが、現在も残るのはフランスのトゥルビヨン(1928 年生)の系統のみ。日本ではパーソロンの系統からメジロマックイーン(オルフェーヴル、ゴールドシップの母の父)、シンボリルドルフ&トウカイテイオー父子など、多くの活躍馬を出した。母系を通した影響力は、エクリプスやセントサイモンを上回るという説もある。

ヘロド系の系統図

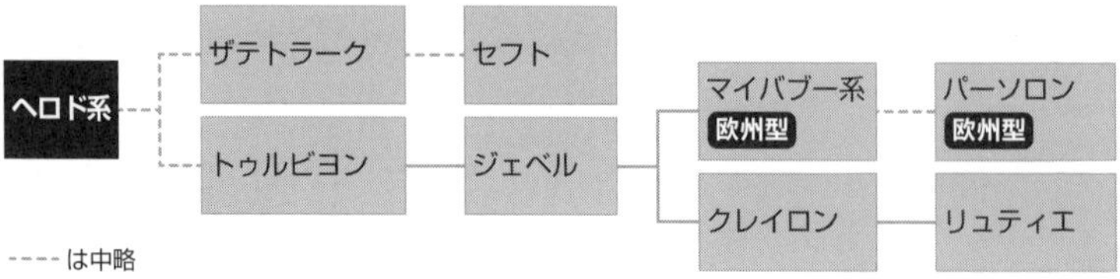

- ヘロド系
  - ----- ザテトラーク ----- セフト
  - ----- トゥルビヨン — ジェベル
    - マイバブー系 欧州型 ----- パーソロン 欧州型
    - クレイロン — リュティエ

----- は中略

▶ヘロド系の特徴

- 父系としては、ほぼ絶滅。日本にヘロド系に連なる現役種牡馬はいない。
- 母系に入ったパーソロンの血は、いまも一定の存在感を保っている。

1 2頭のダービー馬を生んだザテトラーク

18世紀初頭までイギリスで繁栄したヘロド系は急速に衰えたが、芦毛の快足馬として一世を風靡したザテトラーク（1911年生）で復活。**日本では、セフト（1947～1951年の日本リーディングサイアー）が2頭のダービー馬（トキノミノルとボストニアン）を誕生させた。**

父系子孫は残っていないが、ボストニアンの娘アサマユリ（1959年生）の子孫から、メジロデュレン（菊花賞、有馬記念）＆メジロマックイーン（菊花賞、天皇賞春連覇、宝塚記念）兄弟などが出ている。

ザテトラーク（1911年：シャンペンS）
- セフト（1932年：ジャージーS）
  - トキノミノル（1948年：日本ダービー）
  - ボストニアン（1950年：日本ダービー）
    - アサマユリ（1959年・牝）

----- は中略。

2 英国競馬界の規則を変えたトゥルビヨン

仏ダービー馬トゥルビヨンは、**後継種牡馬ジェベル（1937年生）と孫マイバブー（1945年生）、ひ孫クレイロン（1952年生）を通じて父系を広げた**。20世紀初頭のイギリス競馬界には、英国血統書（ジェネラルスタッドブック）に記載のないアメリカ由来の血統を持つ競走馬を排除する「ジャージー規則」があった。トゥルビヨン系産駒もその対象に含まれ、「サラブレッド系種」として扱われていた。ところが、トゥルビヨン系の勢いを無視できなくなった1949年、ジャージー規則が撤廃され、トゥルビヨンは晴れてサラブレッドとして認められるようになった。

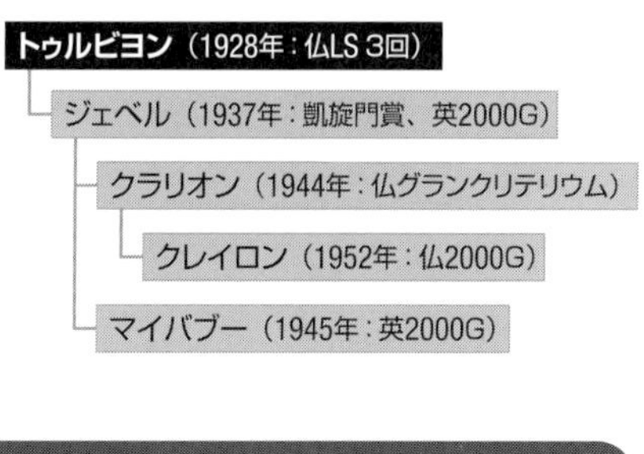

トゥルビヨン（1928年：仏LS 3回）
- ジェベル（1937年：凱旋門賞、英2000G）
  - クラリオン（1944年：仏グランクリテリウム）
    - クレイロン（1952年：仏2000G）
  - マイバブー（1945年：英2000G）

2-1 3冠馬を生んだマイバブー系 欧州型

ジェベル産駒のマイバブー（1945年生）はスプリンターとして活躍後、渡米して多くの活躍馬を出し、アメリカの名馬ダマスカスの母の父となった。マイバブー産駒のマイリージャン（1953年生）は中級スプリンターだったが、1966年に英愛2歳リーディングサイアーとなる。**その産駒パーソロンは無敗の3冠馬シンボリルドルフを生み出すなど、日本競馬に一時代を築いた。**それによりパーソロン系種牡馬が多く導入されたが、父系は残っていない。

- **マイバブー**（1945年：英2000G）
  - マイリージャン（1953年：テトラークS）
    - パーソロン（1960年：ナショナルS）
      - メジロアサマ（1966年：天皇賞秋）
        - メジロティターン（1978年：天皇賞秋）
          - メジロマックイーン（1987年：天皇賞春連覇）
            - *オリエンタルアート*（1997年・牝：産駒にドリームジャーニー、オルフェーヴル）
            - *ポイントフラッグ*（1998年・牝：産駒にゴールドシップ）
      - *カネヒムロ*（1968年・牝：オークス）
      - *ナスノカオリ*（1968年・牝：桜花賞）
      - *タケフブキ*（1969年・牝：オークス）
      - *ナスノチグサ*（1970年・牝：オークス）
      - *トウコウエルザ*（1971年・牝：オークス）
      - サクラショウリ（1975年：日本ダービー）
      - シンボリルドルフ（1981年：3冠）
        - トウカイテイオー（1988年：日本ダービー）
          - トウカイポイント（1996年：マイルCS）
          - *ヤマニンシュクル*（2001年・牝：阪神JF）
      - *ダイアナソロン*（1981年・牝：桜花賞）

2-2 母系で影響力を保つパーソロン

パーソロン（1960年生）はヒンドスタン系が全盛だった時代の日本に早熟のスピード血統として導入され、1971年にリーディングサイアーとなった。テスコボーイ（1963年生）とともに、日本競馬にスピードを持ち込んだ種牡馬として記憶されている。

当初は「牝馬のパーソロン」といわれ、活躍する産駒は牝馬に偏っていた。しかし、11世代目のサクラショウリが日本ダービーに勝ち、**天皇賞（3200m）を3代続けて制したメジロアサマ〜メジロティターン〜メジロマックイーン、7冠馬シンボリルドルフ〜トウカイテイオーというサイアーラインが生まれた。**

その後、馬場の改良が進んで高速化し、求められるスピードが変質する中で、そのあとが続かず、父系は断絶した。

ただし、パーソロンの血は母系に入って、現在でも一定の影響力を保てている。**メジロマックイーンは母の父として、ドリームジャーニー&オルフェーヴル兄弟やゴールドシップ（いずれも父ステイゴールド）を出して、その血を残すことに成功した。**

3 ステイヤー血統のクレイロン

ジェベルの子孫クレイロン（1952年生）は1965年にローレンザッチョ、リュティエという後継馬を出した。

ローレンザッチョ産駒のアホヌーラ（1975年生）は英ダービー馬ドクターデヴィアス（1989年生）を、母の父としてシンコウフォレスト(高松宮記念)、名種牡馬ケープクロス、ニューアプローチ（英ダービーなどＧＩ５勝）を出し、後世に大きな影響力を残している。

3-1 優れたマイラーを輩出したリュティエ

クレイロンの後継馬リュティエ（1965年生）の系統は、日本でマイラー適性を発揮。代表産駒ダンディルートはエイティトウショウとトウショウペガサスで中山記念を姉弟制覇し、母の父としてもシスタートウショウ（桜花賞）を出した。

ビゼンニシキ（共同通信杯、スプリングＳなど）はダイタクヘリオス(マイルCS連覇）〜ダイタクヤマト（スプリンターズＳ）へと父系をつないだが、いまは途絶えている。

大系統⑪

マッチェム系(ゴドルフィンアラビアン系)

ゴドルフィンアラビアン系は孫のマッチェム(1748年生)を起点として広まり、英国初3冠馬となったマッチェムの7代孫ウエストオーストラリアン(1850年生)を通じてさらに拡散した。20世紀前半にマンノウォーとハリーオンの系統に分かれたが、アメリカで成功したマンノウォーの父系が生き残っている。

3大始祖の中で最初に繁栄したマッチェム系

マッチェムは1748年に、3大始祖の主要後継馬の中で最初に誕生し、ヘロドが登場するまでおおいに繁栄。1772～1774年に英愛リーディングサイアーとなった。その血を現代につないだウエストオーストラリアン(1850年生)は、英国クラシック初の3冠馬となる。

その子孫は、マンノウォー(1917年生)とハリーオン(1913年生)の2系統に分かれる。1926年にはハリーオンがイギリスで、マンノウォーがアメリカでそれぞれリーディングサイアーとなり、1930～1933年には日本でもチャペルブラムトン(1912年生)がリーディングサイアーとなっている。だが、その血の継承馬はヘロド系よりさらに少なく、日本でのダービー勝利は1973年のクライムカイザーが最後。

マッチェム系の系統図

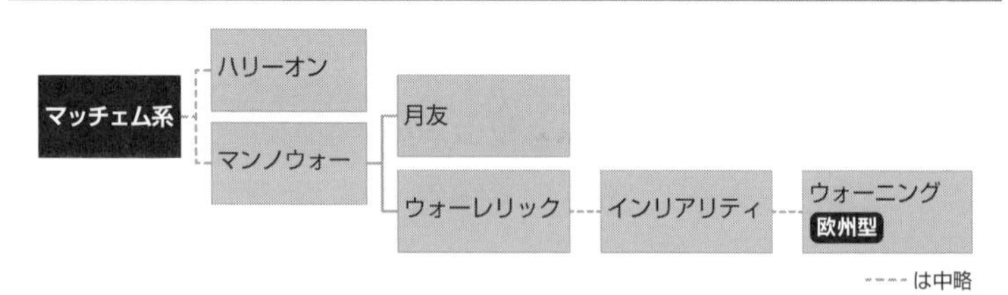

▶マッチェム系の特徴

- 芝1200m以下の適性は、サンデーサイレンス系と互角以上。
- 1000mのレコードは、マッチェム系が長く保持している。
- スピードと持久力を強化する重要な系統である。

1 日本で牝系として活躍したハリーオン

第1次世界大戦中に活躍したハリーオンは、3頭の英ダービー馬を輩出して父系を広げた。日本ではハリーオンと同じバーカルディン系の分枝チャペルブラムプトンが1930年代にリーディングサイアーとなり、母の父としても4頭のダービー馬を出した。日本ではその血を受け継いだ牝系からタケフブキ&タケホープ姉弟、ビクトリアクラウン、ニッポーテイオー&タレンティドガール兄妹などが出ている。

- バーカルディン（1878年）
  - マルコ（1892年：ケンブリッジシャーH）
    - マルコヴィル（1903年）
      - ハリーオン（1913年：英LS 1回）
        - キャプテンカトル（1919年：英ダービー）
        - コロナック（1923年：英ダービー）
        - コールボーイ（1924年：英ダービー）
    - ベッポ（1903年）
      - チャペルブラムプトン（1912年:日LS3回 カブトヤマ、ガバナー、イエリユウ、クリフジ4頭のダービー馬の母の父）

2 米国で全盛期を築いたマンノウォー

ウエストオーストラリアン産駒のオーストラリアン（1858年生）は、当時の大種牡馬レキシントンとニックスがあり、代表産駒スペンドリフト（1876年生：母の父レキシントン）の4代孫に、アメリカの歴史的名馬マンノウォーが誕生した。

骨量豊かで独特の赤っぽい栗毛のマンノウォーは、「ビッグ・レッド」の愛称で親しまれた。馬主の意向で種付け頭数が制限されたが、多くの活躍馬を出し、アメリカにおけるマッチェム系の全盛期を築いた。日本では、マンノウォー産駒の月友（持込馬）が3頭のダービー馬を出している。

- マンノウォー（1917年：ベルモントS）
  - 月友（1932年：不出走）
    - カイソウ（1941年：日本ダービー）
    - ミハルオー（1945年：日本ダービー）
    - オートキツ（1952年：日本ダービー）
  - ウォーアドミラル（1934年：米3冠）
    - - - - ヒカルタカイ（1964年：天皇賞春）
  - ウォーレリック（1938年：マサチューセッツH）

- - - - は中略。

3 日本にも適性を示したウォーレリック

ウォーレリック（1938年：マサチューセッツH）
- レリック（1945年：米ホープフルS）
  - シルバーシャーク（1963年：アベイドロンシャン賞）
    - *ホワイトナルビー*（1974年・牝：オグリキャップの母）
  - ヴェンチア（1957年：サセックスS）
    - *タカエノカオリ*（1971年・牝：桜花賞）
    - クライムカイザー（1973年：日本ダービー）

---- は中略。

マンノウォーの後継馬のうち、ウォーアドミラルの系統はスタミナを、ウォーレリックの系統はスピードを伝えた。ウォーレリックの後継馬レリックはヨーロッパで成功したが、レリック産駒のヴェンチアは日本競馬に高い適性を示した。また、レリックの孫シルバーシャークは、オグリキャップ（有馬記念など）の母の父となっている。

4 日本でもスピードを強化するインリアリティ

インリアリティ（1964年：フロリダダービー）
- ヴァリッドアピール（1972年：ドゥワイヤーH）
  - *リトルゲルダ*（2009年・牝：GⅡセントゥルS）
- リローンチ（1976年：北米GⅢデルマーダービー）
  - シーズティジー（1987年）
    - ティズナウ（1997年：BCクラシック連覇）
  - オナーアンドグローリー（1993年：メトロポリタンH）
    - *ネームヴァリュー*（1998年・牝：帝王賞）
- ノウンファクト（1977年：英2000G）
  - ウォーニング（1985年：クイーンエリザベスⅡS）

---- は中略。

ウォーレリックの父系をつないだのは、名スプリンターのインリアリティ。同産駒のうち、ヨーロッパではノウンファクト、アメリカではヴァリッドアピール、リローンチが後継馬となった。

ノウンファクト産駒のウォーニング（1985年生）はカルストンライトオ（スプリンターズS）、サニングデール（高松宮記念）らにマンノウォー系らしいスピードを伝えた。

スピードの絶対値がモノをいう芝1000mのレコードタイムは、カルストンライトオが2002年のアイビスSDで記録した53秒7（2022

年末現在)。2004年のスプリントＧⅠでは、高松宮記念をサニングデール、スプリンターズＳをカルストンライトオが勝利した。両馬は父が同じウォーニングであることに加え、サンデーサイレンスを持たず、母系にブラッシンググルームを持つ点で共通している。

近年のスプリントＧⅠ馬のうち、キンシャサノキセキ（高松宮記念）は父母母が、ロードカナロア（スプリンターズＳ２回、高松宮記念）は曽祖母がインリアリティの娘である。安田記念、マイルＣＳを制覇したインディチャンプも母系にインリアリティを持つ。

- **ウォーニング**（1985年：クイーンエリザベスⅡS）
  - ディクタット（1995年：モーリスドギース賞）
    - ドリームアヘッド（2008年：欧州最優秀短距離馬）
      - アルウケア（2014年：ジャックルマロワ賞）
  - カルストンライトオ（1998年：スプリンターズS）
  - サニングデール（1999年：高松宮記念）

マッチェムを持つ繁殖牝馬はディープの直線スピードを強化

スピードを強化するインリアリティの血を持つ繁殖牝馬は、直線で伸びを与えるサンデー系種牡馬と配合された場合、直線スピードを強化する役割をはたす。

2018年の日本ダービー馬ワグネリアン、2020年の３冠馬コントレイルはいずれも父ディープインパクトで、母系にインリアリティを持つ。2021年のダービー馬シャフリヤールも、母はインリアリティと同じマッチェム系のマンノウォーを持つ。**マッチェム系、インリアリティの血を持つ繁殖牝馬は、日本の芝での直線スピードを強化することを裏づけている。**

ところが、日本では芝のスプリント能力に優れた繁殖の選別競走が軽んじられていることもあり、残念ながら日本でインリアリティ系の存続は厳しい状況にある。

なお、ウォーニングが欧州に残したディクタット（1995年生）の産駒ドリームアヘッド（2008年生）は、ジャックルマロワ賞勝ちのアルウケア（2014年生）を出している。今後も、インリアリティの血を持つ繁殖は海外に求めることになりそうだ。

Column

予想理論と技術の進化で広がる血統とAIによる競馬予想の可能性

競馬と血統のしくみを追究するために、20年以上前からコンピューターエンジニアと提携し、競馬や血統をさまざまな手法で分析してきた。最近はディープラーニング、俗にAIによる機械学習と呼ばれる技術も飛躍的に進化している。

亀谷競馬サロンでは、「亀AI」と呼ぶ指数を公開している。2021年は「亀AI」の複勝予測期待値90%以上の馬は、複勝回収率が102%となった。もちろん学習データは2020年までのものを用いており、この数値は実際に2021年に公開された指数だ。

期待値の高い馬をAIで予測するには、さまざまな競馬データを学習させる必要がある。だが「亀AI」では、あえて騎手、調教師、そして血統のデータを除いている。AIが血統を学習して期待値を予測する場合には、成績を抽象化する。したがって、新種牡馬はどうしても「わからないもの」と判定してしまう。AIは、各ファクターの年間トータルでの確率への影響度を考慮してしまうからだ。これでは血統純度100%の検証が難しい。それならば、「血統をあえて除いた」AI指数を一度作成するのも手だと考えたのだ。

参考までに「亀AI」において「複勝予測期待値が90%以上」で、「ダート1200mで父米国型」の馬は複勝回収率が123%にまで上昇する。一方、父も母父も欧州型の馬は複勝回収率が77%にとどまる(→P.119のコラム2も参照)。

こうしてAIによってつくられた指数を通しても、日・米・欧の国別血統タイプはレース予測への影響が高いことを確認できた。そのうえで、再び国別血統タイプも学習させてAI指数をつくれば、総合的なAI予想の中に国別血統タイプを反映させることもできる。あえて血統をとり除いた「亀AI」を活用して、血統の影響度を自分で考慮して予想する手もあるだろう。AIを活用した血統の分析手法も、じっくりと書いてみたい研究テーマである。

第5章 血統の歴史とサラブレッドの未来

いま走っているすべての競走馬は、
たった3頭の馬（3大始祖）にたどり着く。
そこから 300 年以上の歳月を経て現在に至り、
さまざまな血統が世界のレースシーンを彩っている。
第5章では、3大始祖から競馬史がどうつむがれてきたか、
その中で日本が誇るサンデーサイレンス系がどのように誕生し、
飛躍を果たそうとしているかについて解説する。

血統は競馬の世界の共通言語

17 世紀にイギリスで始まった競馬は、次々に世界各地へと広まった。現在、国際競馬統括機関連盟（IFHA）に 60 ヵ国以上が加盟。競馬開催国は国際セリ名簿基準委員会（ICSC）によって、パートⅠ・Ⅱ・Ⅲの３つのカテゴリーに格付けされ、日本は 2007 年からパートⅠ国となっている。

1 血統登録のない競走馬は存在しない

競馬の世界では、「血統登録証明書」を持たない馬は、絶対に競走馬にはなれず、レースに出走できない。

血統登録の元祖は 1793 年にイギリスで発行された『**ジェネラル・スタッド・ブック**』で、その後、各国で刊行されるようになった。日本では 1941 年に日本競馬会（当時）が出版し、現在は公益財団法人ジャパン・スタッドブック・インターナショナルが実施している。

世界中のすべての競走馬の血統が記録されているため、両親や先祖の名前を見れば、その競走馬のレースぶりを想像することができる。

とはいえ、どんなに血統を検討し、配合を考え抜いても、思い通りの産駒が生まれるとは限らない。**それでも血統が重要視されるのは、サラブレッドの改良の歴史において、血統と生産が不可分の関係にあったからだ**。それゆえに競馬は、**“ブラッド・スポーツ”**と呼ばれる。

2 世界の中の日本の競馬

競馬の本場であるイギリスでダービーが始まったのは 1780 年。**日本ではそれから 152 年後の 1932 年、第１回日本ダービー（東京優駿）が行われた**。そして 1958 年、ハクチカラの米国遠征で初めて海外の競馬に触れ、1969 年にはスピードシンボリが世界の最高峰レースとされるフランスの凱旋門賞に挑戦した。**大きな転機が訪れたのは 1981 年、国際招待競走ジャパンカップの創設だ**。これにより、世界が日本の競馬に目を向けるようになった。

3 世界中の競走馬をランクづけするレーティング

国際化が進んだ現在の競馬界では、**競走馬の能力をレーティングで評価する方法が採られている。**対象は世界のトップホースで、原則として２歳、３歳、４歳以上の年齢別、コース（芝ダート）別、距離別に国際ハンデキャッパー会議で判定し、毎年１月と８月にロンジン・ワールド・ベストレースホース・ランキング（旧ワールド・サラブレッド・ランキング）としてIFHAから公表されている。

現在の形になった2004年以降における最高レーティングは、2012年のフランケルと2022年のフライトラインの140ポンド。日本馬では、2014年にジャスタウェイが130ポンドで年間世界チャンピオンとなった。

下表は過去５年のデータだが、**こうしたチャンピオン・ホースの血統から、世界的なトレンドはミスタープロスペクター系、ノーザンダンサー系の２系統あることが見てとれる。**

ロンジン・ワールド・ベストレースホース・ランキング（歴代1位）

年	馬名	Rating	国	父（父系）	主な戦績
2018	クラックスマン	130	英	フランケル （ノーザンダンサー系）	英チャンピオンS、 ガネー賞、コロネーションC
	ウィンクス*		豪	ストリートクライ （ミスタープロスペクター系）	コックスプレート4連覇 などGⅠ25勝
2019	クリスタルオーシャン	128	英	シーザスターズ （ノーザンダンサー系）	プリンスオブウェールズS、 キングジョージ2着2回
	エネイブル*		英	ナサニエル （ノーザンダンサー系）	凱旋門賞2連覇、 キングジョージ3回、 BCターフなど
	ヴァルトガイスト		英	ガリレオ （ノーザンダンサー系）	クリテリウム、サンクルー大賞、 仏ダービー2着
2020	ガイヤース	130	愛	ドバウィ （ミスタープロスペクター系）	ヨーク国際S、 エクリプスS、 コロネーションCなど
2021	ニックスゴー	129	米	ペインター （ノーザンダンサー系）	BCクラシック、ペガサスWC、 BCダートマイルなど
2022	フライトライン	140	米	タピット （ナスルーラ系）	BCクラシック、 パシフィッククラシックなど

*＝牝馬、英＝イギリス、豪＝オーストラリア、愛＝アイルランド、米＝アメリカ
※2013年6月発表分から「ワールド・サラブレッド・ランキング」より改称。

血統の世界地図

種牡馬の成績は、産駒の獲得賞金や勝利数によってランキングされる。ランキング上位の種牡馬には優れた繁殖牝馬が集まり、さらに成績が上がるという好循環が生まれるが、成績がふるわなければ淘汰(とうた)される。国ごとで栄える父系は異なり、現在の日本ではサンデーサイレンス系が黄金時代を築いている。

1 長期政権になりやすい日本のリーディングサイアー

リーディングサイアーの記録は、日本では1924年から残り、約100年間で26頭がリーディングサイアーとなっている。**これは諸外国に比べて少なく、特定の種牡馬による長期政権が続く傾向を示している。**

日本の主な歴代リーディングサイアー

種牡馬(産国)	父系	リーディング回数	リーディング獲得年
イボア(英国)	タッチストン系	6回	1924～1929年
トウルヌソル(英国)	ハンプトン系	5回	1935～1939年
クモハタ(日本)	ハンプトン系	6回	1952～1957年
ヒンドスタン(英国)	セントサイモン系	7回	1961～65･67～68年
ノーザンテースト(カナダ)	ノーザンダンサー系	10回	1982～88･90～92年
サンデーサイレンス(米国)	サンデーサイレンス系	13回	1995～2007年
ディープインパクト(日本)	ディープインパクト系	11回	2012～2022年

クモハタの父はトウルヌソル、ディープインパクトの父はサンデーサイレンスと、リーディングサイアーの子がその座を後継することもある。

2 ナスルーラ系からノーザンダンサー系へ

☑ 世界的種牡馬となったナスルーラ

競馬の祖国であるイギリスでは、まずマッチェムとヘロドの時代があり、18世紀末からエクリプス系の種牡馬たちが台頭した。そして、19世紀末にエクリプスの子孫セントサイモンが大ブレイク。**現代のサラブレッドは、すべてセントサイモンの血を引いているといわれるほどだ。**

その中で、**1940年生まれのナスルーラは史上初めて英愛と北米でリーディングサイアーとなり、多くの後継種牡馬を送り出した。**とくにアメリカで繁栄し、現在も子孫のボールドルーラー系が大きな勢力を保っている。

☑ 日本にも上陸したノーザンダンサー系

1970年代になると、1961年生まれのノーザンダンサーを起点とした系統が台頭し、**日本ではノーザンテーストが大成功。**ヨーロッパではサドラーズウェルズ〜ガリレオ、ダンチヒ〜グリーンデザート・デインヒルという系統が一大勢力を築いている。アメリカでもノーザンダンサー系のダンチヒやストームキャットがリーディングサイアーとなり、一定の影響力を保っている。

3 評価を覆したミスタープロスペクター系

1970年生まれのミスタープロスペクターは1987〜1988年に北米リーディングサイアーとなり、急速に勢力を広げた。**当初はダートの短距離向きと見られていたが、代を重ねてさまざまな才能を開花させ、アメリカだけでなくヨーロッパでも主流血統の1つとなった。**

現在はヨーロッパでドバウィ（2002年生）、オーストラリアでストリートクライ（1998年生、2014年死亡）、日本でキングカメハメハ（2001年生、2019年死亡）らの父系が活躍している。

4 主要国のリーディングサイアー

☑ 国・地域で偏る主流血統

英愛仏米豪日の近5年（2018〜2022年）のリーディングサイアー上位3頭の父系を延べ頭数でカウントすると、次ページのグラフのようになる。

ノーザンダンサー系は英愛仏豪で繁栄し、アメリカではノーザンダンサー系、ミスタープロスペクター系、ナスルーラ系が3強を形成。豪州のノーザンダンサー系はダンチヒ系で、同じノーザンダンサー系でもサドラーズウェルズ系が強いヨーロッパとは異なる系統が活躍している。

日本ではディープインパクト、キングカメハメハのワン・ツーをほかのサンデーサイレンスの後継種牡馬が追う構図が続いている。

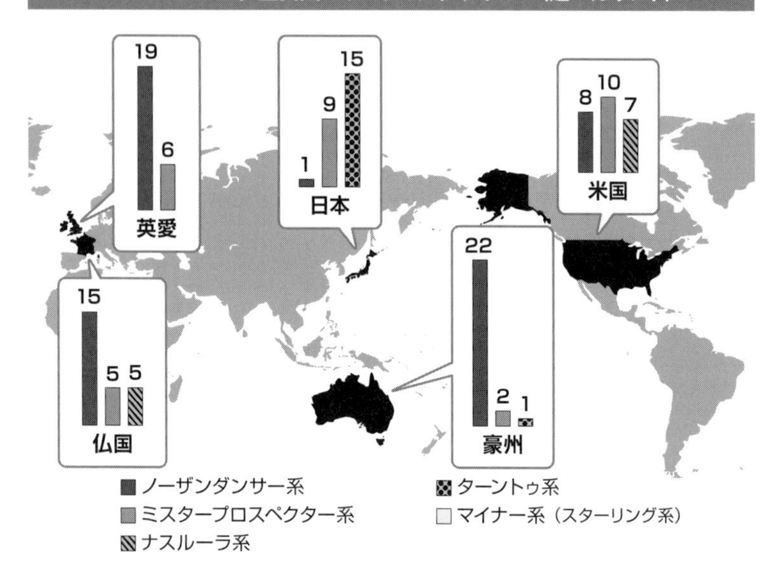

サンデーサイレンス系やディープインパクト系が属するターントゥ系は、いまのところ、日本で強さを発揮する血統となっている。ただし、ヨーロッパで生まれたディープインパクト産駒のＧＩ馬が現れるなど、日本型血統の世界進出は始まりつつある。

☑ 血統の世界地図はこれからも変化し続ける

このことからも、活躍する血統は国・地域によって偏りがあることがわかる。ただし、すべての血統は独立してその国・地域で繁栄しているわけではなく、**母系から別の系統の血をとり入れることで、進化や変化を繰り返し、淘汰のレースを戦い続けている。**

マッチェム・ヘロドの時代から、セントサイモンの全盛期、そしてナスルーラ・ノーザンダンサー・ネイティヴダンサー・ターントゥという４大血統が活躍する現代へと、主流となる血統が移り変わっていったように、これからも血統の世界地図は絶えず変化し続けていくだろう。

サンデーサイレンス系の誕生

日本の競走馬生産は長い間、海外からの輸入種牡馬に頼ってきた。ところが現在では、日本生まれの種牡馬たちがリーディングサイアー・ランキングの上位をにぎわし、サンデーサイレンス系という日本生まれのサイアーラインも育っている。私たちはいま、日本競馬の新たな局面に立ち会っているのである。

1 日本競馬の黎明期に生まれた名馬たち

☑ 黎明期を牽引した下総御料牧場と小岩井農場

1932年に始まった日本ダービーは当初の12回のうち、**下総御料(しもうさごりょう)牧場がトウルヌソル(1922年生:ハンプトン系)の系統で6勝、小岩井農場がシアンモア(1924年生:マイナー系)の系統で4勝を挙げた**(孫世代を含む)。黎明期(れいめいき)の日本競馬を牽引したのが、この2牧場である。

☑ 8頭のダービー馬を出したプリメロ

少し遅れて小岩井農場に導入された**プリメロ(1931年生:マイナー系)は8頭のダービー馬(孫世代を含む)に加え、クラシック5レース(皐月賞、日本ダービー、菊花賞、桜花賞、オークス)のすべてで勝ち馬を出した。**日本調教馬として海外初勝利(1959年の米国ワシントンバースデーH)を挙げたハクチカラ(1956年のダービー馬)も、プリメロの孫である。

ただし、プリメロはダイオライト(1927年生:マイナー系)、セフト(1932年生:ヘロド系)、クモハタ(1936年生:ハンプトン系)に阻(はば)まれ、リーディングサイアーにはなれなかった。ダイオライトは3冠馬セントライト、セフトは10戦10勝のダービー馬トキノミノル、クモハタは菊花賞・天皇賞春のメイヂヒカリなどを出している。

2 内国産種牡馬にも道が拓かれる時代に

1952年に導入されたライジングフレーム(1947年生:マイナー系)は、1958〜1960年にリーディングサイアーとなった。豊かなスピードを伝えたものの、牡馬クラシックとは縁がなく、**「質のヒンドスタン、数のライジングフレーム」**といわれた。

そのヒンドスタン（1946年生：セントサイモン系）は1960年代に7度リーディングサイアーとなり、**代表産駒である5冠馬シンザン（1961年生）は内国産種牡馬の先駆けとなった。**のちにアローエクスプレス（1967年生：ナスルーラ系）が1980～1981年に、内国産としてクモハタ以来23年ぶりにリーディングサイアーとなったのも、先駆者シンザンの存在が大きい。

3 日本競馬史を書き換えたノーザンテーストの登場

☑ 日本をスピード競馬に転換させたノーザンテースト

1970年代にはパーソロン（1960年生：ヘロド系）、ネヴァービート（1960年生：ナスルーラ系）、テスコボーイ（1963年生：ナスルーラ系）らが活躍。そして、**ノーザンテースト（1971年生）が登場すると、日本競馬は劇的に変わり、本格的なスピード競馬へと転換した。**

当時、すでにノーザンダンサー系の種牡馬が世界の競馬を席巻していたが、日本にはまだノーザンダンサー系種牡馬が導入されていなかった。ノーザンテーストは、そんな世界の潮流から遅れがちだった日本にようやくやってきたノーザンダンサー系だったのだ。

☑ 道産子体型だったノーザンテースト

ところが、この救世主は日本人が理想としてきたサラブレッドの姿形とはほど遠い、小柄でずんぐりした道産子（北海道の在来馬）体型で、待ちかねていた日本の生産者を疑心暗鬼に陥れる。

しかし、初年度産駒が5歳になった1982年に早くもリーディングサイアーとなり、あらゆる種牡馬記録を書き換える大種牡馬となった。ノーザンテーストの成功に誘われるように、ノーザンダンサー系種牡馬の輸入が相次ぐ。

それと時を同じくして、長距離偏重だった日本の競馬界で距離体系の整備が進み、重賞に**グレード制**が導入された。**ただ「重賞」としてひとくくりにされていた大レースが、「GⅠ」「GⅡ」「GⅢ」と格付けされたのである。**これにより短距離戦やマイル戦の価値が高まり、スピード能力を問われるスプリンターやマイラーの活躍の場が広まったのである。

グレード制が導入された1984年に無敗の3冠馬となったシンボリルドルフ。

4 サンデーサイレンス系の誕生

☑ ノーザンダンサー系繁殖牝馬の増加で生まれたチャンス

ノーザンダンサー系の大成功は、その血を持つ繁殖牝馬の急増という新たな流れを生んだ。その状況をチャンスに変えたのが、ノーザンダンサーの血を持たないミルジョージ（1975年生：ナスルーラ系）、リアルシャダイ（1979年生：ターントゥ系）、ブライアンズタイム（1985年生：ターントゥ系）、トニービン（1983年生：ナスルーラ系）であり、サンデーサイレンス（1986年生：ターントゥ系）である。

☑ 日本初のサイアーラインが誕生しようとしている

日本ではある種牡馬が好成績を挙げるたびに、プリンスリーギフト系、ノーザンダンサー系、ミルリーフ系などの輸入ブームが起きたが、それらの父系は尻すぼみとなった。一方、サンデーサイレンスは自身のみならず、**子や孫が種牡馬として成功し、サンデーサイレンス系というサイアーラインを樹立した。**私たちは日本で生まれ育った父系が、初めて太い幹になりつつある瞬間を目撃しているのである。

5 ノーザンテーストとサンデーサイレンス

☑ 最大の違いは輩出したダービー馬の数

サイアーラインの発展という視点で見ると、**サンデーサイレンスの強みは直仔から6頭、孫世代から11頭のダービー馬を出し（2022年末現在）、母の父としても2016年のダービー馬ドゥラメンテ（父キングカメハメハ）を出した**こと。それに対して、先に一時代を築いたノーザンテースト直仔のダービー馬はダイナガリバーのみで、ノーザンダンサー系全体でもメイショウサムソンなど6頭にとどまる。

☑ 次はどの種牡馬が新たな時代を築くのか？

ノーザンテーストとサンデーサイレンスが長期政権を維持した結果、日本では両馬の血を持つ繁殖牝馬が圧倒的に多くなった。一方、母の父にサンデーサイレンスを持つ活躍馬は、父系がノーザンダンサー系またはミスプロ系であることが多い。つまり現在の日本では、サンデー系牝馬と配合して、サンデーの持ち味を引き出せる種牡馬に有利な状況となっている。その最右翼は、キングマンボ系種牡馬といえるだろう。

ノーザンダンサー系のダービー馬

年	馬名	父馬	母の父（母の父の父系）
1985	**シリウスシンボリ**	モガミ	パーソロン（ヘロド系）
1986	**ダイナガリバー**	ノーザンテースト	バウンティアス（ハイペリオン系）
1987	**メリーナイス**	コリムスキー	シャトーゲイ（ハイペリオン系）
1988	**サクラチヨノオー**	マルゼンスキー	セダン（セントサイモン系）
1996	**フサイチコンコルド**	カーリアン	サドラーズウェルズ（ノーザンダンサー系）
2006	**メイショウサムソン**	オペラハウス	ダンシングブレーヴ（ノーザンダンサー系）

サンデーサイレンス系のダービー馬

年	馬名	父馬	母の父（母の父の父系）
1995	**タヤスツヨシ**	サンデーサイレンス	カロ（ナスルーラ系）
1998	**スペシャルウィーク**	サンデーサイレンス	マルゼンスキー（ノーザンダンサー系）
1999	**アドマイヤベガ**	サンデーサイレンス	トニービン（ナスルーラ系）
2000	**アグネスフライト**	サンデーサイレンス	ロイヤルスキー（ナスルーラ系）
2003	**ネオユニヴァース**	サンデーサイレンス	クリス（ネイティヴダンサー系）
2005	**ディープインパクト**	サンデーサイレンス	アルザオ（ノーザンダンサー系）
2008	**ディープスカイ**	アグネスタキオン	チーフズクラウン（ノーザンダンサー系）
2011	**オルフェーヴル**	ステイゴールド	メジロマックイーン（ヘロド系）
2012	**ディープブリランテ**	ディープインパクト	ルーソヴァージュ（ナスルーラ系）
2013	**キズナ**	ディープインパクト	ストームキャット（ノーザンダンサー系）
2014	**ワンアンドオンリー**	ハーツクライ	タイキシャトル（ターントゥ系）
2016	**マカヒキ**	ディープインパクト	フレンチデピュティ（ノーザンダンサー系）
2018	**ワグネリアン**	ディープインパクト	キングカメハメハ(ミスタープロスペクター系)
2019	**ロジャーバローズ**	ディープインパクト	リブレティスト（ノーザンダンサー系）
2020	**コントレイル**	ディープインパクト	アンブライドルズソング（ミスタープロスペクター系）
2021	**シャフリヤール**	ディープインパクト	エッセンスオブドバイ（ナスルーラ系）
2022	**ドウデュース**	ハーツクライ	ヴィンディケーション（ナスルーラ系）

ダービー馬の数はサンデーサイレンス系が上回るものの、その多くは母の父にノーザンダンサー系が入っている。これはノーザンダンサー系が母の父としても優れた力を発揮していることを示しているが、同じことはサンデーサイレンス系にも当てはまる。

3大始祖から現代競馬へ

サンデーサイレンス系の確立に至る歴史は、無数のサイアーラインの登場と衰退の歴史でもある。それは飽きることなく繰り返されてきた「血の交代」の物語でもある。血統がどのように栄え、衰えたかを知ることは、各血統の特徴を理解することでもあり、いま走っている血統の将来を見通すことにもつながる。

1 サラブレッドの祖先は3頭の馬にたどり着く

現在のサラブレッドの父系をさかのぼると、**ダーレーアラビアン、バイアリーターク、ゴドルフィンアラビアン（またはゴドルフィンバルブ）の3頭にたどり着く**。いずれも17世紀末から18世紀前半にかけて、アラビア半島からイギリスに輸入されたと見られている。

18世紀末に成立した『ジェネラル・スタッド・ブック』には100頭以上の種牡馬が記載されているが、この3頭以外の父系はすでに絶えているため、この3頭を指して**3大始祖**といわれている。

限られた父系だけが生き残り、発展するという血の淘汰（とうた）の流れは300年以上前から続く、競馬の、血統の基本的なしくみといえる。

2 シンボリルドルフを生み出すヘロド(バイアリーターク)系

☑ 親子孫3代で英愛に君臨したヘロド系

3大始祖の中で、最初に発展したのがバイアリーターク（1680～1705年）の系統である。バイアリーターク系の実質的な祖は4代孫のヘロド（1758年生）であるため、ヘロド系とも呼ばれる。

ヘロドとその直仔ハイフライヤー、孫のサーピーターテイルズの**3代で31回も英愛リーディングサイアーを獲得した**。牝系を通じて後世に大きな影響力を残す一方、父系としては19世紀後半から急速に衰退した。

☑ 日本で3冠馬を生み出すも、衰退する

その後、イギリスでザテトラーク（1911年生）、フランスでトゥル

ビヨン（1928年生）が出て一時は息を吹き返したが、かつての勢いを取り戻すことはできなかった。

日本では戦前にセフト（1932年生）、戦後にパーソロン（1960年生）が導入され、**パーソロンはシンボリルドルフ・トウカイテイオー父子を出した**ほか、メジロアサマ、メジロティターンを経てメジロマックイーン（オルフェーヴルとゴールドシップの母の父）にその血を伝えている。

3 現代のサラブレッドの97%以上がダーレーアラビアン系

☑ まずはハンプトン系やセントサイモン系が発展

現在に残るダーレーアラビアン（1700～1730年）の子孫はすべて、4代孫のエクリプス（1764年生）を経ているため、**エクリプス系**ともいわれる。エクリプス自身はリーディングサイアーにはなっていないが、**現代のサラブレッドの97%以上がエクリプス系に属するといわれる**。

エクリプスの子孫はポテイトーズとキングファーガスを通じて広まり、ポテイトーズからヒムヤー系、ストックウェル系、ハンプトン系、スターリング系などが、キングファーガスからセントサイモン系などが誕生した。

☑ ファラリス系から現在の4大血統が台頭する

そしてストックウェルの6代孫にあたるファラリスの子孫から、ネイティヴダンサー～レイズアネイティヴを経てミスタープロスペクターが、ネアルコを経てナスルーラやノーザンダンサーが誕生し、今日、世界的にもっとも繁栄しているサイアーラインの始祖となった。**その結果、現在のエクリプス系の主流はファラリスの系統となり、それ以外の父系は衰退傾向にある。**

4 マンノウォーの系統が残るゴドルフィンアラビアン系

3頭の中ではもっとも遅くイギリスに導入されたゴドルフィンアラビアン（1724～1753年）は孫のマッチェム（1748年生）を経て、18

世紀中期に大きな父系を築いた。その後は衰退してしまったが、アメリカでは「ビッグレッド」の愛称で親しまれ、**『20 世紀米国の 100 名馬』（ブラッド・ホース誌）の 1 位に輝く栗毛馬マンノウォー（1917 年生）が中興の祖となった**。

日本では、古くは持込馬の月友（1932 年生）が 3 頭のダービー馬を出し、名牝スターロッチ（オークス、有馬記念）にその血を伝えた。その子孫にサクラユタカオーやウイニングチケットなどがいる。

1970 年代には、ウォーレリック（1938 年生）の孫ヴェンチアがダービー馬クライムカイザーを出し、母の父としても成功を収めた。オグリキャップの母の父であるシルバーシャークは、マンノウォーの 4 代孫にあたる。ちなみに日本の芝 1000m のレコードはマンノウォー系のカルストンライトオが 10 年以上保持している（2022 年現在）。

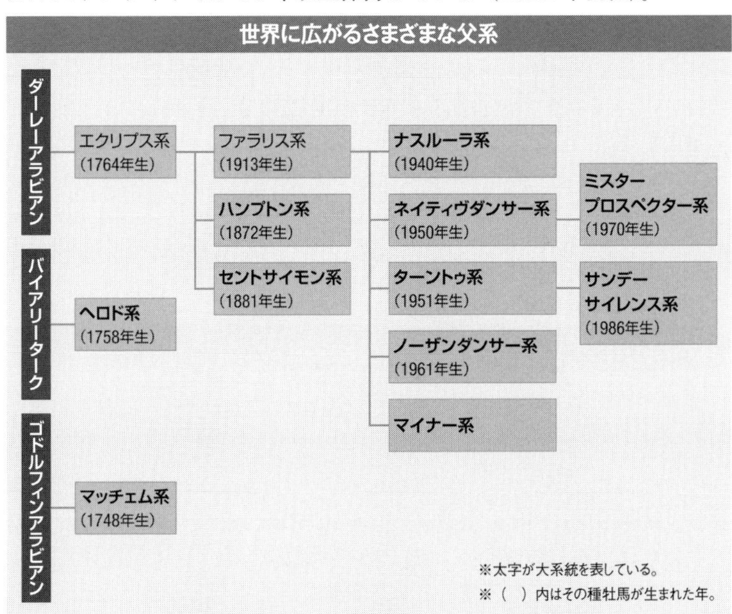

現代のサラブレッドは上記の父系に分けることができるが、そのほとんどがファラリスの系統に属する。とくに現代競馬において世界的な主流をなす4大系統（ナスルーラ系、ターントゥ系、ノーザンダンサー系、ネイティヴダンサー系）はすべてファラリスの子孫。

国・地域によって血統に偏りが生じるが、もっと大きな視点で見れば、時代によっても大きな血統の偏りが生じる。それが競馬というスポーツだといえそうだ。

世界を旅する名馬の血筋

現在のサラブレッドの多くは、ファラリスの血を継いでいる。その直仔のファロス〜ネアルコからナスルーラ、ロイヤルチャージャー（サンデーサイレンスの曾祖父）、ノーザンダンサーが生まれ、ファラリス〜シックルの系統からネイティヴダンサー（ミスタープロスペクターの祖父）が生まれている。

1 ネアルコの下剋上

イタリアの名馬産家フェデリコ・テシオが手がけた**ネアルコ**（1935年生）が初めて注目を集めたのは、1938年のパリ大賞。二流国と思われていたイタリアからの遠征馬が、英仏ダービー馬を相手に完勝したのだ。**そのネアルコはセントサイモンの4×4のインブリードを持つことから、「セントサイモンの再来」と絶賛された。**

ネアルコはそのまま渡英して種牡馬となり、第2次世界大戦の戦火を避けながら次々と名馬を送り出した。仕上がりが早く、スピードのあるネアルコの血が、晩成のステイヤーに偏っていたヨーロッパのクラシック血統を一変させたのである。

2 新天地ではじけたナスルーラ

ネアルコの最初の活躍馬である**ナスルーラ**（1940年生）は、オーナーブリーダーのアガ・カーン3世にとっては普通の名馬の1頭にすぎなかった。そのため、英→愛→米とトレードされ、史上初めて英愛と北米の2地域でリーディングサイアーとなった。

ナスルーラは気性が激しく、それが競走馬としての大成を阻（はば）んでいた。**その特徴が強烈な闘争心として産駒に伝わると、小回りのダートの短中距離が中心で、早熟のスプリンターが求められるアメリカ競馬に見事にマッチした。**

そして、ナスルーラからアメリカでボールドルーラー（1954年生）が、ヨーロッパでグレイソヴリン（1948年生）、レッドゴッド（1954年生）、ネヴァーベンド（1960年生）らが誕生し、それぞれがスピード能力を伝えつつ、代を重ねて距離適性を広げていく。日本ではこれらに加え、テスコボーイ（1963年生）に代表されるプリンスリーギフト（1951年生）系が1970年代に大ブームとなった。

3 カナディアンドリームを体現したノーザンダンサー

☑ アメリカ競馬に衝撃を与えたノーザンダンサー

カナダ競馬の振興に熱意を注いだE.P. テイラーの最高傑作**ノーザンダンサー（1961年生）は、カナダ産馬として初めてケンタッキーダービーとプリークネスSを制し、アメリカ競馬界に衝撃を与えた**。カナダを格下と見ていたアメリカはノーザンダンサーの才能の源泉を父ニアークティック（1954年生：父ネアルコ）ではなく、母の父であるアメリカの至宝ネイティヴダンサー（1950年生）に求めようとした。当時の米国競馬の主流はナスルーラ系のボールドルーラーだったことから、カナダの傍流血統を認めようとしなかったのである。

ところがノーザンダンサーは、2年目の産駒ニジンスキーが圧倒的な強さで英国3冠馬となった1970年にイギリスで、翌1971年にアメリカでリーディングサイアーを獲得。ノーザンダンサー系の能力の高さをいとも簡単に証明した。

☑ 一躍、世界の主流血統になったノーザンダンサー系

ノーザンダンサー産駒は卓越した順応性を示して世界の大レースを勝ちまくり、血統のトレンドを劇的に変えた。**各国で煮詰まりつつあった**

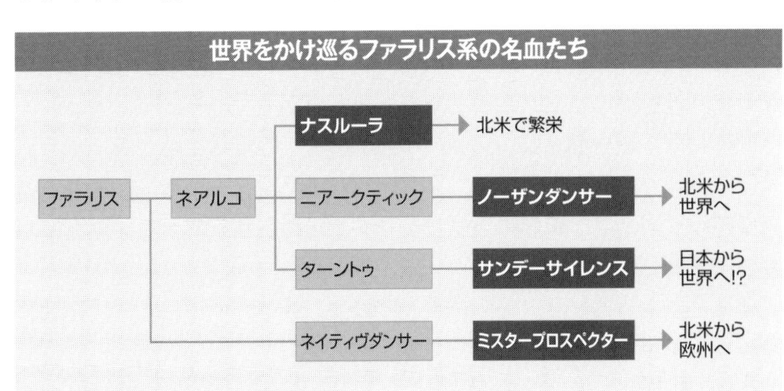

ナスルーラの血をとり込んだ成果であり、日本ではノーザンテースト（1971 年生）が一時代を築いた。

そして、ニジンスキー（1967 年生）、リファール（1969 年生）などの父系は代を重ねるにつれ、個性化・ローカル化を進め、現在はサドラーズウェルズ系（1981 年生）とダンチヒ系（1977 年生）が、ヨーロッパやオーストラリアの主流系統となっている。

4 日欧の一角を崩すミスタープロスペクター

☑ 快足を活かしてアメリカで広がったネイティヴダンサー系

２歳と４歳で米年度代表馬に選ばれたネイティヴダンサー（1950 年生）は、「グレイゴースト（灰色の幽霊）」と呼ばれたスターホース。

最良の後継馬レイズアネイティヴ（1961 年生）は２歳戦のみ（４戦４勝で最優秀２歳牡馬）で引退し、そのポテンシャルのすべてを見せることはなかったが、ダート 1000m のレコードを更新した快足馬である。ただし、**ネイティヴダンサー系を広げたのは、1200m でレコードを２度マークするほどの瞬発力を受け継いだミスタープロスペクター（1970 年生）だった。**

☑ 芝適性が高い欧州型ミスタープロスペクター系も現れる

ミスタープロスペクター系はアメリカのダート専用と思われていたが、キングマンボ系（1990 年生）のように芝適性が高く、ヨーロッパの力のいる芝もこなす系統が現れた。これが欧州型ミスタープロスペクター系の誕生であり、その血統の産駒は日本でも適性を示している。

これは増え続けるノーザンダンサー系の繁殖牝馬と配合できる種牡馬として、世界的にニーズが高まった結果でもある。

同様に**サンデーサイレンス系（1986 年生）の繁殖牝馬があふれる日本にも、非サンデー系であるミスタープロスペクター系を受け入れる環境が整っている**。また、ノーザンダンサー系が根強いヨーロッパも血の転換期を迎えている。

アメリカからヨーロッパへ勢力を伸ばしたミスタープロスペクター系の、さらなる大進出が始まりつつあるのかもしれない。

5 極東から世界を目指すサンデーサイレンス

ナスルーラ系とノーザンダンサー系のブームは、日本にも訪れた。その後、この2系統に代わり、ブライアンズタイム（1985年生）やトニービン（1983年生）が台頭したが、間髪をおかず**サンデーサイレンス**の時代がやってくる。

日本で繁栄したトニービンは世界のナスルーラ系の中では傍流で、ブライアンズタイムやサンデーサイレンスが属するターントゥ系も、世界の血統地図の上では地味な存在だった。**その成功を支えたのはナスルーラ系やノーザンダンサー系、ミスタープロスペクター系の血を持つ繁殖牝馬たちである。**

サンデーサイレンスの導入で日本産の競走馬は確実にレベルアップし、海外の大レースで通用する場面も増えた。**ネアルコがイタリアから、ノーザンダンサーがカナダから世界を制したように、日本で生まれたサンデーサイレンス系には、世界に飛躍する可能性が潜んでいる。**

日本から世界へ、サンデーサイレンス系の進出はなるか？

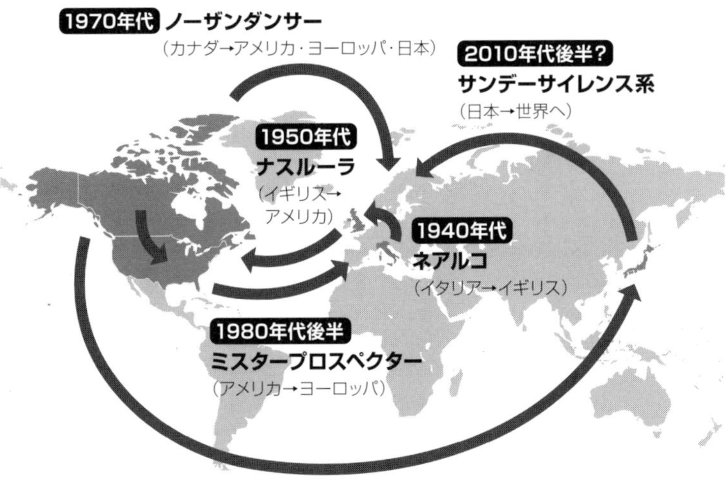

その国・地域で1つの血統が飽和状態になったとき、新たな血統が入り込むチャンスが生まれる。サンデーサイレンス系が飽和した日本では、ミスタープロスペクター系に注目が集まっている。同様に、ノーザンダンサー系が飽和したヨーロッパでは、サンデーサイレンス系が参入するチャンスが広がっているともいえる。

世界に挑むサンデーサイレンス系

サンデーサイレンス系は日本発祥の父系として、世界に飛躍する可能性を秘めている。すでに欧州で活躍し、ＧＩ馬を輩出しているサンデーサイレンス系種牡馬もいるなど、その評価は高まっている。いずれは欧州の主流血統として、サンデーサイレンス系の活躍を見られる日がくるかもしれない。

1 ステイゴールドが見せた海外適性

サンデーサイレンス系種牡馬の産駒は、香港、ドバイ、アメリカなどで次々とＧＩに勝ち、フジキセキ、タヤスツヨシ、バブルガムフェローらはシャトル種牡馬として実績を残した。このことは、サンデーサイレンス系種牡馬が海外でも十分に通用することを示している。

その中でも、注目すべきはステイゴールドだろう。日本国内ではＧＩ２着が４回というシルバーコレクターに終わったが、ラストレースになった香港ヴァーズでＧＩに初勝利し、産駒のナカヤマフェスタとオルフェーヴルは凱旋門賞で２着に好走した。

チャンピオンサイヤーになるために要求される能力の方向は、国ごとで異なる。そのため、１つの国で圧倒的な成績を収めていない種牡馬のほうが、異なる能力が要求される他国で高い適性を示す可能性を残している。ステイゴールドの活躍は、そのことを証明している。

2 サンデーサイレンス系の世界進出は始まっている

☑ 海外に新天地を求めるサンデーサイレンス系が増えている

日本にサンデーサイレンス系種牡馬があふれる中、海外に活路を求めたディヴァインライト（日本産：1995 年生）は、仏調教馬として 13 年ぶりに英 1000 Ｇを制したナタゴラを出した。

アメリカで種牡馬となったハットトリック（2001 年生）産駒のダビルシム（仏国産：2009 年生）は、２歳馬ながら 2011 年の仏年度代表馬に選出され、2017 年にデビューした産駒も好成績を挙げている。

国内で飽和状態にあえぐサンデーサイレンス系種牡馬の中には、この

２頭のように種牡馬として生き残る道を海外に求めるケースやシャトル種牡馬、あるいはトーセンスターダム（2011 年生：父ディープインパクト）のように、競走馬として海外に移籍して活躍（豪ＧⅠ勝利）するケースが増えている。

3 サンデーサイレンス系から世界的名馬が生まれる予感

米国型血統のダンチヒやミスタープロスペクターは欧州適性の高い繁殖牝馬との配合で、キングマンボやデインヒルのように欧州適性の高い種牡馬を送り出した。**同じように、日本生まれのサンデーサイレンス系の欧米進出はすでに始まりつつある。**

欧州ではナタゴラ（最優秀２歳牝馬、父ディヴァインライト）、ダビルシム（仏年度代表馬、父ハットトリック）の活躍で評価が高まり、**ディープインパクトはクラシック馬のサクソンウォリアー（英2000G）、スノーフォール（英・愛・ヨークシャーオークス）を出した。**最終世代のオーギュストロダンもすでに英ＧⅠを制し、英 2000G の有力候補だ。

ディープ産駒の種牡馬としては、サクソンウォリアーが初年度産駒から BC ジュヴェナイルターフのヴィクトリアロードを出し、輸出されたアルバートドックは 2022 年の伊リーディングサイアーとなった。

凱旋門賞２着馬を２頭（ナカヤマフェスタ、オルフェーヴル）出したステイゴールド産駒も海外適性が高く、オルフェーヴル産駒のマルシュロレーヌは米国の BC ディスタフに勝利。日本調教馬の海外レースでの活躍も多く、こうした流れの中から、父系にサンデーサイレンスの血を持つ世界的名馬が誕生するかもしれない。

欧州で活躍したディープインパクト産駒

馬名	生年	母の父	主な戦績
ビューティーパーラー	2009年	ジャイアンツコーズウェイ	仏1000G、仏オークス2着
サクソンウォリアー*	2015年	ガリレオ	英2000G、レーシングPT
スタディオブマン*	2015年	ストームキャット	仏ダービー
ファンシーブルー	2017年	サドラーズウェルズ	仏オークス、ナッソーS
スノーフォール	2018年	ガリレオ	英・愛・ヨークシャーオークス
オーギュストロダン	2020年	ガリレオ	フューチュリティーT

*種牡馬

11大系統 分類表

ダーレーアラビアン（1700年生）

エクリプス（1764年生）

ファラリス（1913年生）

ナスルーラ系
（1940年生）

グレイソヴリン系 ▶P.112
- アンクルモー
- インエクセス
- インディアンチャーリー
- カロ
- ケンドール
- コジーン
- ジャングルポケット
- トニービン
- ナイキスト

プリンスリーギフト系 ▶P.120
- サクラバクシンオー
- トウショウボーイ
- ビッグアーサー

ボールドルーラー系 ▶P.124
- カポウティー
- ビッグシャッフル
- ボストンハーバー

エーピーインディ系 ▶P.125
- シニスターミニスター
- タピット
- バーナーディニ
- パイロ
- フライトライン
- プルピット

レッドゴッド系 ▶P.129
- バゴ
- ブラッシンググルーム
- ラーイ

ネヴァーベンド系 ▶P.134
- シャーリーハイツ
- ダルシャーン
- ブレイヴェストローマン

ネイティヴダンサー系
（1950年生）

ネイティヴダンサー系 ▶P.140
- シャーペンアップ
- セルカーク
- ダイイシス
- ベーリング

レイズアネイティヴ系 ▶P.144
- アファームド
- アリダー

ミスタープロスペクター系
（1970年生）

キングマンボ系 ▶P.150
- キングカメハメハ
- サートゥルナーリア
- ドゥラメンテ
- ホッコータルマエ
- ルーラーシップ
- レイデオロ
- ロードカナロア

フォーティナイナー系 ▶P.158
- アドマイヤムーン
- エンドスウィープ
- サウスヴィグラス
- ディストーテッドヒューマー

ミスプロ系 ▶P.160-183
- アフリート
- アメリカンファラオ
- アロゲート
- ウォーエンブレム
- エンパイアメーカー
- カーリン
- ケイムホーム
- ゴーンウェスト
- ザフォニック
- シーキングザゴールド
- スパイツタウン
- スマートストライク
- ティンバーカントリー
- ドバウィ

ターントゥ系
（1951年生）

ヘイロー系 ▶P.186
- サザンヘイロー
- タイキシャトル
- モアザンレディ

ロベルト系 ▶P.190
- エピファネイア
- グラスワンダー
- シルヴァーホーク
- シンボリクリスエス
- スクリーンヒーロー
- ブライアンズタイム
- モーリス
- リアルシャダイ
- レッドランサム

ハビタット系 ▶P.198
- ニホンピロウイナー

サンデーサイレンス系
（1986年生）

サンデー系 ▶P.202
- サンデーサイレンス

ディープ系 ▶P.207
- キズナ
- コントレイル
- ディープインパクト
- ミッキーアイル

Tサンデー系
- オルフェーヴル
- キタサンブラック
- ゴールドシップ
- ステイゴールド
- ハーツクライ

Pサンデー系
- アグネスタキオン
- キンシャサノキセキ
- ジャスタウェイ
- ダイワメジャー
- デュランダル
- フジキセキ

Dサンデー系
- ネオユニヴァース
- ゴールドアリュール

バイアリーターク（1680年生）

ヘロド系（1758年生）

ヘロド系 ▶P.320
- ドクターデヴィアス

マイバブー系 ▶P.321
- トウカイテイオー
- メジロマックイーン

ゴドルフィンアラビアン（1724年生）

マッチェム系（1748年生）

マッチェム系 ▶P.324
- ウォーニング
- カルストンライトオ
- ディクタット
- ティズナウ
- ドリームアヘッド
- ノウンファクト

ハンプトン系（1872年生）

ハンプトン系 ▶P.302
- アカテナンゴ

ハイペリオン系 ▶P.304
- スターキングダム

ファイントップ系 ▶P.303
- サッカーボーイ

セントサイモン系（1881年生）

リボー系 ▶P.309
- アレッジド
- キートゥザミント
- ローソサエティ

ノーザンダンサー系（1961年生）

ニジンスキー系 ▶P.242
- カーリアン
- ロイヤルアカデミー

ヴァイスリージェント系 ▶P.248
- オーサムアゲイン
- クロフネ
- ゴーストザッパー
- デピュティミニスター
- フレンチデピュティ
- マインドユアビスケッツ

リファール系 ▶P.253
- アルザオ
- キングヘイロー
- ダンシングブレーヴ

ノーザンテースト系 ▶P.257
- ノーザンテースト

ヌレイエフ系 ▶P.261
- シユーニ
- ピヴォタル

ダンチヒ系 ▶P.266
- ウォーフロント
- スニッツェル
- デインヒル
- デクラレーションオブウォー
- ハービンジャー
- ファストネットロック
- リダウツチョイス
- ロックオブジブラルタル

ストームバード系 ▶P.278
- イントゥミスチーフ
- ジャイアンツコーズウェイ
- スキャットダディ
- ストームキャット
- ドレフォン
- ヘニーヒューズ
- ヨハネスブルグ

サドラーズウェルズ系 ▶P.287
- エルプラド
- ガリレオ
- フランケル
- モンジュー
- ローエングリン

マイナー系（1913年生）

ストックウェル系 ▶P.313

ダマスカス系 ▶P.313
- オジジアン

ニアークティック系 ▶P.315
- ワイルドラッシュ

スターリング系 ▶P.317
- モンズン
- ノヴェリスト

マイナー系 ▶P.319
- ダノンレジェンド

著者

亀谷 敬正（かめたに たかまさ）

血統馬券予想理論「血統ビーム」の提唱者で、「ブラッドバイアス」「大系統」「小系統」などの血統予想用語と概念の作者。その理論は20年以上の長きにわたり、競馬ファン、競馬関係者から支持を集める。また、「血統を通じて競馬を楽しむことが最高の娯楽」と信じて、競馬、血統をまだ深く楽しめていないファンへのコンダクト活動に奔走し続けている。世界初の競馬サロン「亀谷競馬サロン」を設立。競馬と血統の楽しみを伝えるため、TV番組やインターネット、書籍・雑誌での企画、執筆・出演も多数手がける。

亀谷敬正公式ウェブサイト　https://k-beam.com/

■STAFF

執筆協力	四篠たか子
カバーデザイン	市川壽光［BUENO design］
本文デザイン	BUENO design
組版	株式会社ウエイド
写真協力	日本中央競馬会
編集協力	パケット
校正	聚珍社

勝ち馬がわかる 血統の教科書2.0

著　者　亀谷敬正
発行者　池田士文
印刷所　凸版印刷株式会社
製本所　凸版印刷株式会社
発行所　株式会社池田書店
〒162-0851
東京都新宿区弁天町43番地
電話 03-3267-6821（代）
FAX 03-3235-6672

落丁・乱丁はお取り替えいたします。

ISBN978-4-262-14473-3

［本書内容に関するお問い合わせ］
書名、該当ページを明記の上、郵送、FAX、または当社ホームページお問い合わせフォームからお送りください。なお回答にはお時間がかかる場合がございます。電話によるお問い合わせはお受けしておりません。また本書内容以外のご質問などにもお答えできませんので、あらかじめご了承ください。本書のご感想についても、当社HPフォームよりお寄せください。
［お問い合わせ・ご感想フォーム］
当社ホームページから
https://www.ikedashoten.co.jp/

23018007